ŒUVRES COMPLÈTES

DE

BÉRANGER

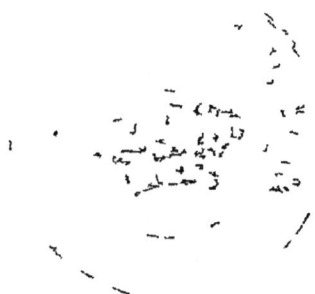

IMPRIMERIE DE H. FOURNIER ET COMP.,
RUE DE SEINE, 16

ŒUVRES COMPLÈTES

DE

BÉRANGER

NOUVELLE EDITION

ILLUSTRÉE

PAR J. J. GRANDVILLE

TOME TROISIEME

PARIS

H. FOURNIER AÎNÉ, ÉDITEUR

RUE DE SEINE, 16

M DCCC XXXIX

CHANSONS

NOUVELLES ET DERNIÈRES.

A

M. LUCIEN BONAPARTE,

PRINCE DE CANINO.

En 1803, privé de ressources, las d'espérances déçues, versifiant sans but et sans encouragement, sans instruction et sans conseils, j'eus l'idée (et combien d'idées semblables étaient restées sans résultat!), j'eus l'idée de mettre sous enveloppe mes informes poésies et de les adresser, par la poste, au frère du Premier Consul, M. Lucien Bonaparte, déjà célèbre par un grand talent oratoire et par l'amour des arts et des lettres. Mon épître d'envoi, je me le rappelle encore, digne d'une jeune tête toute républicaine, portait l'empreinte de l'orgueil blessé par le besoin de recourir à un protecteur. Pauvre inconnu, désappointé tant de fois, je n'osais compter sur le succès d'une démarche que personne

n'appuyait. Mais le troisième jour, ô joie indicible !
M. Lucien m'appelle auprès de lui, s'informe de
ma position, qu'il adoucit bientôt ; me parle en
poete et me prodigue des encouragements et des
conseils. Malheureusement il est forcé de s'éloigner de la France. J'allais me croire oublié, lorsque
je reçois de Rome une procuration pour toucher le
traitement de l'Institut dont M. Lucien était membre,
avec une lettre que j'ai précieusement conservée et
où il me dit :

« Je vous adresse une procuration pour toucher
« mon traitement de l'Institut. Je vous prie d'ac-
« cepter ce traitement, et je ne doute pas que, si
« vous continuez de cultiver votre talent par le tra-
« vail, vous ne soyez un jour un des ornements de
« notre Parnasse. Soignez surtout la délicatesse du
« rhythme : ne cessez pas d'être hardi, mais soyez
« plus élégant, etc., etc. »

Jamais on n'a fait le bien avec une grâce plus
encourageante ; jamais, en arrachant un jeune
poëte à la misère, on ne l'a mieux relevé à ses propres
yeux. Aux sages avis qui accompagnent de tels bienfaits, on sent que ce n'est pas la froide main d'une
générosité banale qui vient vous tirer de l'abîme.
Quel cœur n'en eût été vivement ému ! j'aurais
voulu pouvoir rendre ma reconnaissance publique ;

la censure s'y opposa. Mon protecteur était proscrit comme il l'est encore.

Pendant les *cent jours*, M. Lucien Bonaparte me fit entendre qu'en m'adonnant à la chanson, je détournais mon talent de la vocation plus élevée qu'il semblait avoir eue d'abord. Je le sentais; mais j'ai toujours penché à croire qu'à certaines époques les lettres et les arts ne doivent pas être de simples objets de luxe, et je commençais à deviner le parti qu'on pourrait tirer, pour la cause de la liberté, d'un genre de poésie éminemment national. Je ne sais ce que M. Lucien pense aujourd'hui de mes chansons; j'ignore même s'il les connaît. Je lui ai plusieurs fois écrit pendant la Restauration sans en obtenir de réponse. En vain me suis-je dit qu'en me répondant il craignait sans doute de me compromettre, son silence m'a affligé. Depuis la révolution de Juillet, j'ai cru devoir attendre la publication de mon dernier recueil pour lui rappeler tout ce qu'il a fait pour moi.

En ce moment où mes regards se portent en arrière, il m'est bien doux de les arrêter sur l'homme illustre qui, jadis, m'a sauvé de l'infortune; sur celui qui, en me donnant foi dans mon talent, a rendu à mon âme les forces que le malheur allait achever de lui ravir! Sa protection placée ailleurs eût pu procurer un grand poëte à la France, mais elle ne pouvait rencontrer un cœur plus reconnaissant.

Le souvenir de mon bienfaiteur me suivra jusque dans la tombe. J'en atteste les larmes que je répands encore après trente ans, lorsque je me reporte au jour béni cent fois, où, assuré d'une telle protection, je crus tenir de la Providence elle-même une promesse de bonheur et de gloire.

Puisse l'hommage de ces sentiments si vrais, si mérités, parvenir jusqu'à M. Lucien Bonaparte et adoucir pour lui l'exil où mes vœux ne sont que trop habitués à l'aller chercher ! Puisse surtout ma voix être entendue, et la France se hâter enfin de tendre les bras à ceux de ses enfants qui portent le grand nom dont elle sera eternellement fière !

Passy, 15 janvier 1855.

LE FEU DU PRISONNIER

LA FORCE, 1829

Air du vaudeville de Taconnet

Combien le feu tient douce compagnie
Au prisonnier, dans les longs soirs d'hiver !
Seul avec moi se chauffe un bon Génie,
Qui parle haut, rime ou chante un vieux air. (*bis.*)
Il me fait voir, sur la braise animée,
Des bois, des mers, un monde en peu d'instants. (*bis.*)
Tout mon ennui s'envole à la fumée.
O bon Génie, amusez-moi longtemps. } *bis.*

Jeune, il me fit rêver, pleurer, sourire ;
Vieux, il me berce avec mes premiers jeux.
Du doigt, dans l'âtre, il signale un navire :
Je vois trois mâts sur les flots orageux.

Le vaisseau vogue, et bientôt l'équipage
Sous un beau ciel saluera le printemps.
Moi seul je reste enchaîné sur la plage.
O bon Génie, amusez-moi longtemps.

Ici, que vois-je? est-ce un aigle qui vole
Et du soleil mesure la hauteur?
C'est un ballon : voici la banderole,
Et la nacelle et le navigateur.
L'audacieux, si la pitié l'inspire,
Doit de ces murs plaindre les habitants.
Libre là-haut, quel air pur il respire!
O bon Génie, amusez=moi longtemps.

D'un canton suisse, ah! voilà bien l'image :
Glaciers, torrents, vallons, lacs et troupeaux.
J'aurais dû fuir quand j'ai prévu l'orage;
La Liberté, là, m'offrait le repos[a].
Je franchirais ces monts à crête immense,
Où je crois voir nos vieux drapeaux flottants.
Mon cœur n'a pu s'arracher à la France.
O bon Génie, amusez-moi longtemps.

Dans mon désert encor quelque mirage!
Génie, allons sur ces coteaux boisés.
En vain tout bas on me dit : Deviens sage[b];
Plie un genou, tes fers seront brisés.
Vous, qui, bravant le geôlier qui nous guette,
Me rendez jeune à près de cinquante ans,
Sur ce brasier, vite, un coup de baguette.
O bon Génie, amusez-moi longtemps.

MES JOURS GRAS

DE 1829

AIR : Dis-moi donc, mon p'tit Hippolyte

Mon bon Roi, Dieu vous tienne en joie!
Bien qu'en butte à votre courroux,
Je passe encor, grâce à Bridoie^c,
Un carnaval sous les verroux.
Ici fallait=il que je vinsse
Perdre des jours vraiment sacrés!
J'ai de la rancune de prince :
Mon bon Roi, vous me le paierez.

Dans votre beau discours du trône^d,
Méchant, vous m'avez désigné.
C'est me recommander au prône;
Aussi me suis=je résigné.
Mais triste et seul, quand j'entends rire
Tout Paris en joyeux émoi,
Je reprends goût à la satire :
Vous me le paierez, mon bon Roi.

Voyez, verre en main, bouche pleine,
Fous déguisés de vingt façons,
Mes amis m'oublier sans peine,
Tout en répétant mes chansons.

Avec eux, ma verve en démence
Eût perdu ses traits acérés.
J'aurais pu boire à la clémence :
Mon bon Roi, vous me le paierez.

Vous connaissez Lise la folle,
Qui sur mes fers pleure d'ennui :
Ce soir même un bal la console :
« Bah ! dit-elle ; tant pis pour lui ! »
J'allais, pour complaire à la belle,
Nous peindre heureux sous votre loi ;
Serviteur ! Lise est infidèle :
Vous me le paierez, mon bon Roi.

Dans mon vieux carquois où font brèche
Les coups de vos juges maudits,
Il me reste encore une flèche ;
J'écris dessus : Pour Charles=Dix.
Malgré ce mur qui me désole,
Malgré ces barreaux si serrés,
L'arc est tendu, la flèche vole :
Mon bon Roi, vous me le paierez.

LE 14 JUILLET

LA FORCE, 1829

AIR : A soixante ans, il ne faut pas remettre

Pour un captif, souvenir plein de charmes !
J'étais bien jeune, on criait : Vengeons-nous !
A la Bastille ! aux armes ! vite, aux armes !
Marchands, bourgeois, artisans couraient tous. (bis.)
Je vois pâlir et mère et femme et fille ;
Le canon gronde aux rappels du tambour. (bis.)
Victoire au peuple ! il a pris la Bastille !
Un beau soleil a fêté ce grand jour, } bis.
    A fêté ce grand jour^e. (bis.)

Enfants, vieillards, riche ou pauvre, on s'embrasse.
Les femmes vont redisant mille exploits.
Héros du siége, un soldat bleu qui passe
Est applaudi des mains et de la voix.
Le nom du roi frappe alors mon oreille ;
De Lafayette on parle avec amour.
La France est libre et ma raison s'éveille.
Un beau soleil a fêté ce grand jour,
    A fêté ce grand jour.

Le lendemain un vieillard docte et grave
Guida mes pas sur d'immenses débris.
« Mon fils, dit-il, ici d'un peuple esclave,
« Le despotisme étouffait tous les cris.
« Mais des captifs pour y loger la foule,
« Il creusa tant au pied de chaque tour,
« Qu'au premier choc le vieux château s'écroule.
« Un beau soleil a fêté ce grand jour,
  « A fêté ce grand jour.

« La Liberté, rebelle antique et sainte,
« Mon fils, s'armant des fers de nos aïeux,
« A son triomphe appelle en cette enceinte
« L'Égalité, qui redescend des cieux.
« De ces deux sœurs la foudre gronde et brille.
« C'est Mirabeau tonnant contre la cour.
« Sa voix nous crie : Encore une Bastille !
« Un beau soleil a fêté ce grand jour,
  « A fêté ce grand jour.

« Où nous semons chaque peuple moissonne.
« Déjà vingt rois, au bruit de nos débats,
« Portent, tremblants, la main à leur couronne,
« Et leurs sujets de nous parlent tout bas.
« Des droits de l'homme, ici, l'ère féconde
« S'ouvre et du globe accomplira le tour.
« Sur ces débris Dieu crée un nouveau monde.
« Un beau soleil a fêté ce grand jour,
  « A fêté ce grand jour. »

De ces leçons qu'un vieillard m'a données,
Le souvenir dans mon cœur sommeillait.

Mais je revois, après quarante années,
Sous les verroux, le Quatorze Juillet.
O Liberté! ma voix, qu'on veut proscrire,
Redit ta gloire aux murs de ce séjour.
A mes barreaux l'aurore vient sourire;
Un beau soleil fête encor ce grand jour,
    Fête encor ce grand jour.

PASSEZ, JEUNES FILLES

Dieu! quel essaim de jeunes filles
Passe et repasse sous mes yeux!
Au printemps toutes sont gentilles;
Toutes; mais quoi! me voilà vieux.
Cent fois redisons-leur mon âge.
Les cœurs jeunes sont insensés.
Endossons le manteau du sage.
Passez, jeunes filles, passez.

Voilà Zoé qui me regarde.
Zoé, votre mère, entre nous,
Dirait de combien je retarde
Quand vient l'heure du rendez-vous.
Pour un amant elle est sévère :
S'il n'aime trop, il n'aime assez
Suivez les conseils d'une mère.
Passez, jeunes filles, passez.

Votre grand'mère, aimable Laure,
Des amours m'a transmis la loi.
Elle veut l'enseigner encore
Bien qu'elle ait dix ans plus que moi.
Au salon ou sur la pelouse,
Laure, jamais ne m'agacez

Grand'maman est un peu jalouse.
Passez, jeunes filles, passez.

Rose, vous daignez me sourire.
Éprouvez=vous quelque accident?
Chez vous, la nuit, ai-je ouï dire,
On surprit un noble imprudent.
Mais la nuit fait place à l'aurore :
Aux maris gaîment vous chassez.
Pour vous je suis trop jeune encore.
Passez, jeunes filles, passez.

Passez vite, folles et belles;
Un doux feu cause votre émoi.
Craignez que quelques étincelles
N'arrivent de vous jusqu'à moi.
Sous les murs d'une poudrière
Par le temps presque renversés,
La main devant votre lumière,
Passez, jeunes filles, passez.

LE CARDINAL

ET LE CHANSONNIER

LA FORCE, 1829

AIR : Je vais bientôt quitter l'empire

Quel beau mandement vous nous faites[g] !
Prélat, il me comble d'honneur !
Vous lisez donc mes chansonnettes ?
Ah ! je vous y prends, Monseigneur. (*bis.*)
Entre deux vins, souvent ma muse
Perdit son bandeau virginal.
Petit péché, si son ivresse amuse.
Qu'en dites-vous, monsieur le Cardinal ?

Çà, que vous semble de Lisette
Qui dicta mes chants les plus doux ?
Vous vous signez sous la barrette !
Lise a vieilli ; rassurez-vous.
Des jésuites elle raffole[h] ;
Et priant Dieu tant bien que mal,
Pour leurs enfants Lise tient une école.
Qu'en dites-vous, monsieur le Cardinal ?

A chaque vers patriotique[i],
Je vous vois me faire un procès.
Tout prélat se croit hérétique

Qui chez nous a le cœur français.
Sans y moissonner, moi, pauvre homme,
J'aime avant tout le sol natal.
J'y tiens autant que vous tenez à Rome.
Qu'en dites-vous, monsieur le Cardinal?

Puisque vous fredonnez mes rimes,
Vous grand lévite ultramontain,
N'y trouvez-vous pas des maximes
Dignes du bon Samaritain?
D'huile et de baume les mains pleines,
Il eût rougi d'aigrir le mal.
Ah! d'un captif il n'eût vu que les chaînes.
Qu'en dites-vous, monsieur le Cardinal?

Enfin, avouez qu'en mon livre
Dieu brille à travers ma gaîté.
Je crois qu'il nous regarde vivre;
Qu'il a béni ma pauvreté.
Sous les verroux, sa voix m'inspire
Un appel à son tribunal.
Des grands du monde elle m'enseigne à rire.
Qu'en dites-vous, monsieur le Cardinal?

Au fond vous avez l'âme bonne.
Pardonnez à l'homme de bien,
Monseigneur, pour qu'il vous pardonne
Votre mandement peu chrétien.
Mais au Conclave on met la nappe[k],
Partez pour Rome à ce signal.
Le Saint-Esprit fasse de vous un pape!
Qu'en dites-vous, monsieur le Cardinal?

COUPLET

AIR : C'est le meilleur homme du monde

J'ai suivi plus d'enterrements
Que de noces et de baptêmes,
J'ai distrait bien des cœurs aimants
Des maux qu'ils aggravaient eux-mêmes.
Mon Dieu, vous m'avez bien doté :
Je n'ai ni force ni sagesse ;
Mais je possède une gaîté
Qui n'offense pas la tristesse.

MON TOMBEAU

AIR d'Aristippe

Moi, bien portant, quoi ! vous pensez d'avance
A m'ériger une tombe à grands frais !
Sottise ! amis ; point de folle dépense.
Laissez aux grands le faste des regrets.
Avec le prix ou du marbre ou du cuivre,
Pour un gueux mort habit cent fois trop beau,
Faites achat d'un vin qui pousse à vivre ;
Buvons gaîment l'argent de mon tombeau.

A votre bourse un galant mausolée
Pourrait coûter vingt mille francs et plus.
Sous le ciel pur d'une riche vallée,
Allons six mois vivre en joyeux reclus.
Concerts et bals où la beauté convie,
Vont de plaisir nous meubler un châ'eau.
Je veux risquer de trop aimer la vie ;
Mangeons gaîment l'argent de mon tombeau.

Mais je vieillis, et ma maîtresse est jeune.
Or il lui faut des parures de prix.
L'éclat du luxe adoucit un long jeûne ;
Témoin Longchamps où brille tout Paris.

Vous devez bien quelque chose à ma belle.
D'un cachemire elle attend le cadeau.
En viager sur un cœur si fidèle,
Plaçons gaîment l'argent de mon tombeau.

Non, mes amis, au spectacle des ombres
Je ne veux point d'une loge d'honneur.
Voyez ce pauvre, au teint pâle, aux yeux sombres;
Près de mourir, ah! qu'il goûte au bonheur.
A ce vieillard qui, las de sa besace,
Doit avant moi voir lever le rideau,
Pour qu'au parterre il me garde une place,
Donnons gaîment l'argent de mon tombeau.

Qu'importe à moi que mon nom sur la pierre
Soit déchiffré par un futur savant?
Et quant aux fleurs qu'on promet à ma bière,
Mieux vaut, je crois, les respirer vivant.
Postérité, qui peux bien ne pas naître,
A me chercher n'use point ton flambeau.
Sage mortel, j'ai su par la fenêtre
Jeter gaîment l'argent de mon tombeau.

LES DIX MILLE FRANCS

LA FORCE, 1829

AIR: T'en souviens-tu, etc.,
ou vaudeville de Taconnet

Dix mille francs, dix mille francs d'amende[1]!
Dieu! quel loyer pour neuf mois de prison!
Le pain est cher et la misère est grande,
Et pour longtemps je dîne à la maison.
Cher président, n'en peut-on rien rabattre?
« Non! non! jeûnez et vous et vos parents.
« Pour fait d'outrage aux enfants d'Henri-Quatre [m],
« De par le Roi, payez dix mille francs. »

Je paierai donc; mais, las! que va-t-on faire
De cet argent que si bien j'emploierais?
D'un substitut sera-t-il le salaire?
D'un conseiller paiera-t-il les arrêts?
Déjà s'avance une main longue et sale :
C'est la police et ses comptes courants.
Quand sur ma muse on venge la morale [n],
Pour les mouchards comptons deux mille francs.

Moi-même ainsi partageant ma dépouille,
Sur mon budget portons les affamés.
Au pied du trône une harpe se rouille .

Bardes du sacre, êtes=vous enrhumés º ?
Chantez, messieurs, faites pondre la poule ;
Envahissez croix, titres, biens et rangs.
Dût=on encor briser la sainte Ampoule,
Pour les flatteurs comptons deux mille francs.

Que de géants là bas je vois paraître ᵖ !
Vieux ou nouveaux, tous nobles à cordons.
Fiers de servir, ils font au gré du maître
Signes de croix, saluts et rigodons.
A tout gâteau leur main fait large entaille :
Car ils sont grands, même infiniment grands.
Ils nous feront une France à leur taille.
Pour ces laquais comptons trois mille francs.

Je vois briller chapes, mitres et crosses,
Chapeaux pourprés, vases d'argent et d'or ;
Couvents, hôtels, valets, blasons, carrosses.
Ah ! saint Ignace a pillé le trésor.
De mes refrains l'un des siens qui le venge,
Promet mon âme aux gouffres dévorants ᵠ.
Déjà le diable a plumé mon bon ange ʳ.
Pour le clergé comptons trois mille francs.

Vérifions, la somme en vaut la peine :
Deux et deux quatre ; et trois, sept ; et trois, dix.
C'est bien leur compte. Ah ! du moins La Fontaine,
Sans rien payer fut exilé jadis ˢ.
Le fier Louis eût biffé la sentence
Qui m'appauvrit pour quelques vers trop francs.
Monsieur Loyal, délivrez-moi quittance ᵗ ;
Vive le Roi ! voilà dix mille francs ᵘ.

LE JUIF ERRANT

Air du Chasseur rouge d'AMÉDÉE DE BEAUPLAN

Chrétien, au voyageur souffrant
Tends un verre d'eau sur ta porte.
Je suis, je suis le Juif errant,
Qu'un tourbillon toujours emporte. *(bis.*
Sans vieillir, accablé de jours,
La fin du monde est mon seul rêve.
Chaque soir j'espère toujours;
Mais toujours le soleil se lève.
   Toujours, toujours, *(bis.)*   ⎫
Tourne la terre où moi je cours,   ⎬ *bis.*
Toujours, toujours, toujours, toujours. ⎭

Depuis dix-huit siècles, hélas!
Sur la cendre grecque et romaine,
Sur les débris de mille états,
L'affreux tourbillon me promène.
J'ai vu sans fruit germer le bien,
Vu des calamités fécondes;
Et pour survivre au monde ancien,
Des flots j'ai vu sortir deux mondes.
   Toujours, toujours,
Tourne la terre où moi je cours,
Toujours, toujours, toujours, toujours.

Dieu m'a changé pour me punir :
A tout ce qui meurt je m'attache.
Mais du toit prêt à me bénir
Le tourbillon soudain m'arrache.
Plus d'un pauvre vient implorer
Le denier que je puis répandre,
Qui n'a pas le temps de serrer
La main qu'en passant j'aime à tendre.
  Toujours, toujours,
Tourne la terre où moi je cours,
Toujours, toujours, toujours, toujours.

Seul, au pied d'arbustes en fleurs,
Sur le gazon, au bord de l'onde,
Si je repose mes douleurs,
J'entends le tourbillon qui gronde.
Eh! qu'importe au ciel irrité
Cet instant passé sous l'ombrage?
Faut-il moins que l'éternité
Pour délasser d'un tel voyage?
  Toujours, toujours,
Tourne la terre où moi je cours,
Toujours, toujours, toujours, toujours.

Que des enfants vifs et joyeux,
Des miens me retracent l'image;
Si j'en veux repaître mes yeux,
Le tourbillon souffle avec rage.
Vieillards, osez-vous à tout prix
M'envier ma longue carrière?
Ces enfants à qui je souris,
Mon pied balaiera leur poussière.

Toujours, toujours,
Tourne la terre où moi je cours,
Toujours, toujours, toujours, toujours.

Des murs où je suis né jadis,
Retrouvé-je encor quelque trace ;
Pour m'arrêter je me roidis ;
Mais le tourbillon me dit : « Passe !
« Passe ! » et la voix me crie aussi :
« Reste debout quand tout succombe.
« Tes aïeux ne t'ont point ici
« Gardé de place dans leur tombe. »
Toujours, toujours,
Tourne la terre où moi je cours,
Toujours, toujours, toujours, toujours.

J'outrageai d'un rire inhumain
L'homme=dieu respirant à peine...
Mais sous mes pieds fuit le chemin ;
Adieu, le tourbillon m'entraîne.
Vous qui manquez de charité,
Tremblez à mon supplice étrange :
Ce n'est point sa divinité,
C'est l'humanité que Dieu venge.
Toujours, toujours,
Tourne la terre où moi je cours,
Toujours, toujours, toujours, toujours.

COUPLET

Air : Trouverez-vous un parlement

Notre siècle, penseur brutal,
Contre Delille s'évertue.
Tel vécut sur un piédestal
Qui n'aura jamais de statue.
Artiste, poete, savant,
A la gloire en vain on s'attache ;
C'est un linceul que trop souvent
La postérité nous arrache.

LA FILLE DU PEUPLE

AIR d'Aristippe

Fille du peuple, au chantre populaire,
De ton printemps tu prodigues les fleurs.
Dès ton berceau tu lui dois ce salaire;
Ses premiers chants calmaient tes premiers pleurs.
Va, ne crains pas que baronne ou marquise
Veuille à me plaire user ses beaux atours.
Ma muse et moi nous portons pour devise :
Je suis du peuple ainsi que mes amours.

Quand, jeune encor, j'errais sans renommée,
D'anciens châteaux s'offraient-ils à mes yeux;
Point n'invoquais, à la porte fermée,
Pour m'introduire, un nain mystérieux.
Je me disais : Tendresse et poésie
Ont fui ces murs, chers aux vieux troubadours.
Fondons ailleurs mon droit de bourgeoisie;
Je suis du peuple ainsi que mes amours.

Fi des salons où l'ennui qui se berce
Bâille entouré d'un luxe éblouissant!
Feu d'artifice éteint par une averse,
Quand vient la joie, elle y meurt en naissant.

En souliers fins, chapeau frais, robe blanche,
Tu veux aux champs courir tous les huit jours :
Viens; tu me rends les plaisirs du dimanche.
Je suis du peuple ainsi que mes amours.

Quelle beauté, simple dame ou princesse,
A plus que toi de décence et d'attraits;
Possède un cœur plus riche de jeunesse,
Des yeux plus doux et de plus nobles traits?
Le peuple enfin s'est fait une mémoire :
J'ai pour ses droits lutté contre deux Cours;
Il te devait au chantre de sa gloire.
Je suis du peuple ainsi que mes amours.

LE CORDON, S'IL VOUS PLAIT

chanson faite à la Force

POUR LA FÊTE DE MARIE

Air du vaudeville des Scythes et des Amazones

    Allons aux champs fêter Marie ;
    Hâtons-nous, le plaisir m'attend.
    Le pied poudreux, la main fleurie,
    Là bas arrivons en chantant. (*bis.*)
Gai voyageur, j'ai mes pipeaux à prendre,
Pipeaux qu'un sourd a traités de sifflet.
Portier, ce soir gardez-vous de m'attendre.
Je veux sortir; le cordon, s'il vous plaît; } *bis.*
    Le cordon, le cordon, s'il vous plaît. (*bis.*)

    Vite, portier; car on m'accuse
    D'oublier l'heure du repas.
    Jouy déjà gronde ma muse
    Dont il soutint les premiers pas[v].
D'amis nombreux quelle troupe riante,
Et de beautés quel brillant chapelet!
Dans sa prison l'aï s'impatiente.
Je veux sortir; le cordon, s'il vous plaît;
    Le cordon, le cordon, s'il vous plaît.

Beaux jours d'une fête si chère,
A revenir toujours trop lents!
Pour nous, l'un de l'autre diffère
Au plus par quelques cheveux blancs.
Puisse Marie, à ses goûts si fidele,
Voir ses élus toujours au grand complet!
Volons chanter la liberté près d'elle.
Je veux sortir; le cordon, s'il vous plaît;
Le cordon, le cordon, s'il vous plaît.

Mon vieux portier dort dans sa loge :
Mes petits vers vont refroidir.
D'un digne époux j'y fais l'éloge;
Forçons Marie à m'applaudir.
Puis, montrons-la courant plaindre des peines,
Rendre au malheur l'espoir qui s'envolait,
Et consoler un ami dans les chaînes.
Je veux sortir; le cordon, s'il vous plaît;
Le cordon, le cordon, s'il vous plaît.

Mais mon portier, las de se taire,
Répond qu'on ne sort pas ainsi;
Que j'écrive au propriétaire,
Que je dois trois termes ici[x].
Fêtez Marie, ô vous à qui l'on ouvre!
Sans moi, pour elle, enfantez maint couplet;
Je rougirais d'envoyer dire au Louvre :
Je veux sortir; le cordon, s'il vous plaît;
Le cordon, le cordon, s'il vous plaît.

DENYS, MAITRE D'ÉCOLE

LA FORCE, 1829

AIR : Il faut bientôt quitter l'empire

Denys, chassé de Syracuse,
A Corinthe se fait pédant.
Ce roi que tout un peuple accuse,
Pauvre et déchu, se console en grondant. (*bis.*)
Maître d'école au moins il prime;
Son bon plaisir fait et défait des lois. (*bis.*)
Il règne encor, car il opprime.
Jamais l'exil n'a corrigé les rois. (*bis.*)

Sur le dîner de chaque élève
Le tyran des Syracusains,
Comme impôt, chaque jour prélève
Trois quarts des noix, du miel et des raisins.
Çà, dit-il, qu'on le reconnaisse :
J'ai droit sur tout, je l'ai prouvé cent fois.
Baisez la main : je vous en laisse.
Jamais l'exil n'a corrigé les rois.

Un sournois, dernier de sa classe,
Au bas d'un thème mal tourné
Met ces mots : Grand roi, qu'un dieu fasse

Périr tous ceux qui vous ont détrôné !
    Vite un prix au sot qui l'adule !
Mon fils, dit-il, tout sceptre est un grand poids.
    Sois mon second, prends la férule.
Jamais l'exil n'a corrigé les rois.

    Un autre en secret vient lui dire :
    Seigneur, un écolier transcrit,
    Là bas, je crois, quelque satire;
C'est contre vous, car voyez comme il rit !
    Ce maître d'humeur répressive,
De l'accusé courant tordre les doigts,
    Dit : Je ne veux plus qu'on écrive.
Jamais l'exil n'a corrigé les rois.

    Rêvant un jour que l'on conspire,
    Rêvant qu'il court de grands dangers,
    Ce fou, tremblant pour son empire,
Voit ses marmots narguer deux étrangers.
    Chers étrangers, dans ce repaire
Entrez, dit-il; sur eux vengez mes droits;
    Frappez; pour eux je suis un père.
Jamais l'exil n'a corrigé les rois.

    Enfin, pères, mères, grand'mères,
    De maint enfant trop bien fessé,
    L'accablant de plaintes amères,
L'ancien tyran de Corinthe est chassé.
    Mais pour agir encore en maître,
Maudire encor sa patrie et ses lois,
    De pédant, Denys se fait prêtre.
Jamais l'exil n'a corrigé les rois.

LAIDEUR ET BEAUTÉ

AIR : C'est à mon maître en l'art de plaire

Sa trop grande beauté m'obsède ;
C'est un masque aisément trompeur.
Oui, je voudrais qu'elle fût laide,
Mais laide, laide a faire peur.
Belle ainsi faut-il que je l'aime !
Dieu, reprends ce don éclatant ;
Je le demande à l'enfer même :
Qu'elle soit laide et que je l'aime autant.

A ces mots m'apparaît le diable ;
C'est le père de la laideur :
« Rendons-la, dit-il, effroyable,
« De tes rivaux trompons l'ardeur.
« J'aime assez ces métamorphoses.
« Ta belle ici vient en chantant :
« Perles, tombez ; fanez-vous, roses.
« La voilà laide et tu l'aimes autant. »

Laide ! moi ! dit-elle, étonnée.
Elle s'approche d'un miroir,
Doute d'abord, puis, consternée,
Tombe en un morne désespoir.

« Pour moi seul tu jurais de vivre,
« Lui dis-je, à ses pieds me jetant :
« A mon seul amour il te livre.
« Plus laide encor, je t'aimerais autant. »

Ses yeux éteints fondent en larmes,
Alors sa douleur m'attendrit :
Ah! rendez, rendez-lui ses charmes.
Soit! répond Satan qui sourit.
Ainsi que naît la fraîche aurore,
Sa beauté renaît à l'instant.
Elle est, je crois, plus belle encore ;
Elle est plus belle et moi je l'aime autant.

Vite au miroir elle s'assure
Qu'on lui rend bien tous ses appas ;
Des pleurs restent sur sa figure,
Qu'elle essuie en grondant tout bas.
Satan s'envole, et la cruelle
Fuit et s'écrie en me quittant :
Jamais fille que Dieu fit belle
Ne doit aimer qui peut l'aimer autant.

LE VIEUX CAPORAL

1829

AIR du Vilain, *ou* de Ninon chez madame de Sévigné

En avant! partez, camarades,
L'arme au bras, le fusil chargé.
J'ai ma pipe et vos embrassades;
Venez me donner mon congé.
J'eus tort de vieillir au service;
Mais pour vous tous, jeunes soldats,
J'étais un père à l'exercice. (*bis.*)
      Conscrits, au pas;
      Ne pleurez pas,
      Ne pleurez pas;
      Marchez au pas;
Au pas, au pas, au pas, au pas!

Un morveux d'officier m'outrage;
Je lui fends!... il vient d'en guérir.
On me condamne, c'est l'usage :
Le vieux caporal doit mourir.
Poussé d'humeur et de rogomme,
Rien n'a pu retenir mon bras.
Puis, moi, j'ai servi le grand homme.
      Conscrits, au pas;
      Ne pleurez pas,

Ne pleurez pas;
Marchez au pas,
Au pas, au pas, au pas, au pas!

Conscrits, vous ne troquerez guères
Bras ou jambe contre une croix.
J'ai gagné la mienne à ces guerres
Où nous bousculions tous les rois.
Chacun de vous payait à boire
Quand je racontais nos combats.
Ce que c'est pourtant que la gloire!
Conscrits, au pas;
Ne pleurez pas,
Ne pleurez pas;
Marchez au pas,
Au pas, au pas, au pas, au pas!

Robert, enfant de mon village,
Retourne garder tes moutons.
Tiens, de ces jardins vois l'ombrage :
Avril fleurit mieux nos cantons.
Dans nos bois, souvent dès l'aurore
J'ai déniché de frais appas.
Bon dieu! ma mère existe encore!
Conscrits, au pas;
Ne pleurez pas,
Ne pleurez pas;
Marchez au pas,
Au pas, au pas, au pas, au pas!

Qui là bas sanglote et regarde?
Eh! c'est la veuve du tambour.

En Russie, à l'arrière-garde,
J'ai porté son fils nuit et jour.
Comme le père, enfant et femme
Sans moi restaient sous les frimas,
Elle va prier pour mon âme.
  Conscrits, au pas;
  Ne pleurez pas,
  Ne pleurez pas;
  Marchez au pas,
Au pas, au pas, au pas, au pas!

Morbleu! ma pipe s'est éteinte.
Non, pas encore... Allons, tant mieux!
Nous allons entrer dans l'enceinte;
Çà, ne me bandez pas les yeux.
Mes amis, fâché de la peine.
Surtout ne tirez point trop bas;
Et qu'au pays Dieu vous ramène!
  Conscrits, au pas;
  Ne pleurez pas,
  Ne pleurez pas;
  Marchez au pas,
Au pas, au pas, au pas, au pas!

COUPLET

AUX JEUNES GENS

Un jour assis sur le rivage,
Bénissant un ciel pur et doux,
Plaignez les marins que l'orage
A fatigués de son courroux.
N'ont-ils pas droit à quelque estime
Ceux qui, las d'un si long effort,
Près de s'engloutir dans l'abîme,
Du doigt vous indiquaient le port?

LE BONHEUR

Le vois=tu bien, là bas, là bas,
Là bas, là bas? dit l'Espérance;
Bourgeois, manants, rois et prélats
Lui font de loin la révérence. (*bis.*)
C'est le Bonheur, dit l'Espérance.
Courons, courons; doublons le pas,
Pour le trouver là bas, là bas,
    Là bas, là bas.

Le vois=tu bien, là bas, là bas,
Là bas, là bas, sous la verdure?
Il croit à d'éternels appas,
Même à l'amour qui toujours dure.
Qu'on est heureux sous la verdure!
Courons, courons; doublons le pas,
Pour le trouver là bas, là bas,
    Là bas, là bas.

Le vois-tu bien, là bas, là bas,
Là bas, là bas, à la campagne?
D'enfants et de grains, Dieu! quel tas!
Quels gros baisers à sa compagne!

Qu'on est heureux à la campagne !
Courons, courons ; doublons le pas,
Pour le trouver là bas, là bas,
    Là bas, là bas.

Le vois-tu bien, là bas, là bas,
Là bas, là bas, dans une banque ?
S'il est un plaisir qu'il n'ait pas,
C'est qu'au marché ce plaisir manque.
Qu'on est heureux dans une banque !
Courons, courons ; doublons le pas,
Pour le trouver là bas, là bas,
    Là bas, là bas.

Le vois-tu bien, la bas, là bas,
La bas, là bas, dans une armée ?
Il mesure au bruit des combats
Tout le bruit de sa renommée.
Qu'on est heureux dans une armée !
Courons, courons ; doublons le pas,
Pour le trouver là bas, là bas,
    La bas, là bas.

Le vois-tu bien, là bas, là bas,
Là bas, là bas, sur un navire ?
L'arc-en-ciel brille dans ses mâts ;
Toutes les mers vont lui sourire.
Qu'on est heureux sur un navire !
Courons, courons ; doublons le pas.
Pour le trouver là bas, là bas,
    Là bas, là bas.

Le vois-tu bien, là bas, là bas,
Là bas, là bas, c'est en Asie?
Roi, pour sceptre il porte un damas
Dont il use à sa fantaisie.
Qu'on est heureux dans cette Asie!
Courons, courons; doublons le pas,
Pour le trouver là bas, là bas,
   Là bas, là bas.

Le vois-tu bien, là bas, là bas,
Là bas, là bas, en Amérique?
Sous un arbre il met habit bas
Pour présider sa république.
Qu'on est heureux en Amérique!
Courons, courons; doublons le pas,
Pour le trouver là bas, là bas,
   Là bas, là bas.

Le vois-tu bien, là bas, là bas,
Là bas, là bas, dans ces nuages?
Ah! dit l'homme enfin vieux et las,
C'est trop d'inutiles voyages.
Enfants, courez vers ces nuages;
Courez, courez; doublez le pas,
Pour le trouver, là bas, là bas,
   Là bas, là bas.

COUPLET

Pauvres fous, battons la campagne;
Que nos grelots tintent soudain.
Comme les beaux mulets d'Espagne,
Nous marchons tous drelin dindin.
Des erreurs de l'humaine espèce
Dieu veut que chacun ait son lot;
Même au manteau de la Sagesse
La Folie attache un grelot.

LES CINQ ÉTAGES

Air : Dans cette maison a quinze ans ;
ou J'étais bon chasseur autrefois

Dans la soupente d'un portier
Je naquis au rez-de-chaussée.
Par tous les laquais du quartier,
A quinze ans, je fus pourchassée.
Mais bientôt un jeune seigneur
M'enlève à leur doux caquetage.
Ma vertu me vaut cet honneur ;
Et je monte au premier étage.

Là, dans un riche appartement,
Mes mains deviennent des plus blanches ;
Grâce à l'or de mon jeune amant,
Là, tous les jours sont des dimanches ;
Mais, par trop d'amour emporté,
Il meurt. Ah ! pour moi quel veuvage !
Mes pleurs respectent ma beauté ;
Et je monte au deuxième étage.

Là, je trompe un vieux duc et pair
Dont le neveu touche mon âme.
Ils ont d'un feu payé bien cher,
L'un la cendre et l'autre la flamme.

Vient un danseur ; nouveaux amours !
La noblesse alors déménage.
Mon miroir me sourit toujours ;
Et je monte au troisième étage.

Là, je plume un bon gros Anglais,
Qui me croit et veuve et baronne,
Puis deux financiers vieux et laids ;
Même un prélat, Dieu me pardonne !
Mais un escroc que je chéris
Me vole en parlant mariage.
Je perds tout ; j'ai des cheveux gris ;
Et je monte encore un étage.

Au quatrième, autre métier.
Des nièces me sont nécessaires ;
Nous scandalisons le quartier,
Nous nous moquons des commissaires.
Mangeant mon pain à la vapeur,
Des plaisirs je fais le ménage.
Trop vieille enfin je leur fais peur ;
Et je monte au cinquième étage.

Dans la mansarde me voilà,
Me voilà pauvre balayeuse.
Seule et sans feu, je finis là
Ma vie au printemps si joyeuse.
Je conte à mes voisins surpris
Ma fortune à différents âges,
Et j'en trouve encor des débris
En balayant les cinq étages.

L'ALCHIMISTE.

Air de la Bonne vieille ; *ou* d'Aristippe

Tu vas, dis-tu, vieux et pauvre alchimiste,
Tirer de l'or des métaux indigents,
Et, faisant plus pour moi que l'âge attriste,
Me rajeunir par de secrets agents.
J'ouvre ma bourse à ta science occulte.
Mon cœur crédule au grand œuvre a recours.
Chacun pourtant conservera son culte
Tout l'or pour toi, mais rends-moi mes beaux jours.

Sur ce brasier souffle donc en silence,
Ou d'un vieux livre interroge les mots[a'].
Ton art est sûr; le Pactole et Jouvence
Dans ce creuset vont marier leurs flots.
L'œil sur ce feu, que tu rêves de choses!
Vois-tu déjà le sourire des cours?
Moi, pour mon front je n'attends que des roses.
Tout l'or pour toi, mais rends-moi mes beaux jours.

Ivre d'espoir, quel délire t'égare!
« O rois, dis-tu, baisez mes pieds poudreux.
« J'aurai plus d'or que Cortez et Pizarre
« N'en ont conquis pour d'autres que pour eux. »

Naguère encor, toi qui vivais d'aumônes,
Déjà l'orgueil rugit dans tes discours.
Achète au poids et sceptres et couronnes.
Tout l'or pour toi, mais rends-moi mes beaux jours.

Oui, rends-moi-les avec leur indigence ;
Rends à mon âme un corps plus vigoureux ;
A mon esprit ôte l'expérience ;
Souffle en mon cœur un sang plus généreux.
Puis t'échappant de ton palais de marbre,
En char pompeux bercé sur le velours,
Vois-moi dormir, heureux au pied d'un arbre.
Tout l'or pour toi, mais rends-moi mes beaux jours.

Je sais pourtant ce que vaut la richesse ;
Mais j'aime encor ; je possède et, cent fois,
J'ai craint de voir ma trop jeune maîtresse
Compter mes ans et les siens par ses doigts.
C'est du soleil qui sied à sa peau brune ;
C'est de l'été qu'il faut à nos amours.
Celle que j'aime est sourde à la fortune.
Tout l'or pour toi, mais rends-moi mes beaux jours.

Mais au creuset ta main que trouve-t-elle ?
Rien ! te voilà plus pauvre et moi plus vieux.
« Non, non, dis-tu ; demain, lune nouvelle ;
« Recommençons ; demain nous serons dieux. »
Tu mens, vieillard ; mais d'erreurs caressantes
J'ai tant besoin, que je te crois toujours.
Sur mon front nu, vois ces rides naissantes.
Tout l'or pour toi, mais rends-moi mes beaux jours.

CHANT FUNÉRAIRE

SUR

LA MORT DE MON AMI QUÉNESCOURT

AIR : Échos des bois, errants dans ces vallons

Quoi ! sourd aux cris d'un long *Miserere*,
Sous ce drap noir, que j'asperge en silence ;
Quoi ! ce cercueil, de cierges entouré,
C'est mon ami, c'est mon ami d'enfance !
Cessez vos chants, prêtres ; c'est à ma voix } *bis*.
De le bénir pour la dernière fois.

Descendu là, sans s'appuyer sur vous,
Dans l'autre vie, il entre exempt d'alarmes.
Qu'est-il besoin que votre Dieu jaloux,
De son enfer vienne effrayer nos larmes ?
Cessez vos chants, prêtres ; c'est à ma voix
De le bénir pour la dernière fois.

Son âme, hélas ! trop tôt prenant l'essor,
Tel un fruit mûr qu'un jeune enfant dérobe,
Nous est ravie. Un ange aux ailes d'or
L'emporte au ciel dans le pan de sa robe.
Cessez vos chants, prêtres ; c'est à ma voix
De le bénir pour la dernière fois.

Modeste et bon, cet homme vertueux,
Privé des biens que l'opulence affiche,
A semblé pauvre au riche fastueux,
Et par ses dons au pauvre a semblé riche.
Cessez vos chants, prêtres; c'est à ma voix
De le bénir pour la dernière fois.

Las, sur les flots, d'aller rasant le bord,
Je saluai sa demeure ignorée.
Entre, et, chez moi, dit-il, comme en un port,
Raccommodons ta voile déchirée.
Cessez vos chants, prêtres; c'est à ma voix
De le bénir pour la dernière fois.

Proclamé roi de ses festins joyeux,
A son foyer je fais sécher ma lyre.
J'y vois pour moi se dérider les cieux,
Et mon pays daigne enfin me sourire.
Cessez vos chants, prêtres; c'est à ma voix
De le bénir pour la dernière fois.

A mes chansons que sa joie applaudit!
Sur mes succès son cœur s'en fait accroire,
Et s'enivrant des fleurs qu'il me prédit,
Prend leur parfum pour un encens de gloire.
Cessez vos chants, prêtres; c'est à ma voix
De le bénir pour la dernière fois.

Au peu d'éclat dont je brille à présent,
Ah! qu'il ait part; et puisse à ma lumière,
Comme un flambeau que porte un ver luisant,
Longtemps son nom se lire sur la pierre[b*]!

Cessez vos chants, prêtres; c'est à ma voix
De le bénir pour la dernière fois.

Des hymnes saints cessez le triste accord :
Il est parti, mais pour un meilleur monde.
A mes chansons s'il peut rester encor
Dans ce cercueil un écho qui réponde,
Cessez vos chants, prêtres; c'est à ma voix
De le bénir pour la dernière fois.

JEANNE-LA-ROUSSE

ou

LA FEMME DU BRACONNIER

Air · Soir et matin sur la fougère

Un enfant dort à sa mamelle;
Elle en porte un autre à son dos.
L'aîné qu'elle traîne après elle,
Gèle pieds nus dans ses sabots.
Hélas! des gardes qu'il courrouce,
Au loin, le père est prisonnier.
Dieu, veillez sur Jeanne=la=Rousse;
On a surpris le braconnier.

Je l'ai vue heureuse et parée,
Elle cousait, chantait, lisait.
Du magister fille adorée,
Par son bon cœur elle plaisait.
J'ai pressé sa main blanche et douce,
En dansant sous le marronnier.
Dieu, veillez sur Jeanne-la-Rousse :
On a surpris le braconnier.

Un fermier riche et de son âge,
Qu'elle espérait voir son époux,
La quitta, parce qu'au village

On riait de ses cheveux roux.
Puis deux, puis trois ; chacun repousse
Jeanne qui n'a pas un denier.
Dieu, veillez sur Jeanne-la-Rousse ;
On a surpris le braconnier.

Mais un vaurien dit : « Rousse ou blonde,
« Moi, pour femme, je te choisis.
« En vain les gardes font la ronde ;
« J'ai bon repaire et trois fusils.
« Faut-il bénir mon lit de mousse ;
« Du château payons l'aumônier. »
Dieu, veillez sur Jeanne-la-Rousse ;
On a surpris le braconnier.

Doux besoin d'être épouse et mère
Fit céder Jeanne qui, trois fois,
Depuis, dans une joie amère,
Accoucha seule au fond des bois.
Pauvres enfants ! chacun d'eux pousse
Frais comme un bouton printanier.
Dieu, veillez sur Jeanne-la-Rousse ;
On a surpris le braconnier.

Quel miracle un bon cœur opère !
Jeanne, fidèle à ses devoirs,
Sourit encor ; car, de leur père,
Ses fils auront les cheveux noirs.
Elle sourit ; car sa voix douce
Rend l'espoir à son prisonnier.
Dieu, veillez sur Jeanne-la-Rousse ;
On a surpris le braconnier.

LES RELIQUES

Air : Donnez-vous la peine d'attendre

D'un saint de paroisse en crédit,
Seul un soir je baisais la châsse.
Vient un bon vieillard qui me dit :
Veux-tu qu'il parle? Oh! oui, de grâce;
Oui, dis-je; et me voilà béant;
Voilà qu'il fait des croix magiques;
Voilà le saint sur son séant,
Qui dit, d'un ton de mécréant :
« Dévots, baisez donc mes reliques;
« Baisez, baisez donc mes reliques. »

Il rit, ce squelette incivil,
Il rit à s'en tenir les côtes.
« Depuis huit siècles, poursuit-il,
« Je grille en enfer pour mes fautes;
« Mais un prêtre au nez bourgeonné,
« Pour mieux dîmer sur ses pratiques,
« Par un tour bien imaginé,
« Fit un saint des os d'un damné.
« Dévots, baisez donc mes reliques ;
« Baisez, baisez donc mes reliques.

« De mon temps, je fus bateleur,
« Ribaud, filou, témoin à gage.

« Puis, en grand m'étant fait voleur,
« J'eus d'un baron mœurs et langage.
« De leurs châsses, dans mes larcins,
« J'ai dépouillé les basiliques.
« Au feu j'ai jeté de bons saints.
« Du ciel admirez les desseins.
« Dévots, baisez donc mes reliques;
« Baisez, baisez donc mes reliques.

« Baisez, sous ce dais de velours,
« La sainte qu'on priera dimanche.
« C'est une Juive, mes amours,
« Dont l'œil fut noir et la peau blanche.
« Grâce à ses charmes réprouvés,
« Dix prélats sont morts hérétiques;
« Vingt moines sont morts énervés.
« Trouvez mieux si vous le pouvez.
« Dévots, baisez donc ses reliques;
« Baisez, baisez donc ses reliques.

« Près d'elle est un vieux crâne étroit,
« Baisez ce saint d'une autre espèce.
« Jadis de larron maladroit,
« Il devint bourreau plein d'adresse.
« Nos rois, pour se bien divertir,
« L'occupaient aux fêtes publiques.
« Hélas! je lui dois, sans mentir,
« L'honneur de passer pour martyr.
« Dévots, baisez donc ses reliques;
« Baisez, baisez donc ses reliques.

« Sous les noms de pieux patrons,

« Ainsi nos corps, mis en spectacle,
« Font pleuvoir l'argent dans les troncs;
« C'est là notre plus grand miracle.
« Mais du diable j'entends le cor.
« Bonsoir, messieurs les catholiques. »
Il se recouche et vole encor
Sur l'autel un crucifix d'or.
Dévots, baisez donc des reliques!
Baisez, baisez donc des reliques!

LA NOSTALGIE

ou

LA MALADIE DU PAYS

AIR de la République

Vous m'avez dit : « A Paris, jeune pâtre,
« Viens, suis-nous, cède à tes nobles penchants.
« Notre or, nos soins, l'étude, le théâtre,
« T'auront bientôt fait oublier les champs. »
Je suis venu ; mais voyez mon visage.
Sous tant de feux mon printemps s'est fané.
Ah ! rendez-moi, rendez-moi mon village,
    Et la montagne où je suis né !

La fièvre court triste et froide en mes veines ;
A vos désirs cependant j'obéis.
Ces bals charmants où les femmes sont reines,
J'y meurs, hélas ! j'ai le mal du pays.
En vain l'étude a poli mon langage ;
Vos arts en vain ont ébloui mes yeux.
Ah ! rendez-moi, rendez-moi mon village,
    Et ses dimanches si joyeux !

Avec raison vous méprisez nos veilles,
Nos vieux récits et nos chants si grossiers.
De la féerie égalant les merveilles,
Votre Opéra confondrait nos sorciers.

Au Saint des saints le ciel rendant hommage,
De vos concerts doit emprunter les sons.
Ah! rendez-moi, rendez-moi mon village,
    Et sa veillée et ses chansons!

Nos toits obscurs, notre église qui croule,
M'ont à moi-même inspiré des dédains.
Des monuments j'admire ici la foule;
Surtout ce Louvre et ses pompeux jardins.
Palais magique, on dirait un mirage
Que le soleil colore à son coucher.
Ah! rendez-moi, rendez-moi mon village,
    Et ses chaumes et son clocher!

Convertissez le sauvage idolâtre,
Près de mourir, il retourne à ses dieux.
Là bas, mon chien m'attend auprès de l'âtre;
Ma mère en pleurs repense à nos adieux.
J'ai vu cent fois l'avalanche et l'orage,
L'ours et les loups fondre sur nos brebis.
Ah! rendez-moi, rendez-moi mon village,
    Et la houlette et le pain bis!

Qu'entends-je, ô ciel! pour moi rempli d'alarmes:
« Pars, dites-vous, demain pars au réveil.
« C'est l'air natal qui séchera tes larmes;
« Va refleurir à ton premier soleil. »
Adieu, Paris, doux et brillant rivage,
Ou l'étranger reste comme enchaîné
Ah! je revois, je revois mon village,
    Et la montagne où je suis né.

MA NOURRICE

chanson historique

Air : Dodo, l'enfant do, etc.

De souvenir en souvenir,
J'ai reconstruit mon édifice.
Je vais conter, pour en finir,
Ce qu'on m'a dit de ma nourrice.
Au soir des ans doit sembler doux
Ce chant qui nous a bercés tous :
    Dodo, l'enfant do,
  L'enfant dormira tantôt.

Au mois d'août, voilà bien longtemps !
Six francs et ma layette en poche,
Belle nourrice de vingt ans,
D'Auxerre avec moi prit le coche.
Sois bien ou mal, sanglote ou ris,
Adieu, pauvre enfant de Paris.
    Dodo, l'enfant do,
  L'enfant dormira tantôt.

En Bourgogne je débarquai ;
Pour la chanson climat propice.
Nous trouvons, buvant sur le quai,
Le vieux mari de ma nourrice.

Verre en main, Jean le vigneron
Chantait les gaîtés de Piron.
  Dodo, l'enfant do,
 L'enfant dormira tantôt.

Sous son chaume, au bruit du pressoir,
Bientôt j'assiste à la vendange.
Plus ivre et plus vieux chaque soir,
Jean va coucher seul dans la grange.
Sa femme, en s'en moquant tout bas,
Me dit : Petiot, ne vieillis pas.
  Dodo, l'enfant do,
 L'enfant dormira tantôt.

Un moine, en voisin, vint chez nous :
Il entre sans que le chien jappe ;
Le mari sort, et l'homme roux
De ma table fripe la nappe.
Hélas! l'odeur du Récollet
Fait pour neuf mois tourner mon lait.
  Dodo, l'enfant do,
 L'enfant dormira tantôt.

Au vieux moutier, huit jours plus tard,
Jean, bien payé, soignait la vigne ;
Moi, gai comme un dieu sans nectar,
Au vin du cru je me résigne.
Ma nourrice, en m'en abreuvant,
Soupire et dit : Chien de couvent!
  Dodo, l'enfant do,
 L'enfant dormira tantôt.

Sur cette histoire, en bon devin,
Mon parrain, dès qu'il l'eut apprise,
Me prédit le dégoût du vin ;
Le goût de tous les gens d'église.
Pour *requiem* je prédis, moi,
Qu'ils chanteront à mon convoi :
  Dodo, l'enfant do,
 L'enfant dormira tantôt.

LES CONTREBANDIERS[c][*]

chanson

ADRESSÉE A M. JOSEPH BERNARD, DÉPUTÉ DU VAR

AUTEUR

DU *BON SENS D'UN HOMME DE RIEN*

AIR. Cette chaumière-là vaut un palais

Malheur! malheur aux commis!
A nous, bonheur et richesse!
Le peuple à nous s'intéresse :
Il est de nos amis.
Oui, le peuple est partout de nos amis;
Oui, le peuple est partout, partout de nos amis.

Il est minuit. Çà, qu'on me suive,
Hommes, pacotille et mulets.
Marchons, attentifs au qui vive.
Armons fusils et pistolets.
Les douaniers sont en nombre;
Mais le plomb n'est pas cher;
Et l'on sait que dans l'ombre
Nos balles verront clair.

Malheur! malheur aux commis!
A nous, bonheur et richesse!
Le peuple à nous s'intéresse :
　　Il est de nos amis.
Oui, le peuple est partout de nos amis;
Oui, le peuple est partout, partout de nos amis.

　　Camarades, la noble vie!
　　Que de hauts faits à publier!
　　Combien notre belle est ravie
　　Quand l'or pleut dans son tablier!
　　　　Château, maison, cabane,
　　　　Nous sont ouverts partout.
　　　　Si la loi nous condamne,
　　　　Le peuple nous absout.

Malheur! malheur aux commis!
A nous, bonheur et richesse!
Le peuple à nous s'intéresse :
　　Il est de nos amis.
Oui, le peuple est partout de nos amis;
Oui, le peuple est partout, partout de nos amis.

　　Bravant neige, froid, pluie, orage,
　　Au bruit des torrents nous dormons.
　　Ah! qu'on aspire de courage,
　　Dans l'air pur du sommet des monts!
　　　　Cimes à nous connues,
　　　　Cent fois vous nous voyez
　　　　La tête dans les nues
　　　　Et la mort sous nos pieds.

Malheur! malheur aux commis!
A nous, bonheur et richesse!
Le peuple à nous s'intéresse :
Il est de nos amis.
Oui, le peuple est partout de nos amis;
Oui, le peuple est partout, partout de nos amis.

Aux échanges l'homme s'exerce;
Mais l'impôt barre les chemins.
Passons : c'est nous qui du commerce
Tiendrons la balance en nos mains
  Partout la Providence
  Veut, en nous protégeant,
  Niveler l'abondance,
  Éparpiller l'argent.

Malheur! malheur aux commis!
A nous, bonheur et richesse!
Le peuple à nous s'intéresse :
Il est de nos amis.
Oui, le peuple est partout de nos amis;
Oui, le peuple est partout, partout de nos amis.

Nos gouvernants, pris de vertige,
Des biens du ciel triplant le taux,
Font mourir le fruit sur sa tige,
Du travail brisent les marteaux.
  Pour qu'au loin il abreuve
  Le sol et l'habitant,
  Le bon Dieu crée un fleuve;
  Ils en font un étang.

Malheur! malheur aux commis!
A nous, bonheur et richesse!
Le peuple à nous s'intéresse :
Il est de nos amis.
Oui, le peuple est partout de nos amis;
Oui, le peuple est partout, partout de nos amis.

Quoi! l'on veut qu'uni de langage,
Aux mêmes lois longtemps soumis,
Tout peuple qu'un traité partage
Forme deux peuples d'ennemis.
Non; grâce à notre peine,
Ils ne vont pas en vain
Filer la même laine,
Sourire au même vin.

Malheur! malheur aux commis!
A nous, bonheur et richesse!
Le peuple à nous s'intéresse :
Il est de nos amis.
Oui, le peuple est partout de nos amis;
Oui, le peuple est partout, partout de nos amis.

A la frontière où l'oiseau vole,
Rien ne lui dit : Suis d'autres lois.
L'été vient tarir la rigole
Qui sert de limite à deux rois.
Prix du sang qu'ils répandent,
Là, leurs droits sont perçus.
Ces bornes qu'ils défendent,
Nous sautons par=dessus.

Malheur! malheur aux commis!
A nous, bonheur et richesse!
Le peuple à nous s'intéresse
Il est de nos amis.
Oui, le peuple est partout de nos amis;
Oui, le peuple est partout, partout de nos amis.

On nous chante dans nos campagnes,
Nous, dont le fusil redouté,
En frappant l'écho des montagnes,
Peut réveiller la liberté.
Quand tombe la patrie
Sous des voisins altiers,
Mourante elle s'écrie.
A moi, contrebandiers!

Malheur! malheur aux commis!
A nous, bonheur et richesse!
Le peuple à nous s'intéresse :
Il est de nos amis.
Oui, le peuple est partout de nos amis;
Oui, le peuple est partout, partout de nos amis.

A MES AMIS

DEVENUS MINISTRES

Non, mes amis, non, je ne veux rien être ;
Semez ailleurs places, titres et croix.
Non, pour les cours Dieu ne m'a pas fait naître :
Oiseau craintif, je fuis la glu des rois.
Que me faut-il ? maîtresse à fine taille,
Petit repas et joyeux entretien.
De mon berceau près de bénir la paille,
En me créant Dieu m'a dit : Ne sois rien.

Un sort brillant serait chose importune
Pour moi, rimeur, qui vis de temps perdu.
M'est-il tombé des miettes de fortune,
Tout bas je dis : Ce pain ne m'est pas dû.
Quel artisan, pauvre, hélas ! quoi qu'il fasse,
N'a plus que moi droit à ce peu de bien ?
Sans trop rougir fouillons dans ma besace.
En me créant Dieu m'a dit : Ne sois rien.

Au ciel, un jour, une extase profonde
Vient me ravir, et je regarde en bas.
De là, mon œil confond dans notre monde
Rois et sujets, généraux et soldats.

Un bruit m'arrive ; est-ce un bruit de victoire ?
On crie un nom ; je ne l'entends pas bien.
Grands, dont là bas je vois ramper la gloire,
En me créant Dieu m'a dit : Ne sois rien.

Sachez pourtant, pilotes du royaume,
Combien j'admire un homme de vertu,
Qui, regrettant son hôtel ou son chaume^(dr),
Monte au vaisseau par tous les vents battu.
De loin ma voix lui crie : Heureux voyage !
Priant de cœur pour tout grand citoyen.
Mais au soleil je m'endors sur la plage.
En me créant Dieu m'a dit : Ne sois rien.

Votre tombeau sera pompeux sans doute ;
J'aurai, sous l'herbe, une fosse à l'écart.
Un peuple en deuil vous fait cortége en route ;
Du pauvre, moi, j'attends le corbillard.
En vain on court où votre étoile tombe ;
Qu'importe alors votre gîte ou le mien ?
La différence est toujours une tombe.
En me créant Dieu m'a dit : Ne sois rien.

De ce palais souffrez donc que je sorte.
A vos grandeurs je devais un salut.
Amis, adieu. J'ai derrière la porte
Laissé tantôt mes sabots et mon luth.
Sous ces lambris près de vous accourue,
La Liberté s'offre à vous pour soutien.
Je vais chanter ses bienfaits dans la rue.
En me créant Dieu m'a dit : Ne sois rien.

GOTTON

Air des Cancans

Deux vieilles disaient tout bas :
Belzébuth prend ses ébats.
Voyez en robe, en manteau,
Gotton servante au château.

   C'est par-ci, c'est par-là,
Trala, trala, tralala ;
   C'est par-ci, c'est par-là,
C'est le diable en falbala.

Son maître est jouet d'un sort ;
Oui, de l'enfer elle sort.
Gageons que son brodequin
Nous cache un pied de bouquin.

   C'est par-ci, c'est par-là,
Trala, trala, tralala ;
   C'est par-ci, c'est par-là,
C'est le diable en falbala.

Au vieux baron dès qu'elle eut
Fait abjurer son salut,
Gotton, rouge de bonheur,
Se créa dame d'honneur.

C'est par-ci, c'est par-là,
Trala, trala, tralala;
C'est par-ci, c'est par-là,
C'est le diable en falbala.

Bien que le chemin soit long
De la cuisine au salon,
J'en viens, dit-elle, à mes fins !
Dormons tard dans des draps fins.

C'est par-ci, c'est par-là,
Trala, trala, tralala;
C'est par-ci, c'est par-là,
C'est le diable en falbala.

Depuis lors, certain valet,
N'ouvrant qu'un coin du volet,
Au lit, d'un air échauffé,
Porte à Gotton son café.

C'est par-ci, c'est par-là,
Trala, trala, tralala;
C'est par-ci, c'est par-là,
C'est le diable en falbala.

Au château tous empâtés,
Que d'ânes elle a bâtés !
Notre maire, qui l'a fait ?
Gotton et le sous-préfet.

C'est par-ci, c'est par-là,
Trala, trala, tralala;

C'est par-ci, c'est par-là,
C'est le diable en falbala.

A l'église, Dieu! quel ton!
Suisse, au banc menez Gotton,
Pour lorgner le sacripant
Qu'elle=même a fait serpent.

C'est par-ci, c'est par-là,
Trala, trala, tralala;
C'est par-ci, c'est par-là,
C'est le diable en falbala.

Mais quoi! l'infâme, aux jours gras,
Du beau curé prend le bras;
L'appelle petit coquin
Et l'habille en arlequin!

C'est par-ci, c'est par-là,
Trala, trala, tralala;
C'est par-ci, c'est par-là,
C'est le diable en falbala.

Elle a tout : meubles, chevaux,
Bals, festins, atours nouveaux;
Riche, on l'accueille en tout lieu.
Puis, courez donc prier Dieu!

C'est par-ci, c'est par-là,
Trala, trala, tralala;
C'est par-ci, c'est par-là,
C'est le diable en falbala.

L'enfer donne à ses suppôts
Trésors, plaisirs et repos :
J'en conclus qu'il est écrit
Que Gotton est l'Antechrist.

 C'est par-ci, c'est par-là,
Trala, trala, tralala;
 C'est par-ci, c'est par-là,
C'est le diable en falbala.

COLIBRI

Air : Garde a vous ! (de *la Fiancée*)

Mes amis,
J'ai soumis
L'enfer à ma puissance.
De son obéissance
J'ai pour gage certain
    Un lutin. (*bis.*)
Sous forme d'oiseau-mouche
A mon chevet il couche.
Lutin doux et chéri,
Baisez-moi, Colibri,
    Colibri ! (*ter.*)

S'éveillant,
Babillant,
Au jour qui naît et brille,
Son petit corps scintille
D'émeraude et d'azur,
    Et d'or pur.
Fleur qui cherche sa tige,
Le voilà qui voltige :
L'aurore en a souri.
Baisez-moi, Colibri,
    Colibri !

Je le vois,
A ma voix,
Voler vers qui m'implore.
Ses ailes font éclore
Richesse, honneurs, amours
Et beaux jours.
Quelque soif qui m'embrase,
Il peut remplir le vase
Que ma bouche a tari.
Baisez=moi, Colibri,
Colibri!

Je puis voir
Son pouvoir
Franchir l'espace et l'onde,
Du Pérou, de Golconde
M'apporter, dans nos ports,
Les trésors.
Mais, non; point d'opulence,
Quand un peuple en silence
Souffre et meurt sans abri.
Baisez–moi, Colibri,
Colibri!

Je puis voir
Son pouvoir
Me donner des couronnes,
Des palais à colonnes,
Des gardes et l'amour
D'une cour.
Mais, non; j'en sais l'histoire
Le monde, à tant de gloire,

De douleur pousse un cri.
Baisez-moi, Colibri,
    Colibri !

    Demandons,
  Pour seuls dons,
Simple toit, portes closes,
Des chants, du vin, des roses,
Et la paix d'un reclus,
    Rien de plus.
Mon paradis s'arrange,
Dieux ! et l'oiseau se change
En piquante houri.
Baisez-moi, Colibri,
    Colibri !

ÉMILE DEBRAUX[*]

chanson-prospectus

POUR LES OEUVRES DE CE CHANSONNIER

Air : Dis-moi, soldat, dis-moi, t'en souviens-tu

Le pauvre Émile a passé comme une ombre,
Ombre joyeuse et chère aux bons vivants.
Ses gais refrains vous égalent en nombre,
Fleurs d'acacia qu'éparpillent les vents.
Debraux, dix ans, régna sur la goguette,
Mit l'orgue en train et les chœurs des faubourgs,
Et roulant, roi, de guinguette en guinguette,
Du pauvre peuple il chanta les amours.

Toujours enfant, gai jusqu'à faire envie,
En étourdi vers le plaisir poussé;
Pouffant de rire à voir couler sa vie
Comme le vin d'un tonneau défoncé;
Sifflant le sot sous les croix qu'il découvre,
Ou sur son char le grand mal affermi;
Sans s'informer par où l'on monte au Louvre,
Du pauvre peuple il est resté l'ami.

Mais, dites-vous, il avait donc des rentes?
Eh! non, messieurs; il logeait au grenier.
Le temps, au bruit des fêtes enivrantes,

Râpait, râpait l'habit du chansonnier.
Venait l'hiver : le bois manquait à l'âtre;
La vitre, au nord, étincelait de fleurs;
Il grelottait, mais sa muse folâtre
Du pauvre peuple allait sécher les pleurs.

De l'œil des rois on a compté les larmes;
Les yeux du peuple en ont trop pour cela :
La France alors pleurait l'éclat des armes
Et les grandeurs dont le cours l'ébranla.
Ta voix, Émile, évoquant notre histoire,
Du cabaret ennoblit les échos;
C'était l'asile où se cachait la gloire :
Le pauvre peuple aime tant les héros!

Bien jeune, hélas! il descend dans la fosse.
Je l'ai conduit où vieux j'irai demain.
Chantant au loin, des buveurs à voix fausse
Aux noirs pensers m'arrachaient en chemin.
C'étaient ses chants que disait leur ivresse,
Chants que leurs fils sauront bien rajeunir.
De son passage est-il un roi qui laisse
Au pauvre peuple un si doux souvenir?

De sa famille allégez l'indigence;
Riches et grands, achetez ce recueil.
A tant d'esprit passez la négligence :
Ah! du talent le besoin est l'écueil.
Ne soyez point ingrats pour nos musettes;
Songez aux maux que nous adoucissons
Pour s'en tenir au lot que vous lui faites,
Le pauvre peuple a besoin de chansons.

LE PROVERBE

Épris jadis d'une princesse,
Alain vit son cœur rejeté ;
Simple écuyer, né sans noblesse,
Comme un vilain il fut traité.
La princesse avait une dame,
Dame d'honneur, fleur au déclin ;
Alain lui transporte sa flamme,
Il est traité comme un vilain.

La dame avait une suivante
Qui tenait à la qualité.
En vain de lui plaire il se vante ;
Comme un vilain il est traité.
La suivante avait sa soubrette :
Celle-ci cède au pauvre Alain,
Surprise, tant bien il la traite,
Qu'on l'ait traité comme un vilain.

La suivante, qu'un mot éclaire,
Court après Alain mieux goûté ;
La dame à son tour veut lui plaire,
Comme un baron il est traité ;
La princesse enfin, moins superbe,
Ouvre au galant ses draps de lin.
Depuis lors, adieu le proverbe
Qui dit, traité comme un vilain.

LES FEUX FOLLETS

Air : Faut l'oublier, disait Colette

O nuit d'été, paix du village,
Ciel pur, doux parfums, frais ruisseau,
Vous embellissiez mon berceau ;
Consolez=moi dans un autre âge.
Las du monde, ici je me plais ;
Tout y retrace mon enfance,
Oui, tout, jusqu'à ces feux follets.
Jadis leur éclat et leur danse
M'auraient fait fuir à pas pressés.
J'ai perdu ma douce ignorance.
Follets, dansez, dansez, dansez.

On racontait aux longues veilles
Qu'ils étaient moqueurs et méchants ;
Que ces feux gardaient dans nos champs
Bien des trésors, bien des merveilles.
Revenants, lutins, noirs esprits,
Sorciers, malignes influences,
A tout croire on m'avait appris.
Je voyais des dragons immenses
Sur les donjons des temps passés.
L'âge a soufflé sur mes croyances.
Follets, dansez, dansez, dansez.

Un soir, j'avais dix ans à peine,
Égaré, couvert de sueur,
Je vois de loin cette lueur.
C'est la lampe de ma marraine.
Chez elle un gâteau m'attendant,
Je cours, je cours, l'âme ravie.
Un berger me crie : « Imprudent !
« La lumière par toi suivie
« Éclaire un bal de trépassés. »
Ainsi devait s'user ma vie.
Follets, dansez, dansez, dansez.

A seize ans, je vis même flamme
Sur la tombe du vieux curé ;
Soudain m'écriant : Je prierai,
Monsieur le curé, pour votre âme ;
Je m'imagine qu'il me dit :
« Faut-il que la beauté te rende
« Déjà rêveur, enfant maudit ! »
Ce soir-là, tant ma peur fut grande,
Je crus à des cieux courroucés.
Parlez encore et que j'entende.
Follets, dansez, dansez, dansez.

Quand j'aimai Rose au cœur candide,
Un peu d'or eût comblé nos vœux.
Devant moi passe un de ces feux :
Vers des trésors qu'il soit mon guide.
J'ose le suivre, mais, hélas !
Dans l'étang que ce ruisseau creuse,
Je tombe, et je ne péris pas !
A-t-il ri de ta chute affreuse ?

Disent encor des insensés.
Non, mais sans moi Rose est heureuse.
Follets, dansez, dansez, dansez.

De mille erreurs l'âme affranchie
Me voilà vieux avant le temps.
Vapeurs qui brillez peu d'instants,
Voyez-vous ma tête blanchie?
Des sages m'ont ouvert les yeux;
Mais j'admirais bien plus l'aurore
Quand je connaissais moins les cieux.
Du savoir le flambeau dévore
Les sylphes qui nous ont bercés.
Ah! je voudrais vous craindre encore.
Follets, dansez, dansez, dansez.

HÂTONS-NOUS

FEVRIER 1831.

AIR : Ah ! si ma dame me voyait

Ah ! si j'étais jeune et vaillant,
Vrai hussard, je courrais le monde,
Retroussant ma moustache blonde,
Sous un uniforme brillant,
Le sabre au poing et bataillant.
Va, mon coursier, vole en Pologne ;
Arrachons un peuple au trépas.
Que nos poltrons en aient vergogne.
Hâtons-nous ; l'honneur est là bas. (*bis.*

Si j'étais jeune, assurément
J'aurais maîtresse jeune et belle.
Vite en croupe, mademoiselle ;
Imitez le beau dévouement
Des femmes de ce peuple aimant.
Vendez vos parures ; oui, toutes.
En charpie emportons vos draps.
De son sang sauvez quelques gouttes.
Hâtons-nous ; l'honneur est là bas.

Bien plus; si j'avais des millions,
J'irais dire aux braves Sarmates :
Achetons quelques diplomates,
Beaucoup de poudre, et rhabillons
Vos héroïques bataillons.
L'Europe, qui marche à béquilles,
Riche goutteuse, ne croit pas
A la vertu sous des guenilles.
Hâtons-nous; l'honneur est là bas.

Pour eux, si j'étais roi puissant,
Combien je ferais plus encore!
Mes vaisseaux, du Sund au Bosphore,
Iraient réveiller le Croissant,
Des Suédois réchauffer le sang;
Criant : Pologne, on te seconde!
Un long sceptre au bout d'un bon bras
Peut atteindre aux bornes du monde.
Hâtons-nous; l'honneur est là bas.

Si j'étais un jour, un seul jour,
Le dieu que la Pologne implore,
Sous ma justice, avant l'aurore,
Le czar pâlirait dans sa cour :
Aux Polonais tout mon amour!
Je saurais, trompant les oracles,
De miracles semer leurs pas.
Hélas! il leur faut des miracles!
Hâtons-nous; l'honneur est là bas.

Hâtons-nous! mais je ne puis rien.
O Roi des cieux, entends ma plainte :

Père de la liberté sainte,
De ce peuple unique soutien,
Fais de moi son ange gardien.
Dieu, donne à ma voix la trompette
Qui doit réveiller du trépas,
Pour qu'au monde entier je répète :
Hâtez-vous ; l'honneur est là bas.

PONIATOWSKI [1]

JUILLET 1831

AIR des Trois couleurs

Quoi! vous fuyez, vous, les vainqueurs du monde!
Devant Leipsig le sort s'est-il mépris?
Quoi! vous fuyez! et ce fleuve qui gronde,
D'un pont qui saute emporte les débris!
Soldats, chevaux, pêle-mêle, et les armes,
Tout tombe là; l'Elster roule entravé.
Il roule sourd aux vœux, aux cris, aux larmes :
« Rien qu'une main (*bis*), Français, je suis sauvé! »

« Rien qu'une main? malheur à qui l'implore!
« Passons, passons. S'arrêter! et pour qui? »
Pour un héros que le fleuve dévore :
Blessé trois fois, c'est Poniatowski.
Qu'importe! on fuit. La frayeur rend barbare.
A pas un cœur son cri n'est arrivé.
De son coursier le torrent le sépare :
« Rien qu'une main, Français, je suis sauvé! »

Il va périr; non; il lutte, il surnage;
Il se rattache aux longs crins du coursier.
« Mourir noyé! dit-il, lorsqu'au rivage
« J'entends le feu, je vois luire l'acier!

« Frères, à moi ! vous vantiez ma vaillance.
« Je vous chéris ; mon sang l'a bien prouvé.
« Ah ! qu'il m'en reste à verser pour la France !
« Rien qu'une main, Français, je suis sauvé ! »

Point de secours ! et sa main défaillante
Lâche son guide : adieu, Pologne, adieu !
Mais un doux rêve, une image brillante
Dans son esprit descend du sein de Dieu.
« Que vois-je ? enfin, l'aigle blanc se réveille,
« Vole, combat, de sang russe abreuvé.
« Un chant de gloire éclate à mon oreille.
« Rien qu'une main, Français, je suis sauvé ! »

Point de secours ! il n'est plus, et la rive
Voit l'ennemi camper dans ses roseaux.
Ces temps sont loin, mais une voix plaintive
Dans l'ombre encore appelle au fond des eaux ;
Et depuis peu (grand Dieu, fais qu'on me croie !),
Jusques au ciel son cri s'est élevé.
Pourquoi ce cri que le ciel nous renvoie :
« Rien qu'une main, Français, je suis sauvé ! »

C'est la Pologne et son peuple fidèle
Qui tant de fois a pour nous combattu ;
Elle se noie au sang qui coule d'elle,
Sang qui s'épuise en gardant sa vertu.
Comme ce chef mort pour notre patrie,
Corps en lambeaux dans l'Elster retrouvé,
Au bord du gouffre un peuple entier nous crie :
« Rien qu'une main, Français, je suis sauvé ! »

L'ÉCRIVAIN PUBLIC

couplets de fête

ADRESSÉS A M. J. LAFFITTE PAR DES ENFANTS QUI IMPLORAIENT
SA BIENFAISANCE §*

1824

Air de la République

LES ENFANTS.
Daignez, monsieur, nous servir d'interprète.
Chantez pour nous Jacques qui fait du bien.
L'ÉCRIVAIN.
A le louer, enfants, ma plume est prête.
Des malheureux, oui, Jacque est le soutien.
Je le peindrai pur, dans son opulence,
Des titres vains dont l'orgueil se nourrit.
LES ENFANTS.
Chantez plutôt notre reconnaissance :
    Des enfants n'ont pas tant d'esprit.

L'ÉCRIVAIN.
On peut chez lui célébrer la richesse
Qui trop souvent corrompit les humains.
Fruit du travail, tout l'argent de sa caisse

Sans les salir a passé dans ses mains.
Parfois chez nous la probité prospère ;
Aux grands talents parfois le ciel sourit.
LES ENFANTS.
Parlez plutôt de notre pauvre père.
    Des enfants n'ont pas tant d'esprit.

L'ECRIVAIN.
Je veux surtout le peindre à la tribune.
A la raison sa voix donna l'essor.
Il défendit la publique fortune
Lorsqu'aux proscrits il prodiguait son or.
Il nous montra la patrie expirante
Sous des trésors que le pouvoir tarit.
LES ENFANTS.
Peignez plutôt notre mère souffrante :
    Des enfants n'ont pas tant d'esprit.

L'ÉCRIVAIN.
Je veux aussi peindre la calomnie.
Point de vertus que respectent ses traits.
Mais par le souffle une glace ternie,
Plus pure aux yeux brille l'instant d'après.
En vain des sots il connut l'inconstance,
Du citoyen la palme refleurit.
LES ENFANTS.
Dites plutôt qu'il est notre espérance :
    Des enfants n'ont pas tant d'esprit.

L'ÉCRIVAIN.
Pauvres enfants ! je vois ce qu'il faut dire :
De vos parents Jacque est l'unique appui.

Les biens si chers auxquels un père aspire,
Vous priez Dieu de les verser sur lui.
Pour lui porter ces vœux d'une âme pure,
Vous attendiez que sa porte s'ouvrît.
Plus grands que vous passent par la serrure;
   Des enfants n'ont pas tant d'esprit.

A

M. DE CHATEAUBRIAND

SEPTEMBRE 1831

AIR d'Octavie

Chateaubriand, pourquoi fuir ta patrie,
Fuir son amour, notre encens et nos soins?
N'entends-tu pas la France qui s'écrie :
Mon beau ciel pleure une étoile de moins?

Où donc est-il? se dit la tendre mère.
Battu des vents que Dieu seul fait changer,
Pauvre aujourd'hui comme le vieil Homère,
Il frappe, hélas! au seuil de l'étranger.

Proscrit jadis, la naissante Amérique
Nous le rendit après nos longs discords,
Riche de gloire, et Colomb poétique,
D'un nouveau monde étalant les trésors.

Le pèlerin de Grèce et d'Ionie,
Chantant plus tard le cirque et l'Alhambra,
Nous revit tous dévots à son génie,
Devant le Dieu que sa voix célébra.

De son pays, qui lui doit tant de lyres,
Lorsque la sienne en pleurant s'exila,
Il s'enquérait aux débris des empires
Si des Français n'avaient point passé là.

C'était l'époque où, fécondant l'histoire,
La grande épée, effroi des nations,
Resplendissante au soleil de la gloire,
En fit sur nous rejaillir les rayons.

Ta voix résonne, et soudain ma jeunesse
Brille à tes chants d'une noble rougeur.
J'offre aujourd'hui, pour prix de mon ivresse,
Un peu d'eau pure au pauvre voyageur.

Chateaubriand, pourquoi fuir ta patrie,
Fuir son amour, notre encens et nos soins ?
N'entends-tu pas la France qui s'écrie :
Mon beau ciel pleure une étoile de moins ?

Des anciens rois quand revint la famille,
Lui, de leur sceptre appui religieux,
Crut aux Bourbons faire adopter pour fille
La Liberté qui se passe d'aïeux.

Son éloquence à ces rois fit l'aumône :
Prodigue fée, en ses enchantements,
Plus elle voit de rouille à leur vieux trône,
Plus elle y sème et fleurs et diamants.

Mais de nos droits il gardait la mémoire.
Les insensés dirent : Le ciel est beau.

Chassons cet homme, et soufflons sur sa gloire,
Comme au grand jour on éteint un flambeau.

Et tu voudrais t'attacher à leur chute !
Connais donc mieux leur folle vanité.
Au rang des maux qu'au ciel même elle impute,
Leur cœur ingrat met ta fidélité.

Va ; sers le peuple en butte à leurs bravades,
Ce peuple humain, des grands talents épris,
Qui t'emportait, vainqueur aux barricades,
Comme un trophée, entre ses bras meurtris.

Ne sers que lui. Pour lui ma voix te somme
D'un prompt retour après un triste adieu.
Sa cause est sainte : il souffre, et tout grand homme
Auprès du peuple est l'envoyé de Dieu.

Chateaubriand, pourquoi fuir ta patrie,
Fuir son amour, notre encens et nos soins ?
N'entends-tu pas la France qui s'écrie :
Mon beau ciel pleure une étoile de moins ?

CONSEIL AUX BELGES

MAI 1831

Air de la République

Finissez–en, nos frères de Belgique,
Faites un roi, morbleu ! finissez=en.
Depuis huit mois, vos airs de république
Donnent la fièvre à tout bon courtisan.
D'un roi toujours la matière se trouve :
C'est Jean, c'est Paul, c'est mon voisin, c'est moi.
Tout œuf royal éclôt sans qu'on le couve.
Faites un roi, morbleu ! faites un roi ;
    Faites un roi, faites un roi.

Quels biens sur vous un prince va répandre !
D'abord viendra l'étiquette aux grands airs ;
Puis des cordons et des croix à revendre ;
Puis ducs, marquis, comtes, barons et pairs ;
Puis un beau trône, en or, en soie, en nacre,
Dont le coussin prête à plus d'un émoi.
S'il plaît au ciel, vous aurez même un sacre.
Faites un roi, morbleu ! faites un roi ;
    Faites un roi, faites un roi.

Puis vous aurez baisemains et parades,
Discours et vers, feux d'artifice et fleurs ;

Puis force gens qui se disent malades
Dès qu'un bobo cause au roi des douleurs.
Bonnet de pauvre et royal diadème
Ont leur vermine : un dieu fit cette loi.
Les courtisans rongent l'orgueil suprême.
Faites un roi, morbleu ! faites un roi ;
  Faites un roi, faites un roi.

Chez vous pleuvront laquais de toute sorte ;
Juges, préfets, gendarmes, espions ;
Nombreux soldats pour leur prêter main-forte ;
Joie à brûler un cent de lampions.
Vient le budget ! nourrir Athène et Sparte
Eût, en vingt ans, moins coûté, sur ma foi.
L'ogre a dîné ; peuples, payez la carte.
Faites un roi, morbleu ! faites un roi ;
  Faites un roi, faites un roi.

Mais, quoi ! je raille ; on le sait bien en France :
J'y suis du trône un des chauds partisans.
D'ailleurs l'histoire a répondu d'avance :
Nous n'y voyons que princes bienfaisants.
Pères du peuple, ils le font pâmer d'aise ;
Plus il s'instruit, moins ils en ont d'effroi.
Au bon Henri succède Louis-Treize.
Faites un roi, morbleu ! faites un roi ;
  Faites un roi, faites un roi.

LE REFUS

chanson

ADRESSÉE AU GÉNÉRAL SÉBASTIANI

AIR : Le premier du mois de janvier

Un ministre veut m'enrichir
Sans que l'honneur ait à gauchir.
Sans qu'au *Moniteur* on m'affiche.
Mes besoins ne sont pas nombreux ;
Mais, quand je pense aux malheureux,
Je me sens né pour être riche.

Avec l'ami pauvre et souffrant
On ne partage honneurs ni rang ;
Mais l'or du moins on le partage.
Vive l'or ! oui, souvent, ma foi,
Pour cinq cents francs, si j'étais roi,
Je mettrais ma couronne en gage.

Qu'un peu d'argent pleuve en mon trou,
Vite il s'en va, Dieu sait par où !
D'en conserver je désespère.
Pour recoudre à fond mes goussets,
J'aurais dû prendre, à son décès,
Les aiguilles de mon grand-père.

Ami, pourtant gardez votre or.
Las! j'épousai, bien jeune encor,
La Liberté, dame un peu rude.
Moi, qui dans mes vers ai chanté
Plus d'une facile beauté,
Je meurs l'esclave d'une prude.

La Liberté! c'est, Monseigneur,
Une femme folle d'honneur;
C'est une bégueule enivrée
Qui, dans la rue ou le salon,
Pour le moindre bout de galon,
Va criant : A bas la livrée !

Vos écus la feraient damner.
Au fait, pourquoi pensionner
Ma muse indépendante et vraie?
Je suis un sou de bon aloi;
Mais en secret argentez-moi,
Et me voilà fausse monnaie.

Gardez vos dons : je suis peureux.
Mais si d'un zèle généreux
Pour moi le monde vous soupçonne,
Sachez bien qui vous a vendu :
Mon cœur est un luth suspendu,
Sitôt qu'on le touche, il résonne.

LA RESTAURATION

DE LA CHANSON

JANVIER 1831

AIR : J'arrive a pied de province

Oui, chanson, Muse ma fille,
    J'ai déclaré net
Qu'avec Charle et sa famille
    On te détrônait[1*].
Mais chaque loi qu'on nous donne
    Te rappelle ici.
Chanson, reprends ta couronne.
    —Messieurs, grand merci!

Je croyais qu'on allait faire
    Du grand et du neuf;
Même étendre un peu la sphère
    De Quatre-vingt-neuf.
Mais point! on rebadigeonne
    Un trône noirci.
Chanson, reprends ta couronne.
    —Messieurs, grand merci!

Depuis les jours de décembre ʲ*,
    Vois, pour se grandir,
La Chambre vanter la Chambre ;
    La Chambre applaudir.
A se prouver qu'elle est bonne
    Elle a réussi.
Chanson, reprends ta couronne.
    — Messieurs, grand merci !

Basse-cour des ministères
    Qu'en France on honnit,
Nos chapons héréditaires
    Sauveront leur nid ᵏ*.
Les petits que Dieu leur donne
    Y pondront aussi.
Chanson, reprends ta couronne.
    — Messieurs, grand merci !

Gloire à la garde civique,
    Piédestal des lois !
Qui maintient la paix publique
    Peut venger nos droits.
Là haut, quelqu'un, je soupçonne,
    En a du souci.
Chanson, reprends ta couronne.
    — Messieurs, grand merci !

La planète doctrinaire
    Qui sur Gand brillait,
Veut servir de luminaire
    Aux gens de juillet.

Fi d'un froid soleil d'automne,
 De brume obscurci!
Chanson, reprends ta couronne.
 —Messieurs, grand merci!

Nos ministres, qu'on peut mettre
 Tous au même point,
Voudraient que le baromètre
 Ne variât point.
Pour peu que là bas il tonne,
 On se signe ici.
Chanson, reprends ta couronne.
 —Messieurs, grand merci!

Pour être en état de grâce,
 Que de grands peureux
Ont soin de laisser en place
 Les hommes véreux!
Si l'on ne touche à personne,
 C'est afin que si...
Chanson, reprends ta couronne.
 —Messieurs, grand merci!

Te voilà donc restaurée,
 Chanson mes amours.
Tricolore et sans livrée
 Montre-toi toujours.
Ne crains plus qu'on t'emprisonne,
 Du moins à Poissy.
Chanson, reprends ta couronne.
 —Messieurs, grand merci!

Mais pourtant laisse en jachère
  Mon sol fatigué.
Mes jeunes rivaux, ma chère,
  Ont un ciel si gâi !
Chez eux la rose foisonne,
  Chez moi le souci.
Chanson, reprends ta couronne.
  —Messieurs, grand merci !

SOUVENIRS D'ENFANCE

1831

A MES PARENTS ET AMIS DE PERONNE

VILLE OU J'AI PASSE UNE PARTIE DE MA JEUNESSE, DE 1790 A 1796

Air de la Ronde des Comédiens

Lieux où jadis m'a bercé l'Espérance,
Je vous revois à plus de cinquante ans.
On rajeunit aux souvenirs d'enfance,
Comme on renaît au souffle du printemps.

Salut ! à vous, amis de mon jeune âge.
Salut ! parents que mon amour bénit.
Grâce à vos soins, ici, pendant l'orage,
Pauvre oiselet, j'ai pu trouver un nid.

Je veux revoir jusqu'à l'étroite geôle,
Où, près de nièce aux frais et doux appas,
Régnait sur nous le vieux maître d'école,
Fier d'enseigner ce qu'il ne savait pas.

J'ai fait ici plus d'un apprentissage,

A la paresse, hélas! toujours enclin.
Mais je me crus des droits au nom de sage,
Lorsqu'on m'apprit le métier de Franklin.

C'était à l'âge où naît l'amitié franche,
Sol que fleurit un matin plein d'espoir.
Un arbre y croît dont souvent une branche
Nous sert d'appui pour marcher jusqu'au soir.

Lieux où jadis m'a bercé l'Espérance,
Je vous revois à plus de cinquante ans.
On rajeunit aux souvenirs d'enfance,
Comme on renaît au souffle du printemps.

C'est dans ces murs qu'en des jours de défaites,
De l'ennemi j'écoutais le canon.
Ici ma voix, mêlée aux chants des fêtes,
De la patrie a bégayé le nom.

Ame rêveuse, aux ailes de colombe,
De mes sabots, là, j'oubliais le poids.
Du ciel, ici, sur moi la foudre tombe
Et m'apprivoise avec celle des rois[1].

Contre le sort ma raison s'est armée
Sous l'humble toit, et vient aux mêmes lieux
Narguer la gloire, inconstante fumée
Qui tire aussi des larmes de nos yeux.

Amis, parents, témoins de mon aurore,
Objets d'un culte avec le temps accru,

Oui, mon berceau me semble doux encore,
Et la berceuse a pourtant disparu.

Lieux où jadis m'a bercé l'Espérance,
Je vous revois à plus de cinquante ans.
On rajeunit aux souvenirs d'enfance,
Comme on renaît au souffle du printemps.

LE VIEUX VAGABOND

Air : Guide mes pas, ô Providence ! (des *Deux Journées*)

Dans ce fossé cessons de vivre.
Je finis vieux, infirme et las.
Les passants vont dire : Il est ivre.
Tant mieux ! ils ne me plaindront pas.
J'en vois qui détournent la tête ;
D'autres me jettent quelques sous.
Courez vite ; allez à la fête.
Vieux vagabond, je puis mourir sans vous.

Oui, je meurs ici de vieillesse
Parce qu'on ne meurt pas de faim.
J'espérais voir de ma détresse
L'hôpital adoucir la fin.
Mais tout est plein dans chaque hospice,
Tant le peuple est infortuné.
La rue, hélas ! fut ma nourrice.
Vieux vagabond, mourons où je suis né.

Aux artisans, dans mon jeune âge,
J'ai dit : Qu'on m'enseigne un métier.
Va, nous n'avons pas trop d'ouvrage,
Répondaient-ils, va mendier.

Riches, qui me disiez : Travaille,
J'eus bièn des os de vos repas;
J'ai bien dormi sur votre paille.
Vieux vagabond, je ne vous maudis pas.

J'aurais pu voler, moi, pauvre homme;
Mais non : mieux vaut tendre la main.
Au plus, j'ai dérobé la pomme
Qui mûrit au bord du chemin.
Vingt fois pourtant on me vérouille
Dans les cachots, de par le roi.
De mon seul bien on me dépouille.
Vieux vagabond, le soleil est à moi.

Le pauvre a-t-il une patrie?
Que me font vos vins et vos blés,
Votre gloire et votre industrie,
Et vos orateurs assemblés?
Dans vos murs ouverts à ses armes,
Lorsque l'étranger s'engraissait,
Comme un sot j'ai versé des larmes.
Vieux vagabond, sa main me nourrissait.

Comme un insecte fait pour nuire,
Hommes, que ne m'écrasiez-vous?
Ah! plutôt vous deviez m'instruire
A travailler au bien de tous.
Mis à l'abri du vent contraire,
Le ver fût devenu fourmi;
Je vous aurais chéris en frère.
Vieux vagabond, je meurs votre ennemi.

COUPLETS

ADRESSÉS

A DES HABITANTS DE L'ILE DE-FRANCE (ILE MAURICE),
QUI, LORS DE L'ENVOI QU'ILS FIRENT POUR LA SOUSCRIPTION
DES BLESSÉS DE JUILLET,
M'ADRESSÈRENT UNE CHANSON ET UNE BALLE DE CAFÉ

AIR : Tendres échos errants dans ces vallons

Quoi ! vos échos redisent nos chansons !
Bons Mauriciens, ils sont Français encore !
A travers flots, tempêtes et moussons,
Leur voix me vient d'où vient pour nous l'aurore.
De tant d'échos résonnant jusqu'à nous,
Les plus lointains nous semblent les plus doux.

Mes chants joyeux de jeunesse et d'amour
Ont donc aussi fait un si long voyage.
Loin de vos bords leur bruit vole à son tour,
Et me revient quand je suis vieux et sage.
De tant d'échos résonnant jusqu'à nous,
Les plus lointains nous semblent les plus doux.

On m'a conté qu'au bord du Gange assis,
Des exilés, gais enfants de la Seine,
A mes chansons, là, berçaient leurs soucis.

Qu'ainsi ma muse endorme votre peine !
De tant d'échos résonnant jusqu'à nous,
Les plus lointains nous semblent les plus doux.

Si mes chansons vont encor voyager,
Accueillez=les, ces folles hirondelles,
Comme un bon fils reçoit le messager
Qui d'une mère apporte des nouvelles.
De tant d'échos résonnant jusqu'à nous,
Les plus lointains nous semblent les plus doux.

Vous=même aussi célébrez vos amours.
Dieu permettra que nos voix se confondent ;
Mais en français, frères, chantez toujours,
Pour que toujours nos échos se répondent.
De tant d'échos résonnant jusqu'à nous,
Les plus lointains nous semblent les plus doux.

CINQUANTE ANS

Pourquoi ces fleurs? est-ce ma fête?
Non; ce bouquet vient m'annoncer
Qu'un demi-siècle sur ma tête
Achève aujourd'hui de passer.
Oh! combien nos jours sont rapides!
Oh! combien j'ai perdu d'instants!
Oh! combien je me sens de rides!
Hélas! hélas! j'ai cinquante ans.

A cet âge tout nous échappe;
Le fruit meurt sur l'arbre jauni.
Mais à ma porte quelqu'un frappe;
N'ouvrons point : mon rôle est fini.
C'est, je gage, un docteur qui jette
Sa carte où s'est logé le temps.
Jadis, j'aurais dit : C'est Lisette.
Hélas! hélas! j'ai cinquante ans.

En maux cuisants vieillesse abonde :
C'est la goutte qui nous meurtrit;
La cécité, prison profonde;
La surdité dont chacun rit.
Puis la raison, lampe qui baisse,
N'a plus que des feux tremblotants.

Enfants, honorez la vieillesse!
Hélas! hélas! j'ai cinquante ans.

Ciel! j'entends la mort qui, joyeuse,
Arrive en se frottant les mains.
A ma porte, la fossoyeuse
Frappe; adieu, messieurs les humains!
En bas, guerre, famine et peste;
En haut, plus d'astres éclatants.
Ouvrons, tandis que Dieu me reste.
Hélas! hélas! j'ai cinquante ans.

Mais non! c'est vous! vous, jeune amie!
Sœur de charité des amours!
Vous tirez mon âme endormie
Du cauchemar des mauvais jours.
Semant les roses de votre âge
Partout, comme fait le printemps,
Parfumez les rêves d'un sage.
Hélas! hélas! j'ai cinquante ans.

JACQUES

Air de Jeannot et Colin

Jacque, il me faut troubler ton somme.
Dans le village un gros huissier
Rôde et court, suivi du messier.
C'est pour l'impôt, las! mon pauvre homme.

Lève-toi, Jacques, lève-toi;
Voici venir l'huissier du roi.

Regarde : le jour vient d'éclore;
Jamais si tard tu n'as dormi.
Pour vendre, chez le vieux Remi,
On saisissait avant l'aurore.

Lève-toi, Jacques, lève-toi;
Voici venir l'huissier du roi.

Pas un sou! Dieu! je crois l'entendre.
Écoute les chiens aboyer.
Demande un mois pour tout payer.
Ah! si le roi pouvait attendre!

Lève-toi, Jacques, lève-toi;
Voici venir l'huissier du roi.

Pauvres gens, l'impôt nous dépouille !
Nous n'avons, accablés de maux,
Pour nous, ton père et six marmots,
Rien que ta bêche et ma quenouille.

Lève-toi, Jacques, lève-toi ;
Voici venir l'huissier du roi.

On compte, avec cette masure,
Un quart d'arpent, cher affermé.
Par la misère il est fumé ;
Il est moissonné par l'usure.

Lève-toi, Jacques, lève-toi ;
Voici venir l'huissier du roi.

Beaucoup de peine et peu de lucre.
Quand d'un porc aurons-nous la chair ?
Tout ce qui nourrit est si cher !
Et le sel aussi, notre sucre !

Lève-toi, Jacques, lève-toi ;
Voici venir l'huissier du roi.

Du vin soutiendrait ton courage ;
Mais les droits l'ont bien renchéri !
Pour en boire un peu, mon chéri,
Vends mon anneau de mariage.

Lève-toi, Jacques, lève-toi ;
Voici venir l'huissier du roi.

Rêverais-tu que ton bon ange
Te donne richesse et repos ?
Que sont aux riches les impôts ?
Quelques rats de plus dans leur grange.

Lève-toi, Jacques, lève-toi ;
Voici venir l'huissier du roi.

Il entre ! ô ciel ! que dois-je craindre ?
Tu ne dis mot ! quelle pâleur !
Hier tu t'es plaint de ta douleur,
Toi qui souffres tant sans te plaindre.

Lève-toi, Jacques, lève-toi ;
Voici venir l'huissier du roi.

Elle appelle en vain ; il rend l'âme.
Pour qui s'épuise à travailler
La mort est un doux oreiller.
Bonnes gens, priez pour sa femme.

Lève-toi, Jacques, lève-toi ;
Voici venir l'huissier du roi.

LES ORANGS-OUTANGS

AIR : Un ancien proverbe dit ;
ou de Calpigi

Jadis, si l'on en croit Ésope,
Les orangs-outangs de l'Europe
Parlaient si bien, que d'eux, hélas !
Nous sont venus les avocats.
Un des leurs, à son auditoire
Dit un jour : « Consultez l'histoire ;
« Messieurs, l'homme fut en tout temps
« Le singe des orangs-outangs.

« Oui ; d'abord, vivant de nos miettes,
« Il prit de nous l'art des cueillettes ;
« Puis, d'après nous, le genre humain
« Marcha droit, la canne à la main.
« Même avec le ciel qui l'effraie,
« Il use de notre monnaie.
« Messieurs, l'homme fut en tout temps
« Le singe des orangs-outangs.

« Il prend nos amours pour modèles ;
« Mais nos guenons nous sont fidèles.
« Sans doute il n'a bien imité
« Que notre cynisme effronté.

« C'est chez nous qu'à vivre sans gêne
« S'instruisit le grand Diogène.
« Messieurs, l'homme fut en tout temps
« Le singe des orangs-outangs.

« L'homme a vu chez nous une armée,
« D'un centre et d'ailes bien formée,
« Ayant, sous les chefs les meilleurs,
« Garde, avant-garde et tirailleurs.
« Il n'avait pas mis Troie en cendre,
« Que nous comptions vingt Alexandre.
« Messieurs, l'homme fut en tout temps
« Le singe des orangs-outangs.

« Avec bâton, épée ou lance,
« Tuer est l'art par excellence.
« Nous l'enseignons. Or, dites-moi,
« Pourquoi l'homme est-il notre roi?
« Grands dieux! C'est fait pour rendre impie.
« Votre image est notre copie.
« Oui, dieux, l'homme fut en tout temps
« Le singe des orangs-outangs. »

Quoi! dit Jupin, à mes oreilles,
Toujours, singes, castors, abeilles,
Crieront : C'est un ours mal léché,
Votre homme; où l'avez-vous pêché?
Tout sot qu'il est, il me cajole.
Otons aux bêtes la parole;
Car l'homme encor sera longtemps
Le singe des orangs-ontangs.

LES FOUS

AIR : Ce magistrat irréprochable

Vieux soldats de plomb que nous sommes,
Au cordeau nous alignant tous,
Si des rangs sortent quelques hommes,
Tous nous crions : A bas les fous!
On les persécute, on les tue;
Sauf, après un lent examen,
A leur dresser une statue,
Pour la gloire du genre humain.

Combien de temps une pensée,
Vierge obscure, attend son époux!
Les sots la traitent d'insensée;
Le sage lui dit : Cachez-vous.
Mais la rencontrant loin du monde,
Un fou qui croit au lendemain,
L'épouse; elle devient féconde
Pour le bonheur du genre humain.

J'ai vu Saint-Simon le prophète^{m*},
Riche d'abord, puis endetté,
Qui des fondements jusqu'au faîte
Refaisait la société.
Plein de son œuvre commencée,
Vieux, pour elle il tendait la main,

Sûr qu'il embrassait la pensée
Qui doit sauver le genre humain.

Fourier [n*] nous dit : Sors de la fange,
Peuple en proie aux déceptions !
Travaille, groupé par phalange,
Dans un cercle d'attractions.
La terre, après tant de désastres,
Forme avec le ciel un hymen,
Et la loi qui régit les astres
Donne la paix au genre humain.

Enfantin affranchit la femme,
L'appelle à partager nos droits.
Fi ! dites-vous ; sous l'épigramme
Ces fous rêveurs tombent tous trois.
Messieurs, lorsqu'en vain notre sphère,
Du bonheur cherche le chemin,
Honneur au fou qui ferait faire
Un rêve heureux au genre humain !

Qui découvrit un nouveau monde ?
Un fou qu'on raillait en tout lieu.
Sur la croix que son sang inonde,
Un fou qui meurt nous lègue un Dieu.
Si demain, oubliant d'éclore,
Le jour manquait, eh bien ! demain,
Quelque fou trouverait encore
Un flambeau pour le genre humain.

LE SUICIDE

SUR LA MORT

DES JEUNES VICTOR ESCOUSSE ET AUGUSTE LEBRAS°*

FÉVRIER 1832

AIR d'Agéline (de WILHEM)
ou du Tailleur et la Fée

Quoi! morts tous deux! dans cette chambre close
Où du charbon pèse encor la vapeur!
Leur vie, helas! était à peine éclose.
Suicide affreux! triste objet de stupeur!
Ils auront dit : Le monde fait naufrage :
Voyez pâlir pilote et matelots.
Vieux bâtiment usé par tous les flots,
Il s'engloutit : sauvons-nous à la nage.
Et vers le ciel se frayant un chemin,
Ils sont partis en se donnant la main.

Pauvres enfants! l'écho murmure encore
L'air qui berça votre premier sommeil.
Si quelque brume obscurcit votre aurore,
Leur disait-on, attendez le soleil.
Ils répondaient : Qu'importe que la sève

Monte enrichir les champs où nous passons !
Nous n'avons rien : arbres, fleurs, ni moissons.
Est-ce pour nous que le soleil se lève ?
Et vers le ciel se frayant un chemin,
Ils sont partis en se donnant la main.

Pauvres enfants ! calomnier la vie !
C'est par dépit que les vieillards le font.
Est-il de coupe où votre âme ravie,
En la vidant, n'ait vu l'amour au fond ?
Ils répondaient : C'est le rêve d'un ange.
L'amour ! en vain notre voix l'a chanté.
De tout son culte un autel est resté ;
Y touchions-nous ? l'idole était de fange.
Et vers le ciel se frayant un chemin,
Ils sont partis en se donnant la main.

Pauvres enfants ! mais les plumes venues,
Aigles un jour, vous pouviez, loin du nid,
Bravant la foudre et dépassant les nues,
La gloire en face, atteindre à son zénith.
Ils répondaient : Le laurier devient cendre,
Cendre qu'au vent l'Envie aime à jeter ;
Et notre vol dût-il si haut monter,
Toujours près d'elle il faudra redescendre.
Et vers le ciel se frayant un chemin,
Ils sont partis en se donnant la main.

Pauvres enfants ! quelle douleur amère
N'apaisent pas de saints devoirs remplis ?
Dans la patrie on retrouve une mère,
Et son drapeau nous couvre de ses plis.

Ils répondaient : Ce drapeau qu'on escorte
Au toit du chef, le protége endormi ;
Mais le soldat, teint du sang ennemi,
Veille, et de faim meurt en gardant la porte.
Et vers le ciel se frayant un chemin,
Ils sont partis en se donnant la main.

Pauvres enfants ! de fantômes funèbres
Quelque nourrice a peuplé vos esprits.
Mais un Dieu brille à travers nos ténèbres ;
Sa voix de père a dû calmer vos cris.
Ah ! disaient-ils, suivons ce trait de flamme.
N'attendons pas, Dieu, que ton nom puissant,
Qu'on jette en l'air comme un nom de passant,
Soit, lettre à lettre, effacé de notre âme.
Et vers le ciel se frayant un chemin,
Ils sont partis en se donnant la main.

Dieu créateur, pardonne à leur démence.
Ils s'étaient faits les échos de leurs sons,
Ne sachant pas qu'en une chaîne immense,
Non pour nous seuls, mais pour tous, nous naissons.
L'humanité manque de saints apôtres
Qui leur aient dit . Enfants, suivez sa loi.
Aimer, aimer, c'est être utile à soi ;
Se faire aimer, c'est être utile aux autres.
Et vers le ciel se frayant un chemin,
Ils sont partis en se donnant la main.

LE
MÉNÉTRIER DE MEUDON

Air de la Contredanse des petits pâtés

Dansez vite! obéissez donc
Au ménétrier de Meudon;
Dansez vite! obéissez donc,
Il est le roi du rigodon.

    Guilain, sous les charmilles,
    Au temps de Rabelais,
    Mit en train femmes, filles,
    Bourgeois, manants, varlets.
    Les bigots, par rancune,
    Au sorcier criaient tous,
    Disant : Au clair de lune
    Il fait danser les loups.

Dansez vite! obéissez donc
Au ménétrier de Meudon,
Dansez vite! obéissez donc,
Il est le roi du rigodon.

Qu'il ait ou non un charme,
Par lui tout va sautant;
Vieux que la danse alarme,
Jeunes qui l'aiment tant.
Son coup d'archet sonore
Fit, et point n'en riez,
Danser jusqu'à l'aurore
Deux nouveaux mariés.

Dansez vite! obéissez donc
Au ménétrier de Meudon;
Dansez vite! obéissez donc,
Il est le roi du rigodon.

Un jour, sous sa fenêtre,
Passe un enterrement :
Le cortége et le prêtre
Entendent l'instrument.
Ils sautent; la prière
Cède aux joyeux accords;
Et jusqu'au cimetière
On danse autour du corps.

Dansez vite! obéissez donc
Au ménétrier de Meudon;
Dansez vite! obéissez donc,
Il est le roi du rigodon.

A la cour on l'appelle :
Il y va, le pauvret!
Là, que d'or étincelle!

Quel brillant cabaret !
Là, rois, princes, princesses,
Rubis, perles, velours ;
Tout jusqu'à des caresses ;
Tout, hors de vrais amours.

Dansez vite ! obéissez donc
Au ménétrier de Meudon ;
Dansez vite ! obéissez donc,
Il est le roi du rigodon.

Il joue, et l'on dédaigne
Ce qu'il y met de soin.
Où l'ambition règne
La gaîté perd son coin.
Maint danseur de quadrille
Se dit : N'oublions pas
Que plus le parquet brille,
Plus on fait de faux pas.

Dansez vite ! obéissez donc
Au ménétrier de Meudon ;
Dansez vite ! obéissez donc,
Il est le roi du rigodon.

Dieu ! chacun bâille ! ô rage !
Guilain désespéré
Fuit, et meurt au village,
De tout Meudon pleuré.
La nuit, revient son ombre.
Oyez ces sons lointains.

Guilain, dans le bois sombre,
Fait sauter les lutins.

Dansez vite! obéissez donc
Au ménétrier de Meudon;
Dansez vite! obéissez donc,
Il est le roi du rigodon.

JEAN DE PARIS

Air · Cette chaumière-là vaut un palais

    Ris et chante, chante et ris;
    Prends tes gants et cours le monde;
    Mais, la bourse vide ou ronde,
    Reviens dans ton Paris;
Ah! reviens, ah! reviens, Jean de Paris. (*bis.*)

    Toujours, dit la chronique ancienne,
    Jean, sur son grand sabre, a sauté,
    Quand, de leur ville, avec la sienne
    Des sots comparaient la beauté :
        Proclamant sur son âme,
        En prose ainsi qu'en vers,
        Les tours de Notre-Dame,
        Centre de l'univers.

    Ris et chante, chante et ris;
    Prends tes gants et cours le monde;
    Mais, la bourse vide ou ronde,
    Reviens dans ton Paris;
Ah! reviens, ah! reviens, Jean de Paris.

    S'il franchit la grande muraille;
    S'il cocufie un mandarin;

Du peuple magot s'il se raille ;
A Paris s'il revient grand train ;
  L'espoir qui le domine,
  C'est, chez son vieux portier,
  De parler de la Chine
  Aux badauds du quartier.

 Ris et chante, chante et ris ;
 Prends tes gants et cours le monde ;
 Mais, la bourse vide ou ronde,
  Reviens dans ton Paris ;
Ah ! reviens, ah ! reviens, Jean de Paris.

Je veux de l'or beaucoup et vite,
Dit-il, au Pérou débarquant.
A s'y fixer chacun l'invite :
Me prend=on pour un trafiquant ?
  Loin de mes dix maîtresses,
  Fi de ce vil métal !
  Je préfère aux richesses
  Paris et l'hôpital.

 Ris et chante, chante et ris ;
 Prends tes gants et cours le monde ;
 Mais, la bourse vide ou ronde,
  Reviens dans ton Paris ;
Ah ! reviens, ah ! reviens, Jean de Paris.

A la guerre gaîment il vole,
Pour la croix ou pour Saladin :
Se bat, jure, pille et vole,
Puis à Paris écrit soudain :

« Que ma gloire s'étende
« Du Louvre aux boulevards ;
« Qu'un ramoneur y vende
« Mon buste pour six liards. »

Ris et chante, chante et ris ;
Prends tes gants et cours le monde ;
Mais, la bourse vide ou ronde,
Reviens dans ton Paris ;
Ah ! reviens, ah ! reviens, Jean de Paris.

En Perse, il prétend qu'une reine
Lui dit un soir : Je te fais roi.
Soit ! répond-il ; mais pour ma peine,
Jusqu'au Pont-Neuf viens avec moi.
Pendant huit jours de fête,
Tout Paris me verra
Montrer, couronne en tête,
Mon nez à l'Opéra.

Ris et chante, chante et ris,
Prends tes gants et cours le monde ;
Mais, la bourse vide ou ronde,
Reviens dans ton Paris ;
Ah ! reviens, ah ! reviens, Jean de Paris.

Jean de Paris, dans ta chronique,
C'est nous qu'on peint, nous francs badauds.
Quittons-nous cette ville unique,
Nous voyageons Paris à dos.
Quel amour incroyable
Maintenant et jadis,

Pour ces murs dont le diable
A fait son paradis !

Ris et chante, chante et ris ;
Prends tes gants et cours le monde ;
Mais, la bourse vide ou ronde,
Reviens dans ton Paris ;
Ah ! reviens, ah ! reviens, Jean de Paris.

PRÉDICTION

DE NOSTRADAMUS

POUR L'AN DEUX MIL.

Air des Trois couleurs

Nostradamus, qui vit naître Henri-Quatre,
Grand astrologue, a prédit dans ses vers,
Qu'en l'an deux mil, date qu'on peut débattre,
De la médaille on verrait le revers.
Alors, dit-il, Paris dans l'allégresse,
Au pied du Louvre ouïra cette voix :
« Heureux Français, soulagez ma détresse;
« Faites l'aumône (*bis*) au dernier de vos rois. »

Or, cette voix sera celle d'un homme
Pauvre, à scrofule, en haillons, sans souliers,
Qui, né proscrit, vieux, arrivant de Rome,
Fera spectacle aux petits écoliers.
Un sénateur criera : « L'homme à besace !
« Les mendiants sont bannis par nos lois. »
—« Hélas ! monsieur, je suis seul de ma race.
« Faites l'aumône au dernier de vos rois. »

« Es-tu vraiment de la race royale ? »
—« Oui, répondra cet homme fier encor.
« J'ai vu dans Rome, alors ville papale,

« A mon aieul, couronne et sceptre d'or.
« Il les vendit pour nourrir le courage
« De faux agents, d'écrivains maladroits.
« Moi, j'ai pour sceptre un bâton de voyage.
« Faites l'aumône au dernier de vos rois.

« Mon père âgé, mort en prison pour dettes,
« D'un bon métier n'osa point me pourvoir.
« Je tends la main ; riches, partout vous êtes
« Bien durs au pauvre, et Dieu me l'a fait voir.
« Je foule enfin cette plage féconde
« Qui repoussa mes aieux tant de fois.
« Ah! par pitié pour les grandeurs du monde.
« Faites l'aumône au dernier de vos rois. »

Le sénateur dira : « Viens ; je t'emmène
« Dans mon palais ; vis heureux parmi nous.
« Contre les rois nous n'avons plus de haine :
« Ce qu'il en reste embrasse nos genoux.
« En attendant que le sénat décide,
« A ses bienfaits si ton sort a des droits,
« Moi, qui suis né d'un vieux sang régicide,
« Je fais l'aumône au dernier de nos rois. »

Nostradamus ajoute en son vieux style :
La république au prince accordera
Cent louis de rente, et, citoyen utile,
Pour maire, un jour, Saint=Cloud le choisira.
Sur l'an deux mil on dira dans l'histoire,
Qu'assise au trône et des arts et des lois,
La France en paix, reposant sous sa gloire,
A fait l'aumône au dernier de ses rois.

PASSY

Air : T'en souviens-tu,

Paris, adieu ; je sors de tes murailles.
J'ai dans Passy trouvé gîte et repos.
Ton fils t'enlève un droit de funérailles,
Et sa piquette échappe à tes impôts.
Puissé-je ici vieillir exempt d'orage,
Et, de l'oubli près de subir le poids,
Comme l'oiseau, dormir dans le feuillage,
Au bruit mourant des échos de ma voix !

LE VIN DE CHYPRE

Air du Vaudeville de Préville et Taconnet

Chypre, ton vin qui rajeunit ma verve,
Me fait revoir l'enfant porte-bandeau,
Jupiter, Mars, Vénus, Junon, Minerve,
Ces dieux longtemps rayés de mon *Credo*.
Si nos auteurs, tous païens dans leurs livres,
M'ont fait maudire un culte ingénieux ;
Ah ! de ce vin c'est qu'ils n'étaient pas ivres.
Le vin de Chypre a créé tous les dieux.

Au culte grec, enseigné dans nos classes,
Oui, je reviens, tant Bacchus est puissant.
A mes chansons, dansez, Muses et Grâces ;
Souris, Phébus ; Zéphyr, sois caressant.
Faunes, Sylvains, Bacchantes et Dryades,
Autour de moi formez des chœurs joyeux.
Mais de ma cave éloignez les Naïades.
Le vin de Chypre a créé tous les dieux.

Grâce à ce vin de saveur goudronnée,
Je crois voguer vers ces anciens autels
Où la beauté, de myrte couronnée,
Sous un ciel pur ravissait les mortels.

Nés dans le Nord, sous un vent de colère,
Figurons-nous ce ciel délicieux.
A le peupler l'homme a dû se complaire.
Le vin de Chypre a créé tous les dieux.

Les yeux en l'air le bon homme Hésiode
Cherchait jadis des dieux à noms ronflants.
Faute d'idée, il allait faire une ode;
De Chypre arrive une outre aux larges flancs.
Mon Grec s'enivre et sur Pégase il grimpe,
Chaud du nectar qui pousse au merveilleux.
L'outre était pleine; il en sort un olympe.
Le vin de Chypre a créé tous les dieux.

Aux déités, fables des vieux empires,
Nous opposons des diables peu tentants;
Des loups-garoux, des goules, des vampires,
Du moyen-âge aimables passe-temps.
Fi des damnés, des spectres et des tombes!
Fi de l'horrible! il est contagieux.
Chauve-souris, faites place aux colombes.
Le vin de Chypre a créé tous les dieux.

Anacréon, Ménandre, Eschyle, Homère,
Ont dans ce vin bu l'immortalité.
Ah! versez-m'en, et ma lyre éphémère
Pour l'avenir peut-être aura chanté.
Non; mais, d'amours conduisant une troupe,
Hébé pour moi quitte un moment les cieux.
En souriant elle remplit ma coupe.
Le vin de Chypre a créé tous les dieux.

LES

QUATRE AGES HISTORIQUES

AIR : A soixante ans il ne faut pas remettre

Société, vieux et sombre édifice,
Ta chute, hélas! menace nos abris :
Tu vas crouler : point de flambeau qui puisse
Guider la foule à travers tes débris?
Où courons-nous? quel sage, en proie au doute,
N'a sur son front vingt fois passé la main?
C'est aux soleils d'être sûrs de leur route :
Dieu leur a dit : Voilà votre chemin.

Mais le passé nous dévoile un mystère.
Au bonheur, oui, l'homme a droit d'aspirer :
Par ses labeurs plus il étend la terre,
Plus son cerveau grandit pour l'enserrer.
En nation il vogue, nef immense,
Semer, bâtir aux rivages du temps.
Où l'une échoue une autre recommence.
Dieu nous a dit : Peuples, je vous attends.

Au premier âge, âge de la famille,
L'homme eut pour lois ses grossiers appétits.
Groupes épars, sous des toits de charmille,
Mâle et femelle abritaient leurs petits.

Ligués bientôt, les fils, tribu croissante,
Ont, dans un camp, bravé tigres et loups.
C'est au berceau la cité vagissante :
Dieu dit : Mortels, j'aurai pitié de vous.

Au second âge on chante la patrie,
Arbre fécond, mais qui croît dans le sang.
Tout peuple armé semble avoir sa furie
Qui foule aux pieds le vaincu gémissant.
A l'esclavage, eh quoi ! l'on s'accoutume !
Il corrompt tout; les tyrans se font dieux.
Mais dans le ciel une lampe s'allume ;
Dieu dit alors : Humains, levez les yeux.

L'âge suivant, sur tant de mœurs contraires,
Religieux, élève un seul autel.
Sois libre, esclave. Hommes, vous êtes frères.
Comme ses rois le pauvre est immortel.
Sciences, lois, arts, commerce, industrie,
Tout naît pour tous; les flots sont maîtrisés;
La presse abat les murs de la patrie,
Et Dieu nous dit : Peuples, fraternisez.

Humanité, règne ! voici ton âge
Qui nie en vain la voix des vieux échos.
Déjà les vents au bord le plus sauvage
De la pensée ont semé quelques mots.
Paix au travail ! paix au sol qu'il féconde !
Que par l'amour les hommes soient unis;
Plus près des cieux qu'ils replacent le monde;
Que Dieu nous dise . Enfants, je vous bénis.

Du genre humain saluons la famille !
Mais qu'ai-je dit? pourquoi ce chant d'amour?
Aux feux des camps le glaive encor scintille ;
Dans l'ombre à peine on voit poindre le jour.
Des nations aujourd'hui la première,
France, ouvre-leur un plus large destin.
Pour éveiller le monde à ta lumière,
Dieu t'a dit : Brille, étoile du matin.

LA PAUVRE FEMME

Air de mon habit, *ou* d'Aristippe

Il neige, il neige, et là, devant l'église,
    Une vieille prie à genoux.
Sous ses haillons où s'engouffre la bise,
    C'est du pain qu'elle attend de nous.
Seule, à tâtons, au parvis Notre-Dame,
    Elle vient hiver comme été.
Elle est aveugle, hélas! la pauvre femme.
    Ah! faisons-lui la charité.

Savez-vous bien ce que fut cette vieille
    Au teint hâve, aux traits amaigris?
D'un grand spectacle autrefois la merveille,
    Ses chants ravissaient tout Paris.
Les jeunes gens, dans le rire ou les larmes,
    S'exaltaient devant sa beauté.
Tous, ils ont dû des rêves à ses charmes.
    Ah! faisons-lui la charité.

Combien de fois, s'éloignant du théâtre,
    Au pas pressé de ses chevaux,
Elle entendit une foule idolâtre
    La poursuivre de ses bravos!

Pour l'enlever au char qui la transporte,
 Pour la rendre à la volupté,
Que de rivaux l'attendent à sa porte !
 Ah ! faisons-lui la charité.

Quand tous les arts lui tressaient des couronnes,
 Qu'elle avait un pompeux séjour !
Que de cristaux, de bronzes, de colonnes !
 Tributs de l'amour à l'amour.
Dans ses banquets, que de muses fidèles
 Au vin de sa prospérité !
Tous les palais ont leurs nids d'hirondelles.
 Ah ! faisons-lui la charité.

Revers affreux ! un jour la maladie
 Éteint ses yeux, brise sa voix ;
Et bientôt seule et pauvre, elle mendie
 Où, depuis vingt ans, je la vois.
Aucune main n'eut mieux l'art de répandre
 Plus d'or, avec plus de bonté,
Que cette main qu'elle hésite à nous tendre.
 Ah ! faisons-lui la charité.

Le froid redouble, ô douleur ! ô misère !
 Tous ses membres sont engourdis.
Ses doigts ont peine à tenir le rosaire
 Qui l'eût fait sourire jadis.
Sous tant de maux, si son cœur tendre encore
 Peut se nourrir de piété ;
Pour qu'il ait foi dans le ciel qu'elle implore,
 Ah ! faisons-lui la charité.

LES
TOMBEAUX DE JUILLET

1832

Air d'Octavie

Des fleurs, enfants, vous dont les mains sont pures;
Enfants, des fleurs, des palmes, des flambeaux!
De nos Trois=Jours ornez les sépultures.
Comme les rois le peuple a ses tombeaux.

Charle avait dit : « Que juillet qui s'écoule
« Venge mon trône en butte aux niveleurs.
« Victoire aux lis! » Soudain Paris en foule
S'arme et répond : Victoire aux trois couleurs!

Pour parler haut, pour nous trouver timides,
Par quels exploits fascinez=vous nos yeux?
N'imitez pas l'homme des Pyramides :
Dans son linceul tiendraient tous vos aïeux.

Quoi! d'une Charte on nous a fait l'aumône,
Et sous le joug vous voulez nous courber!
Nous savons tous comment s'écroule un trône.
Dieu juste! encore un roi qui veut tomber.

Car une voix qui vient d'en haut, sans doute,
Au fond du cœur nous crie : Égalité!

L'égalité ? c'est peut-être une route
Qu'aux malheureux ferme la royauté.

Marchons ! marchons ! A nous l'Hôtel=de=Ville !
A nous les quais ! à nous le Louvre ! à nous !
Entrés vainqueurs dans le royal asile,
Sur le vieux trône ils se sont assis tous.

Qu'un peuple est grand qui, pauvre, gai, modeste,
Seul maître, après tant de sang et d'efforts,
Chasse en riant des princes qu'il déteste,
Et de l'état garde à jeun les trésors !

Des fleurs, enfants, vous dont les mains sont pures;
Enfants, des fleurs, des palmes, des flambeaux !
De nos Trois-Jours ornez les sépultures.
Comme les rois le peuple a ses tombeaux.

Des artisans, des soldats de la Loire,
Des écoliers s'essayant au canon,
Sont tombés là, vous léguant leur victoire;
Sans penser même à nous dire leur nom.

A ces héros la France doit un temple.
Leur gloire au loin inspire un saint effroi.
Les rois que trouble un aussi grand exemple,
Tout bas ont dit : Qu'est-ce aujourd'hui qu'un roi ?

Voit-on venir le drapeau tricolore ?
Répètent=ils, de souvenirs remplis.
Et sur leur front ce drapeau semble encore
Jeter d'en haut les ombres de ses plis.

En paix voguant de royaume en royaume,
A Sainte=Hélène en sa course il atteint.
Napoléon, gigantesque fantôme,
Paraît debout sur ce volcan éteint.

A son tombeau la main de Dieu l'enlève.
« Je t'attendais, mon drapeau glorieux.
« Salut ! » Il dit, brise et jette son glaive
Dans l'Océan, et se perd dans les cieux.

Dernier conseil de son génie austère !
Du glaive en lui finit la royauté.
Le conquérant des sceptres de la terre,
Pour successeur choisit la Liberté.

Des fleurs, enfants, vous dont les mains sont pures;
Enfants, des fleurs, des palmes, des flambeaux !
De nos Trois=Jours ornez les sépultures.
Comme les rois le peuple a ses tombeaux.

Des corrupteurs la faction titrée,
Déserte en vain cet humble monument ;
En vain compare à l'émeute enivrée,
De nos vengeurs le noble dévouement.

Enfants, en rêve, on dit qu'avec les anges
Vous échangez, la nuit, les plus doux mots.
De l'avenir prédisez les louanges,
Pour consoler ces âmes de héros.

Dites-leur : Dieu veille sur votre ouvrage.
Par nos cœurs ne vous laissez troubler.

Du coup qu'ici frappa votre courage,
La terre encore a longtemps à trembler.

Mais dans nos murs fondrait l'Europe entière,
Qu'au prompt départ de vingt peuples rivaux,
La liberté naîtrait de la poussière
Qu'emporteraient les pieds de leurs chevaux.

Partout luira l'égalité féconde.
Les vieilles lois errent sur des débris.
Le monde ancien finit; d'un nouveau monde
La France est reine, et son Louvre est Paris.

A vous, enfants, ce fruit des Trois=Journées.
Ceux qui sont là vous frayaient le chemin.
Le sang français, des grandes destinées
Trace en tout temps la route au genre humain.

Des fleurs, enfants, vous dont les mains sont pures;
Enfants, des fleurs, des palmes, des flambeaux!
De nos Trois=Jours ornez les sépultures.
Comme les rois le peuple a ses tombeaux.

ADIEU, CHANSONS

Air du Tailleur et la Fée, *ou* d'Agéline

Pour rajeunir les fleurs de mon trophée,
Naguère encor, tendre, docte ou railleur,
J'allais chanter, quand m'apparut la fée
Qui me berça chez le bon vieux tailleur.
« L'hiver, dit-elle, a soufflé sur ta tête;
« Cherche un abri pour tes soirs longs et froids.
« Vingt ans de lutte ont épuisé ta voix,
« Qui n'a chanté qu'au bruit de la tempête. »
Adieu, chansons ! mon front chauve est ridé.
L'oiseau se tait; l'aquilon a grondé.

« Ces jours sont loin, poursuit-elle, où ton âme
« Comme un clavier modulait tous les airs;
« Où la gaîté, vive et rapide flamme,
« Au ciel obscur prodiguait ses éclairs.
« Plus rétréci l'horizon devient sombre.
« Des gais amis le long rire a cessé.
« Combien là bas déjà t'ont devancé !
« Lisette même, hélas ! n'est plus qu'une ombre. »
Adieu, chansons ! mon front chauve est ridé.
L'oiseau se tait; l'aquilon a grondé.

« Bénis ton sort. Par toi la poésie
« A d'un grand peuple ému les derniers rangs.
« Le chant qui vole à l'oreille saisie,
« Souffla tes vers, même aux plus ignorants.
« Vos orateurs parlent à qui sait lire ;
« Toi, conspirant tout haut contre les rois,
« Tu marias, pour ameuter les voix,
« Des airs de vielle aux accents de la lyre. »
Adieu, chansons ! mon front chauve est ridé.
L'oiseau se tait ; l'aquilon a grondé.

« Tes traits aigus lancés au trône même,
« En retombant aussitôt ramassés,
« De près, de loin, par le peuple qui t'aime,
« Volaient en chœur jusqu'au but relancés.
« Puis quand ce trône ose brandir son foudre,
« De vieux fusils l'abattent en trois jours.
« Pour tous les coups tirés dans son velours,
« Combien ta muse a fabriqué de poudre. »
Adieu, chansons ! mon front chauve est ridé.
L'oiseau se tait ; l'aquilon a grondé.

« Ta part est belle à ces grandes journées,
« Où du butin tu détournas les yeux.
« Leur souvenir, couronnant tes années,
« Te suffira, si tu sais être vieux.
« Aux jeunes gens raconte=s−en l'histoire ;
« Guide leur nef ; instruis-les de l'écueil ;
« Et de la France, un jour, font-ils l'orgueil,
« Va réchauffer ta vieillesse à leur gloire. »
Adieu, chansons ! mon front chauve est ridé.
L'oiseau se tait ; l'aquilon a grondé.

Ma bonne fée, au seuil du pauvre barde,
Oui, vous sonnez la retraite à propos.
Pour compagnon, bientôt dans ma mansarde,
J'aurai l'oubli, père et fils du repos.
Mais à ma mort, témoins de notre lutte,
De vieux Français se diront, l'œil mouillé :
Au ciel, un soir, cette étoile a brillé ;
Dieu l'éteignit longtemps avant sa chute.
Adieu, chansons ! mon front chauve est ridé.
L'oiseau se tait ; l'aquilon a grondé.

NOTES

LE FEU DU PRISONNIER.

^a La liberté, là, m'offrait le repos.

Quelques personnes m'avaient écrit de Suisse pour m'offrir un refuge, si je voulais éviter la détention dont j'étais menacé.

^b En vain tout bas on me dit : Deviens sage ;

On avait tenté de me faire entendre qu'il ne tenait qu'à moi d'obtenir des adoucissements à ma captivité.

MES JOURS GRAS DE 1829.

^c Je passe encor, grâce à Bridoie,

J'ai passé à Sainte-Pélagie le carnaval de 1822.

<small>Amis, voici la riante semaine, etc., etc.</small>

^d Dans votre beau discours du trône,

Il y avait dans le discours du trône, de cette année, une phrase où tout le monde a cru voir une application à l'affaire qui m'a été faite. Quel honneur !

LE 14 JUILLET 1829.

^e A fêté ce grand jour.

Le 14 juillet 1789 il fit un temps magnifique; le 14 juillet 1829 fut également beau, bien que l'été ait été horriblement pluvieux.

^f Héros du siége, un soldat bleu qui passe,

Les gardes-françaises portaient l'habit bleu. Une grande partie de cette milice s'échappa des casernes où elle était consignée, et prêta le plus utile secours aux Parisiens pour prendre la vieille forteresse féodale.

LE CARDINAL ET LE CHANSONNIER.

^g Quel beau mandement vous nous faites!

En mars 1829, M. de Clermont-Tonnerre, archevêque de Toulouse, publia un mandement pour le carême, où, dans une attaque aux lumières du siècle, il faisait une longue sortie contre moi et mes chansons, en félicitant toutefois les juges du châtiment qu'ils m'avaient infligé. C'est à *la Force* que j'ai eu le plaisir de lire ce morceau d'éloquence très catholique, mais peu chrétienne.

En répondant à cette Éminence, morte depuis, je n'ai oublié ni son grand âge ni sa position sociale.

M. de Clermont-Tonnerre n'est pas le seul évêque qui m'ait honoré de son charitable souvenir; celui de Meaux, dans un mandement de même date, a lancé aussi contre moi les foudres de son éloquence, qui heureusement n'est pas celle de Bossuet.

^h Des jésuites elle raffole.

On sait combien M. de Clermont-Tonnerre tenait aux

jésuites, et l'on connait ses protestations contre les ordonnances relatives à l'instruction publique.

^i **A chaque vers patriotique.**

Le titre de *poete national*, qu'on veut bien me donner quelquefois, choquait particulièrement le prince de l'Eglise romaine.

^j **Dignes du bon Samaritain ?**

Dans l'Evangile du *bon Samaritain*, un prêtre et un lévite passent d'abord auprès de l'homme expirant, sans lui porter secours. Pourtant Jésus-Christ ne dit point qu'ils insultent à son malheur. Mais c'est un hérétique qui lave et panse les blessures du moribond.

^k **Mais au conclave on met la nappe.**

Léon XII venait de mourir, le conclave s'assemblait, et l'archevêque de Toulouse se mettait en route pour Rome.

LES DIX MILLE FRANCS.

^l **Dix mille francs, dix mille francs d'amende !**

Le 10 décembre 1828, je fus condamné à neuf mois de prison et à 10,000 francs d'amende.

^m **« Pour fait d'outrage aux enfants d'Henri-Quatre.**

Je fus condamné pour outrage à la personne du Roi et et à la famille royale.

^n **Quand sur ma muse on venge la morale.**

Je fus aussi condamné pour atteinte à la morale publique.

» Bardes du sacre, êtes-vous enrhumés ?

La chanson du sacre de Charles-le-Simple fut la cause première de ma condamnation.

La sainte Ampoule brisée en 93, sur la place publique de Reims, fut retrouvée miraculeusement pour le sacre de Charles X. Je ne sais qui a eu l'honneur de cette invention.

p Que de géants là bas je vois paraître !

Allusion à la chanson des *Infiniment petits*, seconde cause de ma condamnation.

q Promet mon ame aux gouffres dévorants.

Un prédicateur, dans une des principales églises de Paris, fit une sortie contre moi, après ma condamnation, et dit que la peine qu'on m'infligeait ici bas n'était rien auprès de celle qui m'attendait en enfer.

r Déjà le diable a plumé mon bon ange.

L'Ange gardien, prétexte de ma condamnation pour atteinte à la morale publique : on ne voulut pas ne faire porter le jugement que sur des chansons politiques, et on n'osa pas incriminer les chansons contre les jésuites il fallut bon gré mal gré que *l'Ange gardien* payât pour toutes.

s Sans rien payer fut exilé jadis

Le dévouement de La Fontaine pour Fouquet le fit exiler en Touraine, avec son cousin Jeannard ; on doit à cet exil les lettres de La Fontaine à sa femme. On y voit que le lieutenant-criminel leur fournit de l'argent pour le voyage. Les temps sont bien changés ᵗ Monsieur Loyal, délivrez-moi quittance.

M. Loyal, l'huissier de Tartufe.

ᵘ Vive le Roi ! voilà dix mille francs.

Il y a ici une inexactitude. Ce n'est point 10,000, mais 11,250 francs qu'on m'a fait payer, grâce au dixieme de guerre et aux frais judiciaires.

LE CORDON, S'IL VOUS PLAIT.

ᵛ Dont il soutint les premiers pas.

M. de Jouy qui, dans les genres élevés, a mérité les plus brillants succès, est l'auteur de beaucoup de chansons charmantes, ce qui ne l'a pas empêché, dès mon début, de prêter aux miennes l'appui de sa réputation. Rien n'était plus propre à les faire connaître dans toute la France que leur éloge souvent répété dans l'Ermite de la Chaussée-d'Antin.

ˣ Que je dois trois termes ici.

J'étais condamné à neuf mois de prison.

ʸ DENYS, MAITRE D'ÉCOLE.

Denys, fils de Denys l'Ancien, après avoir opprimé Syracuse pendant plusieurs années, chassé enfin, se retira à Corinthe, où, dit-on, il se fit maître d'école Soupçonné d'avoir tenté de remonter sur le trône de Sicile, il fut obligé de quitter Corinthe, et s'associa à des prêtres de Cybèle, qui l'initièrent à leur culte. Il s'enivrait, dansait et courait les campagnes avec eux.

C'est ainsi qu'au dire de quelques historiens, il finit sa triste existence.

L'ALCHIMISTE.

Il ne faut pas croire que cette espèce de charlatans ou de fous ait entièrement disparu de la France. C'est l'un d'eux qui m'a donné l'idée de cette chanson. Il faut convenir que celui-là avait l'air d'une profonde conviction.

a * Ou d'un vieux livre interroge les mots.

L'Hermès des anciens Egyptiens passait dans l'antiquité pour avoir découvert tous les secrets de la nature et les avoir transmis aux prêtres de son pays. La transmutation des métaux lui était attribuée ; de là le nom de science *hermétique*. Les prétendus livres qui portent son nom sont, dit-on, l'ouvrage des Grecs du Bas-Empire. Ils sont encore la règle des alchimistes et souffleurs, gens qui cherchent le grand œuvre ou la pierre philosophale, secret qui donne à la fois des trésors à volonté et la prolongation indéfinie de la vie humaine. Nicolas Flamel, qui eut la réputation chez nos aïeux d'avoir découvert la pierre philosophale, passait pour être devenu immortel, et je ne sais quel ancien voyageur raconte l'avoir rencontré en Asie deux ou trois siècles après l'époque où il vécut.

CHANT FUNÉRAIRE.

SUR LA MORT DE MON AMI QUÉNESCOURT.

b * Longtemps son nom se lire sur la pierre !

François Quénescourt, né à Péronne, où j'ai passé

six ans de ma jeunesse, est mort à Nanterre, près Paris.
J'ai reçu de lui les preuves de l'amitié la plus tendre et
la plus constante. Cette chanson n'exprime qu'imparfaitement tous les services que cet ami m'a rendus. Voici
l'épitaphe que je lui ai composée : qui n'a pas connu
cet homme d'un extérieur si simple, d'un ton si modeste,
mais dont l'esprit était si élevé, le cœur si parfait, ne
peut apprécier le peu qu'il y a de mérite dans ces quatre
vers où j'ai tâché de le peindre.

> Vous qui, le rencontrant, n'avez pas reconnu
> Qu'un esprit cultivé, qu'une âme tendre et fière
> Brillaient sous l'humble habit de cet homme ingénu,
> Saluez-le sous cette pierre.

*LES CONTREBANDIERS.

Le *Bon Sens d'un homme de rien* est un livre d'un
grand sens fait par un homme de beaucoup d'esprit.
Dans un cadre fort original, l'auteur, philanthrope
consciencieux et instruit, a traité beaucoup de questions
économiques qu'il a su revêtir d'une forme à la fois piquante et familière. Les questions politiques y sont également abordées avec une franchise toute bretonne. Le
style de cet ouvrage, remarquable par une correction
sans recherche et une naïveté sans affectation, décèle un
très rare talent d'écrivain, fait pour s'illustrer dans la
défense des intérêts populaires. A l'appui de cette opinion, on peut lire le discours prononcé par M. Bernard,
à la Chambre, lors de la discussion sur la réforme du
Code pénal

A MES AMIS DEVENUS MINISTRES

^d * Qui, regrettant son hôtel ou son chaume.

A l'époque où cette chanson fut faite, MM. Laffitte et Dupont (de l'Eure) faisaient encore partie du ministère.

---

^e *ÉMILE DEBRAUX.

Émile Debraux est mort au commencement de 1831, à l'âge de trente-trois ans. Peu de chansonniers ont pu se vanter d'une popularité égale à la sienne, qui, certes, était bien méritée. Les chansons de *la Colonne*; *Soldat, t'en souviens-tu? Fanfan la Tulipe*; *Mon petit Mimile*, etc., ont eu un succès prodigieux, non seulement dans les guinguettes et les ateliers, mais aussi dans les salons libéraux.

L'existence de Debraux n'en resta pas moins obscure, il ne savait ni se faire valoir, ni solliciter. Pendant la Restauration, il se laissa poursuivre, juger, condamner, emprisonner, sans se plaindre, et je ne sais si une seule feuille publique lui adressa deux mots de consolation. Souvent il fut réduit à faire des copies et à barbouiller des rôles pour nourrir sa femme et ses trois enfants.

Les sociétés chantantes, dites *Goguettes*, le recherchèrent toutes, et je crois qu'il n'en négligea aucune. Si, dans ces réunions, Debraux se laissa aller à son penchant pour la vie insouciante et joyeuse, il faut dire que par des soins utiles elles adoucirent ses derniers moments, rendus si pénibles par une maladie longue et douloureuse.

Sa pauvre famille n'a obtenu que d'incertains et faibles secours dans la repartition faite par le Comité des récompenses nationales. Pourtant les chansons de Debraux, en contribuant à exalter le patriotisme du peuple, ont concouru au triomphe de Juillet, qu'a son lit de mort, il a salué d'une voix défaillante.

PONIATOWSKI.

Joseph Poniatowski, neveu du dernier roi de Pologne, né en 1766, servit glorieusement dans les armées françaises depuis 1806 jusqu'à 1813. Après la bataille de Leipzig, Napoléon l'éleva au grade de maréchal d'empire, et lui donna le commandement d'un corps de Polonais et de Français, à la tête duquel il fit des prodiges de valeur. Le 18 octobre, les ponts de l'Elster ayant été détruits pour couvrir notre retraite, Poniatowski, resté à l'arrière-garde et pressé de toutes parts par les troupes ennemies, rejette les propositions que leurs généraux lui font faire. Dangereusement blessé, il s'écrie : *Dieu m'a confié l'honneur des Polonais, je ne le remettrai qu'à Dieu.* Il tente de s'ouvrir un passage à travers le fleuve, mais, épuisé de sang, et entraîné par les flots, il disparaît englouti. Ce n'est que quelques jours après que son corps fut trouvé sur les bords de l'Elster.

Cette chanson, celles de *Hâtons-nous !* du 14 juillet 1829, et *A mes amis les ministres*, furent publiées en 1831, au profit du Comité polonais. Elles étaient précédées d'une dédicace au général Lafayette, président de ce Comité, et premier grenadier de la garde nationale de Varsovie. Dans la dédicace, trop longue pour être rapportée ici, se trouvaient deux couplets qu'on me saura gré peut-être de donner, parce qu'ils sont un hommage au héros des deux mondes.

> Sa vie entière est comme un docte ouvrage,
> Par la vertu transcrit, conçu, dicté.
> La gloire y brille ; a chaque jour sa page
> Point d'*errata* : tout pour la liberté.
> De bien longtemps qu'à nos pleurs Dieu ne livre,
> Si plein qu'il soit, le chapitre dernier,
> Et qu'un seul mot constate en ce beau livre
> Que le grand homme aima le chansonnier

Comme il s'agissait de solliciter des secours d'argent pour la Pologne, j'ajoutais, sur l'air de la Sainte-Alliance des peuples

> Le Polonais de son schako civique
> Ceint votre front, ce front que tant de fois
> Olmutz, Paris, l'Europe, et l'Amérique
> Ont vu si calme intimider les rois
> Lorsque je chante honneur, gloire, souffrance,
> Si dans les cœurs ma voix trouve un écho,
> Pour recueillir l'obole de la France,
>   Tendez votre schako.

---

g * L'ÉCRIVAIN PUBLIC

Cette chanson est anciennement faite. Moins on la trouvera digne de voir le jour, mieux on se rendra compte du motif qui l'a fait livrer aujourd'hui à l'impression.

A M. DE CHATEAUBRIAND.

h * Brille à tes chants d'une noble rougeur.

Dans un des couplets qui précèdent celui-ci, je parle

des *lyres* que la France doit à M. de Chateaubriand. Je ne crains pas que ce vers soit démenti par la nouvelle école poétique, qui, née sous les ailes de l'aigle, s'est, avec raison, glorifiée souvent d'une telle origine. L'influence de l'auteur du *Génie du Christianisme* s'est fait ressentir également à l'étranger, et il y aurait peut-être justice à reconnaître que le chantre de Child-Harold est de la famille de René.

Après ce que je viens de rappeler du grand mouvement qu'il a donné à la poésie moderne, il importe peu à M. de Chateaubriand que je répète ici ce que j'ai dit dans ma préface de l'influence particulière de ses ouvrages sur les études de ma jeunesse. Je crois plus à propos de faire ressouvenir qu'en 1829 M. de Chateaubriand, m'ayant honoré de marques d'intérêt et d'estime, en fut vivement réprimandé par les organes du pouvoir auquel la France était livrée. Je rougis d'avoir si faiblement acquitté ma dette envers le plus grand écrivain du siècle, surtout quand je pense qu'il a consacré quelques pages à immortaliser mes chansons. C'est un plaidoyer en leur faveur que la postérité lira sans doute; mais l'avocat le plus éloquent ne saurait gagner toutes les causes. Puisse du moins la trop grande générosité de M. de Chateaubriand ne lui donner jamais de clients plus ingrats que le chansonnier qu'il a bien voulu placer sous la protection de son génie!

LA RESTAURATION DE LA CHANSON.

> * On te détrônait.

A la fin de juillet 1830, j'avais dit: On vient de détrôner Charles X et la chanson. Ce mot fut répété à la tribune par je ne sais quel député du centre.

³ * Depuis les jours de décembre.

Le jugement des ministres de Charles X. La Chambre alors ne voulait point entendre parler de sa dissolution

⁴ * Sauveront leur nid.

On craignait encore que l'hérédité de la pairie ne fût conservée.

SOUVENIRS D'ENFANCE.

¹ * Et m'apprivoisé avec celle des rois.

Dans la chanson du *Tailleur et la Fée*, l'auteur a déjà eu occasion de dire qu'à l'âge de douze ans il fut frappé du tonnerre. Sa vie fut plusieurs jours en danger, et il faillit perdre la vue.

LES FOUS.

ᴵⁿ * J'ai vu Saint-Simon le prophète,

Le comte Henri de Saint-Simon naquit au château de Berny, à quelques lieues de Péronne. Il fit partie des jeunes Français qui, à l'imitation de Lafayette, coururent en Amérique prendre part à la guerre de l'indépendance. Rentré en France, il prit du service, mais s'en dégoûta bientôt. La Révolution le remplit d'enthousiasme. Ayant obtenu quelques bénéfices par des acquisitions de biens nationaux, il consacra sa nouvelle fortune aux sciences, qu'il se mit à étudier avec toute l'ardeur d'un jeune homme. Il fit plus pour elles, car il prodigua à des capacités naissantes les secours nécessaires à leur développement. Sa bourse fut bien vite épuisée ; il se vit obligé, sous l'empire, d'accepter pour vivre le plus mince emploi dans une administration publique. Là réforme sociale ne l'en occupait pas moins, et il publia différents essais remplis d'idées originales qui toutes attestent son amour de l'humanité. La publication de sa *Parabole*, admirable résumé d'un système nouveau d'ordre social, l'exposa, sous la restauration, à des poursuites judiciaires, qui ne servirent qu'à prouver la force de sa conviction. Il échappa à la condamnation, qu'il eût pu désirer.

En lutte continuelle avec la pauvreté, déçu dans les espérances que lui avaient données ceux dont le concours était nécessaire au triomphe de ses doctrines, le dégoût s'empara de son âme, et il tenta de se donner la mort. Le coup de pistolet qu'il se tira lui creva un œil, et ne fit qu'ajouter de nouvelles souffrances à celles dont il était déjà accablé. Ses pensées acquirent alors une tendance religieuse, et il publia son *Nouveau Christianisme* en 1825.

Saint-Simon mourut l'année suivante entre les bras de M. Rodrigues, dont les soins ont seuls préservé sa fin de toutes les horreurs de la misère.

Il nous manque une histoire consciencieusement faite de ce philosophe, dont le nom a eu après sa mort un retentissement qu'il n'avait sans doute pas prévu.

" *Fourier nous dit : Sors de la fange.

M. Charles Fourier, auteur du *Nouveau monde in-*

dustriel, de la *Théorie des mouvements* et de la découverte du *Procédé d'industrie sociétaire*.

Le système de l'association n'a jamais été exploré avec plus de puissance que par ce philosophe théoricien, qui fait de *l'attraction passionnée* la base de son code social. M. Jules le Chevalier, dans un cours public, a expliqué et propagé les idées de M. C. Fourier, et sans lui peut-être ne saurions-nous pas bien encore ce que l'inventeur avait entendu par *phalanstère, groupe, fonctions attrayantes*, etc.

M. Baudet du Lary tente une application partielle de ce système dans le département de Seine-et-Oise.

LE SUICIDE.

J'ai connu ces deux jeunes gens dont la fin a été si déplorable. Lebras m'avait adressé quelques pièces de vers patriotiques. Sa constitution était faible et maladive, mais tout annonçait en lui un cœur honnête et bon. Malgré l'accueil que je lui fis à *la Force*, où il vint me voir, il cessa de me visiter après ma sortie. Je n'en puis donc dire que fort peu de chose. J'ai bien mieux connu Escousse. C'est à *la Force* aussi qu'il vint me trouver, en m'apportant une fort jolie chanson que ma détention lui avait inspirée. Alors et depuis je lui prodiguai les marques du plus vif intérêt et les conseils de l'expérience. Peu de jeunes auteurs m'ont fait concevoir une meilleure idée de leur avenir, moins par ses essais que par le jugement qu'avec tant de candeur il en portait lui-même. Lors du succès de *Faruch le Maure*, il m'écrivit : *Je me souviens de ce que vous m'avez dit, ne craignez rien. Mon triomphe ne m'a pas enivré. J'en ai été étourdi tout au plus cinq minutes.*

Son malheur fut celui qui menace plus ou moins aujourd'hui beaucoup d'hommes de son âge, dans l'espèce de serre chaude où nous vivons. La raison d'Escousse avait acquis une trop prompte maturité. Une tête ainsi faite sur un corps d'enfant n'est propre qu'à flétrir la jeunesse, quand cette précocité n'est pas le rare effet d'une organisation particulière. Elle produit un besoin de perfection qui, ne sachant à quoi se prendre, désenchante la vie à son plus bel âge. Je n'attribue qu'à une sorte de découragement la funeste résolution de ce malheureux et intéressant jeune homme. Il y eut aussi une fatalité pour Lebras et pour lui de s'être rencontrés avec des dispositions semblables. Loin l'un de l'autre, peut-être tous deux se fussent-ils soumis à leur destinée, qu'ils s'encouragèrent à terminer violemment.

Une feuille publique a accusé Escousse d'incrédulité absolue. Pour repousser cette accusation, je me crois obligé de citer les derniers mots de la lettre qu'il m'écrivit quelques heures avant l'exécution de son déplorable dessein : *Vous m'avez connu, Béranger ; Dieu me permettra-t-il de voir du coin de l'œil la place qu'il vous réserve là haut ?*

Outre les drames de *Faruch* et de *Pierre III*, Escousse a laissé des chansons d'un style un peu négligé sans doute, mais empreintes des nobles sentiments et des pensées généreuses qui inspirèrent quelques actions de sa trop courte carrière.

On m'a raconté que, sur le point d'être surpris avec une personne que sa présence pouvait compromettre, il se précipita d'un second étage dans une cour pavée. Son dévouement lui porta bonheur, il n'en résulta pour lui ni blessure ni contusion.

En 1830, le 28 juillet, il se rendit de grand matin à la place de Grève, y combattit tout le jour, toute la nuit, et se trouva le lendemain à la prise du Louvre et des Tuileries. Après la victoire du peuple, Escousse ne dit mot des dangers qu'il avait courus, et, quoiqu'il fût pauvre et sans appui, ne voulut jamais adresser de demande d'aucun genre à la Commission des récompenses nationales.

Et c'est à dix-neuf ans qu'il a volontairement mis fin à une existence qui promettait d'être si belle et si féconde !

PRÉDICTION DE NOSTRADAMUS.

POUR L'AN DEUX MIL.

Quand les temps sont mauvais, les prophètes ont beau jeu. Michel de Nostredame, que nous nommons Nostradamus, vécut et mourut sous les derniers Valois. Né en Provence, d'une famille juive convertie, il étudia la médecine, et ses succès lui attirèrent un grand nombre d'envieux, qui le forcèrent de vivre quelque temps dans la retraite. Il s'y livra à l'astrologie, maladie de l'époque, et publia, en 1557, les fameuses *Centuries*, qui lui ont valu la célébrité populaire dont son nom jouit encore. Elles sont écrites en vers barbares, même pour son temps, et d'un style tellement énigmatique, qu'il semble plutôt être le calcul du charlatanisme que le produit d'un esprit en délire. Aussi, à diverses époques, ont-elles fait naître les interprétations les plus opposées et les plus absurdes Il faut convenir toutefois que, dans quelques-unes de ses prophéties, le hasard le servit assez bien pour qu'il ait pu étonner les esprits forts de son temps.

Catherine de Médicis voulut avoir des prédictions de cet astrologue, et le combla de présents et d'honneurs. Nostradamus mourut à Salon, où l'on crut longtemps qu'au fond de son tombeau il ne cessait pas d'écrire de nouvelles prophéties ; ce qui ne manqua pas de produire un très grand nombre de *Centuries* posthumes dignes de leurs aînées et non moins recherchées d'un public ignorant.

A sa mort, arrivée en 1566, Henri IV était dans sa treizième année.

FIN DES NOTES DU TOME TROISIÈME

PROCÈS

FAITS AUX CHANSONS

DE

DE M. P.-J. DE BÉRANGER.

NOTE

SUR LES PROCÈS FAITS AUX CHANSONS

DE M. DE BÉRANGER.

Une édition des œuvres de BÉRANGER serait incomplète, si elle ne renfermait pas le compte rendu des procès que le chansonnier national a eu à soutenir [1]. Alors, ainsi qu'aujourd'hui, deux partis divisaient la société, partis qu'on a depuis ingénieusement définis en les appelant l'un, parti du mouvement, l'autre, parti de la résistance; nos lecteurs peuvent facilement le supposer, Béranger, alors comme aujourd'hui, ne pouvait être classé parmi les défenseurs des idées stationnaires. C'est un homme fait pour l'avenir.

L'espèce d'interdit qu'on voulait mettre sur ses chansons, la persécution qu'on intenta contre leur auteur, loin de nuire au succès de la cause qu'il avait pris à tâche de défendre, lui furent utiles; elles augmentèrent son influence sur les masses populaires, et joignirent à

---

1. Nous devons prévenir que l'avis *au lecteur impartial*, qui précède le compte rendu du premier procès, n'est pas l'ouvrage de M. Béranger, bien qu'on l'y fasse parler à la première personne. Dans le temps, il parut convenable de donner cette forme à la préface d'une publication faite au nom du chansonnier mis en cause.

(*Note de l'éditeur.*)

l'attrait de la poésie, à celui des hautes et profondes pensées, l'attrait piquant du fruit défendu.

C'est d'ailleurs une chose remarquable et qui ajoute beaucoup d'intérêt à la lecture des réquisitoires et des plaidoiries auxquels ces Procès donnèrent lieu, que le talent de Béranger ait été mieux apprécié dans l'enceinte des tribunaux que dans celle de l'Académie, à la cour d'assises qu'au milieu des cercles littéraires. Tandis qu'avec un esprit ingénieux, M. Dupin cherchait, pour le disculper, à faire descendre le poète populaire du trépied sur lequel il s'était placé, en le représentant comme un chansonnier remarquable et spirituel, ou tout au plus comme un faiseur d'odes, l'avocat-général Marchangy replaçait Béranger à la haute position qu'il occupe, et, sûrement guidé par les appréhensions du pouvoir, montrait en lui l'homme politique, le caractère ferme et tenace, l'interprète de vœux hostiles au gouvernement d'alors, le vulgarisateur d'idées qui tendent à l'émancipation des classes inférieures et au renversement des digues qu'on veut lui opposer, un homme fort et profond, ayant une volonté et un but, jouissant d'une grande influence, ajoutant à la force de la pensée celle de la poésie, à l'autorité de la parole l'entraînement du chant, enfin une véritable puissance sociale.

Le peuple, qui avait commencé par répéter les couplets du *Chansonnier*, comme étant l'expression de ses anciens souvenirs, comprit, par les débats des tribunaux, que Béranger n'était pas seulement pour lui un remémorateur d'anciennes affections, un chantre d'espérances évanouies et de gloires passées, mais qu'il était encore un défenseur de ses opinions présentes et un héraut de ses vœux pour l'avenir. Il ne s'informa pas s'il prenait parti dans la question classique ou romantique, s'il était poète philosophique à la manière d'Anacréon, à la façon d'Horace, ou simplement philosophe pratique, chansonnier joyeux comme Maître Adam, Panard et Collé ; il vit en lui un homme qui devinait ses pensées, connaissait ses besoins, avait foi en ses espérances, parlait le langage de ses désirs ; un homme enfin qui l'avait compris.

Bras, tête et cœur, tout était peuple en lui

Dès ce jour, la sympathie populaire fut acquise à Béranger. Il se trouva qu'en le mettant en cause, on avait aussi attaqué nombre d'amis d'une douce tolérance, d'une sage liberté et d'une fraternelle philanthropie ; les condamnations qu'il subit, les arrêts dont il fut l'objet, atteignirent en quelque sorte plus d'une personne qui, à part l'admiration qu'inspire un beau génie, serait d'ailleurs restée indifférente à son égard. Les atteintes qu'il reçut pour la cause qu'il avait embrassée le rendirent cher à tous.

Dans les Procès qui suivent on trouve des détails sur le caractère privé du poëte, des renseignements sur certaines circonstances de sa vie, des appréciations sous divers points de vue de son talent, qui ne sont bien à leur place que là. En voyant l'intérêt qui s'attache à l'accusé, l'honorable cortége qui l'entoure, l'empressement des avocats à le défendre, les formes mêmes qu'emploie le magistrat accusateur en l'attaquant, on comprend qu'il s'agit d'un homme de conscience et de talent, d'un génie élevé, d'un cœur probe et droit, car il fallait tout cela pour commander l'admiration et le respect à des opinions aussi différentes.

Si les Procès de Béranger sont intéressants et utiles pour bien apprécier en lui et l'homme politique et le poëte national, ils présentent encore un autre intérêt, qui n'est pas non plus sans instruction. Béranger a été successivement défendu par trois des hommes distingués du barreau moderne ; deux de ses avocats étaient ses défenseurs directs ; le troisième, chargé de la défense de ce qu'il plaisait à la fiction légale d'appeler assez drôlement un *complice,* comme si Béranger était un de ces hommes qui ont besoin de complice, une de ces puissances médiocres qui recherchent l'appui des autres, pour achever les entreprises qu'elles ont conçues ; le troisième, disons-nous, sans être l'avocat de Béranger, eut le bon esprit de cacher son client derrière l'*accusé* principal, et fit du poete un rempart pour le libraire.

Ces trois hommes remarquables, MM. Dupin, Barthe et Berville, faisaient alors partie de l'opposition. Les discours qu'ils prononcèrent dans ces mémorables circonstances, peuvent être comptés au nombre des morceaux d'éloquence que le barreau de notre époque offrira comme monuments au barreau des temps à venir. Chaque plaidoirie offre d'ailleurs un échantillon curieux du genre de talent particulier à chacun de ces avocats, et une preuve de leur diversité respective.

Ainsi M. Dupin, abondant, disert, malin, caustique, se servant au besoin de l'esprit comme d'une raison, de l'histoire comme d'un article de loi, d'une épigramme anecdotique comme d'une autorité, est toujours ingénieux, correct, agréable ; il s'échauffe rarement, il reste toujours maître de sa réplique, et préfère disculper son accusé en essayant de le présenter comme un ennemi sans conséquence, à la franchise, plus périlleuse et peut-être plus difficile, de le soutenir avec énergie et avec éloquence, par les principes mêmes dont il s'est fait l'organe. M. Dupin est un excellent modèle pour un avocat ; sa plaidoirie est un exemple, il veut amuser le tribunal, et il y réussit ; il connaît trop bien les juges, il apprécie trop quelle habileté a présidé à la composition du jury, pour ne pas savoir que le jugement est une chose arrêtée d'avance ; il ne cherche donc pas à faire acquitter son client, mais bien à prouver que le talent et l'esprit de l'avocat sont à la hauteur de la cause qu'il est chargé de défendre, M. Dupin enfin plaide plutôt pour son propre compte que pour Béranger lui-même.

M. Barthe prend la chose différemment, il sait aussi, lui, qu'il n'y a pas à faire revenir sur une décision déjà convenue, quoiqu'elle ne soit pas encore prononcée; mais il est dans toute la ferveur d'une opinion extrême, il sent en lui l'esprit de carbonarisme qui fermente; impuissant à sauver son client, il rougirait de laisser échapper une aussi bonne occasion de proclamer quelques importants principes et de dire quelques rudes vérités au pouvoir. M. Barthe dédaigne sa réputation d'avocat, il ne veut faire briller que son éloquence politique, et il pense peut-être avec raison que, dans une cause où la politique seule a dicté l'accusation, c'est à la politique seule de prononcer la défense.

Ah! combien différent est M. Berville! doux, moelleux, littéraire, gracieux, il n'a de paroles amères contre personne, de fiel contre aucune intention du réquisitoire, de dédain contre aucun des moyens de l'homme du Roi, c'est par l'éloge qu'il veut triompher de l'accusation, par le respect, par la douceur, par la modération : quelquefois dans sa dialectique serrée il n'en porte pas moins de rudes coups; mais c'est en enveloppant ses raisons de tant d'harmonie, en mettant dans son geste tant de grâce, dans son énergie tant d'onction, qu'à l'entendre parler on se rappelle involontairement le fameux joueur de trictrac des *Mémoires de Grammont*, qui ne manquait jamais d'accompagner chaque coup gagnant d'un respectueux « *Pardon de la liberté grande.* » M. Berville loue tout le monde; il loue le talent, le génie du poëte, cela va sans dire; il loue l'éloquence de l'accusateur, l'impartialité des magistrats, l'innocence et la bonne foi du libraire; il parle à des jurés, il ne veut soulever que des passions douces, s'adresser qu'à des sentiments tendres et, sans la nécessité où nous nous sommes trouvés de réduire par quelques abréviations le compte rendu de ces procès à de justes bornes, on aurait vu l'avocat après avoir discuté avec clarté et habileté la question légale, après avoir, avec un goût académique, donné de justes éloges à Béranger, offrir dans un style semi-poétique le tableau de la lune de miel d'un nouveau ménage, et présenter, comme moyen de défense à de graves magistrats, les premières joies de l'hyménée. M. Berville est un écrivain de l'école classique qui a mérité une de ces couronnes que l'Académie Française décerne aux plus éloquents prosateurs.

Ces trois avocats célèbres ont aujourd'hui changé de position. Des banquettes du barreau ils sont arrivés sur les fauteuils du parquet, sur les siéges de la présidence suprême. De simples avocats ils se sont faits hommes importants en politique. Ce changement, par une raison facile à comprendre, ne peut qu'ajouter de l'intérêt aux discours par lesquels ils attaquaient naguère, eux qui, par leur position actuelle, sont aujourd'hui défenseurs.

Quant à Béranger, il n'a pas varié, lui; ses dernières chansons sont bien empreintes des mêmes sentiments qui avaient inspiré les premières, objets des procès qu'on va lire; il est resté fidèle aux opinions généreuses qu'il a toujours manifestées, à la liberté sage, à la tolérance civile et religieuse qu'il est si doux de pratiquer, à l'égalité, qui inspire à l'homme la conscience de sa dignité, et enfin à ce besoin d'améliorations et de progrès qui de nos jours est le plus sûr indice d'un génie réel; aussi, dans cette chute de tant de célébrités, dans ce naufrage de tant de réputations, Béranger a-t-il conservé tout entière sa glorieuse popularité.

AU
LECTEUR IMPARTIAL.

S'il eût été permis aux journaux de rendre un compte exact de ma défense devant la cour d'assises, de même qu'il a été permis à mon accusateur de reproduire son accusation, j'aurais pu me dispenser de faire imprimer les pièces de mon procès.

Mais la censure, l'*inique censure*[1] m'a traité avec la plus révoltante partialité.

Mes juges ont écouté l'accusation; ils ont aussi écouté la défense. Sur quatre chefs d'accusation, ils en ont écarté trois! et la censure, qui permet de reproduire contre moi l'accusation en entier, même dans les parties où elle a complètement échoué, n'a pas permis qu'à côté de ces incriminations renouvelées, ma défense vînt aussi se reproduire.

Jusqu'ici rien de pareil n'était encore arrivé.

On avait bien vu quelques défenses abrégées, des suppressions partielles opérées, des changements

---

1. Expression de M. de Castelbajac.

imposés aux feuilles périodiques ; mais dans aucune autre cause on n'avait encore vu une interdiction complète, absolue, de produire aucun fragment de la défense. Il n'y a point eu d'exception à cet égard ; les journaux du ministère, ceux de la droite et de la gauche, tous ont subi la même influence.

Le Moniteur, qui a consacré cinq de ses énormes colonnes au réquisitoire de M. Marchangy, a été obligé de supprimer la courte analyse qu'il donnait de ma justification.

Le *Journal de Paris* a éprouvé cette rigueur, inaccoutumée pour les journaux du ministère.

Le Constitutionnel est revenu de la censure avec des ratures qui ne laissaient pas subsister un seul mot du plaidoyer de mon avocat.

Le Drapeau blanc a laissé un énorme vide entre le plaidoyer de M. Marchangy et la réplique de M. Marchangy. M. Marchangy y parle seul. Aussi l'on y voit que cet avocat-général a réfuté *victorieusement* la plaidoirie de mon défenseur, et on le croit aisément, puisqu'on ne trouve que du papier blanc à la place des raisonnements que M. l'avocat-général a eu à réfuter.

Ainsi j'ai été froissé par la saisie de mon ouvrage, par ma destitution, par les harangues du ministère public, par la sévérité de la cour qui a décidé contre moi ce que les jurés n'avaient osé résoudre ! Et au désavantage d'avoir eu à répondre de suite et sans préparation à une accusation élaborée avec soin, écrite avec recherche, et longtemps méditée, s'est joint le désagrément, plus grand encore, de voir les déclamations dont j'avais été l'objet, longuement reproduites, répandues avec profusion, et sans le contre-poids, plus que jamais nécessaire, des justifications qui devaient en paralyser l'effet.

Voilà ce qui s'est passé à la face de tout le monde ! voilà ce qu'ont remarqué tous les lecteurs de journaux, les curieux de toutes les classes, les hommes de tous les partis, et cela dans le moment même où le ministère propose une loi pour le renouvellement de la censure pendant cinq ans, et où il en propose une autre pour rendre les journalistes *responsables de toute infidélité qu'ils commettraient dans le compte rendu des audiences des tribunaux.*

La censure prorogée! c'est-à-dire l'injustice, la partialité, la calomnie, rendues plus faciles, perpétuées dans des mains qui en usent avec autant de scandale et d'effronterie! Le silence, un silence de mort placé à côté de l'arbitraire, parce qu'en effet l'arbitraire ne peut aller avec le droit de se plaindre et la possibilité d'appeler l'opinion à son aide! La responsabilité des journaux! comme s'il pouvait y avoir responsabilité là où il n'y a pas de liberté, là où le journaliste n'est pas maître de rendre l'impression qu'il a reçue, et où le récit de ce qu'il a vu est corrigé, tronqué, mutilé par un censeur qui n'a rien vu, rien écouté, rien entendu, et qui veut toutefois qu'on raconte les choses, non comme elles se sont réellement passées, mais comme il voudrait qu'elles se fussent passées en effet.

Je serai plus équitable dans ma propre cause. Je donnerai l'accusation telle qu'elle a été portée contre moi, sans en rien retrancher, en rien dissimuler : on lira l'arrêt de la cour : je donnerai le réquisitoire de mon accusateur, non précisément *tel qu'il l'a lu* (car il a retranché quelques raisonnements et quelques expressions qui lui ont paru apparemment avoir été réfutés avec trop d'avantage); mais enfin son réquisitoire tel qu'il lui a convenu de le publier dans *le Moniteur*. Seulement j'y joindrai la réponse de mon défenseur, telle que la sténographie l'a reproduite, et telle que son amitié pour moi et son zèle pour un opprimé la lui ont inspirée.

PROCÈS

FAIT

A M. P.-J. DE BÉRANGER.

Jamais, de mémoire d'habitué, l'audience d'un tribunal n'a présenté d'affluence aussi extraordinaire d'amateurs. Quelques délais dans la transmission des ordres nécessaires pour obtenir un renfort de gendarmerie avaient rendu le service extérieur très-pénible : aussi, dès huit heures du matin, les issues les plus secrètes, ordinairement réservées aux porteurs de billets, étaient obstruées par la foule plus sûrement encore qu'elles n'étaient fermées par les verroux. Un petit nombre d'élus pénétrait avec peine dans la salle qui s'est remplie successivement de personnes de la plus grande distinction : M. le duc de Broglie, M. le baron de Staël, MM. Gevaudan, Bérard, maître des requêtes, M. Dupont (de l'Eure), député; et plusieurs magistrats, parmi lesquels on remarque MM. de Vatimesnil, de Broé, Blondel d'Aubers, Girod (de l'Ain), Mais, etc., occupaient des places réservées; les dames et les avocats en robes arrivaient successivement dans la grande enceinte du parquet. Pendant ce temps, la foule toujours croissante, forçant successivement toutes les consignes, était arrivée, au milieu d'un désordre inexprimable, jusque dans la galerie vitrée qui sert de vestibule à la salle d'audience.

On se demandait comment pourraient entrer non seulement la cour et les jurés, mais le prévenu lui-même. M. de Béranger, pour lequel son assignation n'était pas un passeport suffisant, a été en effet arrêté pendant trois quarts d'heure de barrière en barrière, et il allait franchir la dernière limite, lorsqu'un gendarme lui disputa opiniâtrément le passage; enfin, il a pris place au banc des avocats, entre Me Dupin aîné, son défenseur, et Me Coche, son avoué. La physionomie du prévenu est calme; il s'entretient, en souriant, avec les personnes qui se trouvent auprès de lui.

Il était impossible de commencer l'audience avant que le corridor vitré et l'escalier qui y conduit fussent complètement évacués. Déjà quatre ou cinq personnes avaient été tirées de la foule, et étaient entrées en escaladant la fenêtre[1]. Les carreaux de vitres volaient en éclats. Faire rétrograder cette multitude était impossible, on a préféré lui ouvrir la porte intérieure. Alors deux cents personnes, brisant les vitres, déchirant leurs habits ou les salissant contre des murailles fraîchement blanchies, se sont portées les unes les autres au milieu de la salle qui semblait déjà trop pleine. Les bancs des accusés ont été envahis par un grand nombre d'avocats, et cette circonstance a nécessité la remise d'une affaire de vol qui devait précéder la cause politique. On

---

[1] De ce nombre étaient MM. Larrieux, président de la cour d'assises, et Collu, conseiller.

n'aurait su où placer l'accusé et ses gardes, et les huissiers n'ont pu, malgré tous leurs efforts, faire entrer dans l'audience un témoin arrivé de Pontoise pour cette affaire.

Jusqu'à ce moment, on avait respecté l'étroite enceinte réservée au public journalier qui préfère ordinairement les grands procès de vol et d'assassinat, mais qui n'avait pas montré moins d'empressement, et faisait queue depuis sept heures. Cependant les peines prises par cette partie des curieux ont été inutiles. Les personnes porteuses de billets qui n'avaient pas trouvé place sur les banquettes, ont reflué au fond de l'auditoire, et l'on n'a pu ouvrir les grilles extérieures.

Les jurés ne sont arrivés à la chambre du conseil qu'en faisant un long circuit, et en passant par l'escalier de la chambre correctionnelle. Vers onze heures, le tirage du jury et les récusations respectives du ministère public et du prévenu étant terminés, la cour a été introduite. Elle est composée de MM. Larrieux, président, Cottu, Baron, Sylvestre de Chanteloup père, et d'Haranguier de Quincerot.

Monsieur le président dit que l'audience sera ouverte lorsqu'il règnera un ordre parfait digne de la majesté de la justice. Il donne l'ordre à toutes les personnes qui entourent le banc des jurés de s'en éloigner; cet ordre s'exécute lentement. Monsieur le président renouvelle l'ordre et ajoute : Il est désagréable que ce soient des membres du barreau qui s'exposent à recevoir de pareilles leçons.

Monsieur le président ordonne qu'un gendarme soit placé auprès de messieurs les jurés, afin que leur attention ne soit distraite par personne.

Les gendarmes et autres militaires, chargés de maintenir l'ordre à l'extrémité de la salle, conservaient les baïonnettes au bout des fusils; monsieur le président s'en aperçoit, et donne, à haute voix, l'ordre que les baïonnettes soient retirées. Chacun applaudit à cette mesure de prudence et en même temps de respect pour la liberté des délibérations du jury.

Beaucoup d'avocats sont obligés de s'asseoir sur le parquet, à quelque distance du banc des jurés (Ils y sont restés jusqu'à la fin de l'audience). D'autres avocats sont debout près du poêle. Le public qui est derrière crie : *Les avocats assis.*

Monsieur le président : Huissier, huissier.

Un huissier : Monsieur le président?

Monsieur le président : Je voudrais d'abord que vous vinssiez près de moi, j'ai à vous parler.

L'huissier : Je voudrais pouvoir vous obéir, monsieur le président, mais je ne puis passer; tout est obstrué.

Monsieur le président : Invitez messieurs les avocats qui sont debout à ôter leurs toques pour moins gêner les personnes qui sont derrière.

Messieurs les avocats se conforment à cette invitation.

Monsieur le président : « Nous aimons à penser qu'il n'est pas besoin de prévenir l'auditoire que la loi commande le silence et le respect. Nous sommes persuadé que chacun se conformera à la loi, et que nous ne serons pas mis dans la nécessité d'user du droit qu'elle nous donne de faire évacuer la salle et de juger la cause à huis clos. »

Après la prestation du serment des jurés, et M. de Béranger ayant décliné ses nom, prénoms, et sa profession d'ex-employé à la Commission d'instruction publique, le greffier donne lecture de l'arrêt de mise en prévention qui contient le texte de toutes les chansons incriminées. Lorsqu'il en est à la lecture du couplet de *L'Enrhumé*[1], monsieur l'avocat-général l'interrompt, et lui dit : Vous ne dites pas qu'il y a deux lignes en blanc.

M. Dupin : C'est que le greffier n'est chargé que de lire, et que là où il n'y a rien, il n'y a rien à lire.

Le greffier : Il y a deux lignes en blanc.

Le greffier continue et achève sa lecture.

Monsieur le président répète au prévenu l'énumération des divers chefs d'accusation en vertu desquels il est poursuivi, conformément aux articles 1, 3, 5, 8 et 9 de la loi du 17 mai 1819, et procède en ces termes à son interrogatoire :

Demande. Êtes-vous l'auteur des chansons imprimées chez Firmin Didot avec cet intitulé : *Chansons par M. P.-J. de Béranger ?*

Réponse. Oui, monsieur le président.

D. Les avez-vous vendues et fait vendre ?

R. Oui, monsieur, ainsi que je l'ai répondu dans le précédent interrogatoire.

D. A combien d'exemplaires ont-elles été tirées ?

R. A dix mille. (Les réponses de l'accusé sont toutes faites avec une grande politesse et en même temps d'un ton ferme.)

M. de Marchangy, avocat-général, se lève et dit :

« Messieurs les jurés, la chanson a une sorte de privilége en France. C'est, de tous les genres de poésie, celui dont on excuse le plus volontiers les licences. L'esprit national le protége et la gaîté l'absout. Compagnes de la joie, fugitives comme elle, il semble que ces rimes légères ne soient point propres à nourrir la sombre humeur du malveillant, et depuis

---

[1] Tome II, page 33

Jules César jusqu'au cardinal de Mazarin, les hommes d'état ont peu redouté ceux qui chantaient.

« Telle est la chanson, ou plutôt, messieurs, telle était la chanson chez nos pères, car, depuis les siècles où l'on riait encore en France, cet enfant gâté du Parnasse s'est étrangement émancipé. Profitant de l'indulgence qui lui était acquise, plus d'une fois, pendant nos révolutions publiques, les perturbateurs le mirent à leur école, ils l'échauffèrent de leur ardeur, ils en firent l'auxiliaire du libelle et des plus audacieuses diatribes. Dès lors un sarcasme impie remplaça la joie naïve; une hostilité meurtrière succéda au badinage d'une critique ingénieuse. Des refrains insultants furent lancés avec dérision sur les objets de nos hommages; bientôt ils stimulèrent tous les excès de l'anarchie, et la muse des chants populaires devint une des furies de nos discordes civiles.

« Lorsque les chansons peuvent s'écarter ainsi de leur véritable genre, auront-elles droit à la faveur que ce genre inspirait? Leur suffira-t-il du titre de chansons pour conquérir impunément le scandale et pour échapper à la répression judiciaire? Si telle était leur dangereuse prérogative, bientôt la prose leur céderait en entier la mission de corrompre, et l'on chanterait ce qu'on n'oserait pas dire.

« Vous sentez donc la nécessité de distinguer telles chansons de telles autres qui n'en portent que le nom. Faites une large part, dans l'indulgence pour ces couplets espiègles et malins, qu'il y aurait sans doute trop de rigueur à priver d'une certaine liberté de langage. Qu'ils vivent aux dépens des travers des faiblesses humaines, qu'ils puissent même confondre le bruit de leurs joyeux grelots avec les murmures de l'opposition. Mais si, plus téméraires que ne le fut jamais cette opposition, ils attaquent ce qui est inviolable et sacré; si Dieu, la religion, la légitimité, sont tour à tour le sujet de leurs outrages, sous quels prétextes pourraient-ils être épargnés? Est-ce parce que la chanson se grave aisément dans la mémoire, qu'elle est de facile réminiscence, et que le sel piquant qui l'assaisonne est un salpêtre électrique prompt à ébranler les esprits? Est-ce parce qu'elle peut fournir des refrains tout préparés aux orgies de la sédition et aux mouvements insurrectionnels? Est-ce parce que, circulant avec rapidité, elle pénètre en même temps dans les villes et les hameaux, également comprise de toutes les classes? Tandis que la brochure la plus coupable n'exerce que dans un cercle étroit sa mauvaise influence, la chanson, plus contagieuse mille fois, peut infecter jusqu'à l'air qu'on respire. Et d'ailleurs ici se présente une observation dont vous apprécierez le mérite. Qu'une chanson exhalée dans un instant de verve et d'ivresse circule, non par la voie de l'impression, mais parce qu'elle est chantée dans le monde, c'est un bruit passager que le vent emporte et dont bientôt il ne reste plus de vestiges. La justice pourra le dédaigner et ne pas faire contraster la gravité de ses poursuites avec le vague et la légèreté d'un pareil genre de publication. Mais qu'un auteur mette au jour un recueil de poésies qu'il lui plaît d'appeler des chansons; qu'il donne ce nom à des satires réunies, à des dithyrambes, à des odes pleines d'agression et d'audace, vous ne verrez plus ici que des vers qu'on peut lire sans être obligé de les chanter; et si cet auteur croyait pouvoir égayer sa défense de toutes les idées frivoles et plaisantes que réveille la chanson, vous sentiriez d'abord dans quelle méprise il voudrait vous engager, car apparemment qu'il ne prétendrait pas que ceux qui ont acheté ses chansons sont tenus de les chanter, que ce soit là une condition inséparable de la vente, et que ses souscripteurs soient tous de fidèles observateurs de l'harmonie. Le sentiment qu'aurait eu le poete de sa gaîté ne pourrait donc conjurer les mauvais résultats que produiraient ses vers sur des esprits disposés à prendre les choses sérieusement.

« Le sieur de Béranger est précisément dans ce cas; il a fait imprimer, distribuer et vendre, sous le titre de chansons, deux volumes de ses poésies, tirés par souscription à dix mille exemplaires. Voilà déja qui devient plus positif, plus fixe, plus durable qu'une chanson isolée et inédite. Comment ce prévenu pourra-t-il, en présence d'une spéculation aussi solidement réfléchie, invoquer l'indulgence due à la facétieuse étourderie d'un chansonnier, à ces impromptus brillants qui lui échappent presqu'à son insu dans la chaleur de l'inspiration?

« On peut présumer que le sieur de Béranger ne s'est pas dissimulé tout ce que cette fructueuse entreprise de librairie lui faisait perdre de faveur, puisque dans ses interrogatoires il n'a pas cru inutile de se retrancher derrière un moyen de prescription. Il est vrai que toutes les chansons comprises dans le premier volume ont déjà fait partie d'un recueil publié en 1815, et la loi du 17 mai veut que les délits de la presse puissent être prescrits par six mois, à compter du fait de publication qui donnera lieu à la poursuite; mais cette disposition n'est point applicable à la cause. Quel est le fait de publication qui donnera lieu à la poursuite? C'est le recueil de 1821 et non celui de 1815. Toute édition nouvelle est un nouveau fait de publication, et chaque réimpression est assujettie aux formalités de dépôt et de déclaration.

« Cependant, tout en reconnaissant la force de ce principe consacré par un arrêt contre lequel le sieur de Béranger ne s'est pas pourvu, nous n'en ferons pas usage aujourd'hui. Qu'importe, en effet, qu'on livre aux débats les chansons contenues dans le premier volume, si ces chansons, par le révoltant cynisme de leurs expressions, se défendent elles-mêmes contre toute citation? Pour se résoudre à blesser de leurs tours obscènes la décence de cet auditoire, il faudrait ne pas avoir d'autres textes à vous signaler : vos consciences n'ont pas besoin qu'on stimule leur discernement par un luxe de scandale et une surabondance de griefs.

« Nous renonçons donc volontiers à ouvrir le premier volume, et nous n'indiquerons même pas la moindre partie de celles contenues dans le second volume.

« Le sieur de Béranger a-t-il commis un outrage à la morale publique et religieuse? s'est-il rendu coupable d'une offense envers la personne du roi? a-t-il provoqué le port public d'un signe de ralliement non autorisé? Telles sont les trois questions que nous allons successivement discuter.

« Il serait trop long et trop pénible de rechercher toutes les pages qui attentent à la morale publique et religieuse : nous ne vous parlerons donc pas de la chanson *des Deux Sœurs de Charité*[1], dans laquelle l'auteur, anéantissant tout principe de morale, soutient qu'une fille de joie ne mérite pas moins le ciel par les excès de la débauche, qu'une sœur de charité par ses bonnes œuvres et son dévouement sublime. Nous ne vous parlerons pas de la chanson intitulée *les Chantres de Paroisse*[2], où, selon le prévenu, le

---

1. Tome I, page 216
2. Tome I, page 309

séminaire, cette école des vertus sacerdotales, cette institution réparatrice des persécutions de l'église, n'est qu'un *hôpital érigé aux enfants trouvés du clergé*. Nous ne parlerons pas davantage de plusieurs chansons dirigées contre les *Missionnaires*[1], chansons tellement virulentes, qu'il ne faut pas s'étonner si, après les avoir lues, ceux qui ne se sentent pas l'esprit d'en faire autant, veulent au moins lancer des pétards aux orateurs d'une religion que la Charte déclare religion de l'Etat. Mais ce que nous ne pouvons taire, ce sont les impiétés accumulées dans la chanson intitulée *les Capucins*[2].

« Il faut avoir des ressentiments bien opiniâtres pour attaquer ces humbles serviteurs de l'humanité, aujourd'hui qu'ils sont ensevelis sous les ruines de leurs cloîtres déserts. A peine leur souvenir vit-il encore dans quelques chaumières où ils venaient, il y a bien longtemps, parler de Dieu à ceux qui mouraient, et partager le pain qu'ils tenaient de la charité. Pauvres et n'ayant rien possédé ici-bas, ils ont quitté ce monde sans avoir aucun compte à rendre : pourquoi donc poursuivre leur mémoire au-delà de l'exil ou du martyre? Au surplus, ce ne sont pas eux qu'il s'agit ici de venger. Que par amour pour la tolérance, l'impiété persécute ces ordres religieux, coupables d'avoir, en ouvrant aux cœurs souffrants des asiles de paix, différé le grand siècle des lumières: elle le peut sans doute; mais qu'elle confonde sous ces atteintes l'autel avec le monastère, et la religion avec les ministres; c'est là ce que la France alarmée ne vous permet pas d'excuser, et c'est ce que fait le prévenu dans la chanson qu'on vous dénonce. »

[1] Tome II, page 7
[2] Tome I, page 267

Ici M. Marchangy donne lecture de cette chanson, et reprend la parole.

« C'est ainsi, messieurs, que l'auteur, par une sacrilége ironie, essaie d'écarter de nos temples ceux qu'un reste de foi y conduit encore; c'est ainsi qu'il tente surtout d'en éloigner les soldats français dont la ferveur religieuse ne pourrait en effet qu'ajouter aux garanties de leur fidélité. Mais, tandis qu'il voudrait, en glaçant la piété dans leurs cœurs, les rendre plus faciles à séduire, ne voyez-vous pas que ses efforts conspirent encore moins contre la monarchie que contre la valeur et la gloire? car la religion seule peut épurer la valeur en la rendant désintéressée et morale. Quant à la gloire, qui n'est qu'un secret besoin de se survivre, qui peut la comprendre et la mériter, si ce n'est celui qui espère un autre avenir? Qui croira en Dieu, si ce n'est celui qui va chercher la mort dans les combats? et de quel prix la terre, réduite à ses biens impuissants, pourrait-elle payer le dévouement du héros qui s'immole à son pays?

« Mais c'est peu que le sieur de Béranger fasse asseoir sur le seuil de l'église le ridicule et l'insulte; il va, dans la chanson intitulée *le Bon Dieu*[1], apostropher Dieu lui-même. Pour que la majesté divine ne puisse pas rester inviolable derrière ses impénétrables mystères, il va, dans une indigne parodie, lui prêter des formes et un langage ignobles! Cet Être éternel, que les élans de la prière et les transports de l'admiration et de la reconnaissance avaient seuls osé atteindre, n'est plus, dans les vers du prévenu, qu'une image grotesque et bouffonne, qu'un fétiche impuissant qui vient calomnier son propre

[1] Tome II, page 65.

ouvrage et se moquer des institutions les plus saintes.

« Il faut l'avouer, messieurs, le sieur de Béranger a singulièrement trahi les destinées de la poésie. Cet idiome inspirateur semblait être donné aux mortels pour ennoblir leurs émotions, pour élever leurs âmes vers le beau idéal et la vertu, pour les préserver d'un stupide matérialisme et d'une végétation grossière, en leur présentant sans cesse des pensées d'élite, des images de choix, analogues à leur divine essence! Et ce poete, à qui, pour un si bel emploi, le talent fut prodigué, quel usage a-t-il fait de ce talent dont la société lui demande compte aujourd'hui? Il a déshérité l'imagination de ses illusions, il a ravi au sentiment sa pudeur et ses chastes mystères, il voudrait déposséder l'autorité des respects du peuple, et le peuple des croyances héréditaires, en un mot, il voudrait tout détruire, même celui qui a tout créé.

« Et dans quel temps vient-il parmi nous se faire le mandataire de l'incrédulité? c'est lorsqu'un instant de repos succédant à nos agitations politiques, nous ouvrons enfin les yeux, comme à la suite d'un long délire, étonnés que nous sommes de voir quels ravages l'impiété a faits dans les mœurs! c'est lorsque les bons citoyens voudraient qu'on profitât de l'espèce de calme où nous voici, pour aviser aux moyens de le rendre durable et réel en restaurant les bases de toute agrégation sociale! c'est lorsque, désabusés des innovations trompeuses, des systèmes décevants, on revient, après un vaste cercle d'erreurs, à une religion seule capable de sauver les États, car seule elle peut discipliner tant d'esprits rebelles, et ramener dans nos foyers le culte des traditions vénérables; seule elle peut rendre à la jeunesse les grâces de la modestie et les avantages de la docilité ; seule elle peut se charger d'une partie des désirs tumultueux dont la terre est obsédée ; seule encore elle peut creuser un lit profond et paisible à ces ambitions désordonnées qui mugissent sur la surface de la France, comme des torrents qui menacent de tout envahir ; seule enfin, elle peut verser un baume réparateur sur tant de plaies toujours saignantes, et triompher des ressentiments et des partis.

« Voilà pourquoi nos législateurs ont pensé, en discutant la loi répressive des abus de la presse, qu'il ne fallait pas seulement punir la sédition, mais encore l'impiété. La sédition n'a que des accès passagers, mais l'impiété s'étend sur des générations entières ; la sédition n'éclate souvent que sur les sommités sociales, tandis que l'impiété ronge les fondements des nations. Ah! qu'importe que la révolution ne soit plus dans les actes, si elle est toujours dans les mœurs! Ils se trompent ceux-là qui ne la voient que dans un violent changement de gouvernement, et qui se croient hors de son tourbillon lorsqu'ils n'entendent parler ni de république, ni de consulat, ni d'empire. Ce sont là les effets et non pas les causes. La révolution n'est pas seulement dans la substitution d'un usurpateur à un ordre de choses consacré, elle est surtout dans le néant de ces cœurs enflés d'un orgueilleux mépris pour les dogmes de la morale et de la vertu ; elle n'est pas seulement dans les entreprises des factions qui détrônent le prince légitime, elle est surtout dans la propagation des doctrines irréligieuses qui voudraient détrôner le Souverain suprême, le maître des siècles et des rois ; oui, elle est dans la révolte des esprits contre l'existence d'un Dieu et l'authenticité de son culte ; elle est dans la rupture insensée des anneaux de cette chaîne merveilleuse qui, unissant le ciel à la terre, joignait ensemble toutes les puissances morales, depuis la puissance paternelle jusqu'à la puissance divine. Aussi, messieurs, quelque différentes que puissent être leurs opinions politiques, les membres de l'une et de l'autre Chambre se sont-ils réunis pour punir dans la loi du 17 mai tout *outrage a la morale publique et religieuse :* ce sont les expressions de l'article 8 de cette loi. Et vous, juges-citoyens, vous chargés de faire respecter les lois qui sont l'expression publique sanctionnée par le monarque, où puiseriez-vous le motif d'une indulgence qui ne serait qu'un déplorable exemple d'impunité ? Car enfin, lorsque la loi du 17 mai sévit contre tout outrage à la morale publique et religieuse commis par des écrits ou des paroles, ne verrez-vous pas un outrage de cette espèce dans les vers où le sieur de Béranger dit que *l'église est l'asile des cuistres, et que les rois en sont les piliers ?* Et si la morale religieuse n'est autre chose que la morale enseignée par la religion, n'est-ce pas l'outrager, en effet, que de dénaturer, comme le fait le prévenu, l'idée que nous devons avoir de l'Éternel, de qui découle toute morale, puisque sans lui il n'y aurait que des intérêts menaçants et rivaux ? N'est-ce pas l'outrager que de faire tenir à Dieu un discours absurde et où il désavoue le culte qu'on lui rend, où il se dit étranger à ce monde, où il engage à ne pas croire un mot de ce qu'apprennent en son nom les ministres de la religion, et dans lequel enfin il ne donne aux hommes, pour seule règle de conduite, qu'un précepte de libertinage.

« Le second chef de prévention n'est pas moins bien établi [1].

« L'art. 5 de la loi du 9 mai énonce les faits qui sont réputés provocation aux délits, et parmi ces faits elle range le port public de tout signe extérieur de ralliement non autorisé. Les art. 1 et 3 considèrent comme complice de ce délit, quiconque, par des discours, des écrits ou toutes autres voies de provocation, aurait excité à le commettre, sans que d'ailleurs la provocation ait été suivie d'effet. Cette dernière disposition s'applique formellement au sieur de Béranger qui, dans sa chanson intitulée *le Vieux Drapeau*[2], excite à déployer le drapeau tricolore, que de nombreux exploits ont sans doute illustré, mais qu'on ne saurait arborer sans se rendre coupable de rébellion.

« C'est un des stratagèmes les plus familiers aux écrivains de parti, que de chercher à passionner les souvenirs des militaires français, à leur montrer la paix comme un opprobre, et la guerre comme un droit dont ils sont indûment frustrés. Vainement ces braves soldats que la gloire a rendus à la nature ont-ils noblement déposé les armes à la voix du père de la patrie, parce qu'ils savent que son aveu fait seul une vertu du courage; vainement ils se félicitent de retrouver, après un long exil où les condamna la victoire, et les champs paternels et les affections domestiques.

« Voilà que dans cet Élysée, où se repose leur valeur, le serpent de la sédition voudrait ramper

---

[1] Le second chef avait pour objet le délit d'*offense à la personne du roi*. Il paraît que M. l'avocat-général n'a pas jugé à propos de donner cette partie de son manuscrit au *Moniteur*. Nous ne nous permettrons pas d'y suppléer

2. Tome III, page 66.

entre leurs lauriers, les souiller de son fiel impur, les flétrir d'un souffle de vertige et d'erreur. Écoutez les insinuations et les hypocrites doléances que cet esprit de tentation prête à des guerriers fidèles ; à l'entendre, ces guerriers ne sont que des êtres humiliés et déchus. Parce que les royaumes ne sont plus jetés devant eux comme une proie, il leur fait répandre des larmes imaginaires sur le malheur de la France, qui, au lieu de l'avantage d'être dépeuplée par des triomphes ou ruinée par des revers, subit aujourd'hui une prospérité inespérée sous le joug nouveau de ces Bourbons qui ne nous gouvernent que depuis des siècles. Sensibilité homicide qui gémit de ne plus voir l'Europe dévastée ! Dévouement égoïste qui regrette de ne plus voir les champs de bataille transformés en arènes par l'ambition et l'intérêt personnel !

« Le sieur de Béranger a tenté dans vingt chansons de pervertir ainsi l'esprit militaire, notamment dans celle qui a pour titre *le Vieux Drapeau.* » (Ici M. l'avocat=général donne lecture de cette chanson, et continue ainsi :)

« Après avoir entendu de pareils vers, on se demande si c'est bien là le genre de la chanson badine et légère pour laquelle on réclamera votre indulgence. L'auteur appelle cette pièce une chanson, il la met sur l'air : *Elle aime à rire, elle aime à boire;* mais tout cela ne saurait détruire son caractère hostile et sombre. Qu'on nous dise en quelle circonstance elle pourrait être chantée sans devenir un manifeste et une offense. Serait-ce dans un repas de corps, dans une garnison, dans une marche militaire, dans les villes ou dans les campagnes ? elle ne peut être chantée que dans un attroupement de conjurés, et pour servir de signal à l'insurrection ;

voilà sa vocation, voilà le secret de sa naissance[1]. »

M. Marchangy ajoute que cette chanson fut imprimée clandestinement, qu'elle était calculée pour agir sur l'esprit des soldats, et pour seconder des machinations coupables. Cette démonstration lui fournit un moyen oratoire. Il discute ensuite le chef de prévention relatif aux offenses contre la personne du roi, et termine en ces mots :

« Certes, la gaîté française a des droits ; mais si elle devenait tellement exigeante qu'il fallût lui sacrifier l'honnêteté publique, la religion, les lois, le bon ordre et les bonnes mœurs ; si elle ne devait vivre désormais qu'aux dépens de la décence, de la foi, de la fidélité ; mieux vaudraient la tristesse et le malheur, car du moins il y aurait là de graves sentiments qui ramèneraient à l'espérance et à la Divinité.

« Oui, la gaîté française a bien des droits ; mais, au lieu de la chercher dans la fange de l'impudicité et dans l'aride poussière de l'athéisme, qu'elle butine, ainsi que l'abeille, sur tant de sujets aimables et gracieux qu'ont effleurés des chansonniers célèbres, dont la gloire innocente est une des belles fleurs de notre Pinde. Eh quoi! sera-t-elle plus expansive et plus libre, quand, au milieu d'un festin de famille et de bon voisinage, elle aura insulté à la piété d'un convive et blessé ses opinions ; quand elle aura appris à l'artisan, au laboureur courbé sous de pénibles travaux, des couplets impies contre une religion qui venait le consoler, et contre un Dieu qui promet d'essuyer les sueurs et les larmes ?

« Ah! si le caractère français a perdu de son en-

---

[1] Ici M. l'avocat général a donné lecture d'une lettre du ministre de la police (M Mounier), qui dénonce cette chanson comme ayant été répandue et chantée dans les casernes.

jouement, qu'il ne s'en prenne qu'aux déceptions et aux systèmes dont le sieur Béranger s'est fait l'interprète; qu'il s'en prenne à l'aigreur des discussions politiques, à l'agitation de tant d'intérêts sans frein et sans but, à cette fièvre continue, au malaise de ceux qui, rebutant la société, la nature et la vie, ne trouvent plus en elles ni repos, ni bonheur, parce qu'en effet il n'en est pas sans illusions, sans croyances, sans harmonie. L'esprit dogmatique a dissipé les illusions; l'esprit fort a détruit les croyances; l'esprit de parti a troublé l'harmonie. Est-ce donc un des fauteurs de ces tristes changements qui doit se plaindre de leurs tristes conséquences? qu'il ne se plaigne pas non plus si la chanson, par suite de sa décadence et de sa honteuse métamorphose, est venue des indulgentes régions qu'elle habitait jusqu'à ces lieux austères qu'elle n'eût dû jamais connaître; qu'il n'accuse pas d'intolérance et de trop de rigueur des magistrats affligés d'avoir à sévir contre l'abus du talent. Non! qu'il ne les accuse pas; car il lui était plus facile de ne pas publier son ouvrage qu'il ne l'était à ces magistrats responsables envers la société de rester sourds à la voix de leur conscience, en ne réprouvant pas ce que réprouvent la religion, la morale et la loi. »

M. Dupin demande quelques instants pour mettre ses notes en ordre.

Monsieur le président consulte la cour et accorde au défenseur ce qu'il désire.

Au bout de quelques minutes l'audience est reprise, et *M. Dupin* lit les conclusions suivantes :

« Attendu que plusieurs des chansons comprises dans l'arrêt de renvoi sont couvertes par la prescription de six mois écoulés depuis leur publication, aux termes de l'article 29 de la loi du 26 mai 1819, et que d'ailleurs monsieur l'avocat-général a déclaré ne vouloir pas insister à cet égard;

« Il plaira à la cour ordonner que lesdites chansons seront distraites de l'accusation. »

Monsieur le président : Plaidez-vous ce moyen?

M. Dupin : Monsieur l'avocat-général ayant déclaré renoncer à attaquer les chansons comprises dans le premier volume, si je n'ai point d'adversaire, je n'ai point à plaider.

Monsieur le président : Le ministère public n'a pas précisément déclaré renoncer à l'accusation sur cet objet.

M. Marchangy : J'ai dit seulement que l'acte d'accusation contient des chansons sur lesquelles je ne m'appesantirai pas.

M. Dupin : En ce cas je vais plaider ce moyen, comme préjudiciel.

Monsieur le président : Il y a un arrêt qui renvoie ces chansons devant la cour.

M. Marchangy : Cet arrêt a force de chose jugée.

M. Dupin : Je soutiens le contraire : la cour en décidera.

Monsieur le président : Plaidez.

M. Dupin :

« Messieurs,

« On dit vulgairement que la prescription est la *patronne du genre humain.* Si cela est vrai lorsqu'on l'invoque dans l'intérêt de la propriété, à plus forte raison lorsqu'elle sert à protéger la liberté des personnes.

« En droit, l'article 29 de la loi du 26 mai 1819 dit que « l'action publique contre les crimes et délits
« commis par la voie de la presse, ou tout autre
« moyen de publication, se prescrira par six mois

« révolus, à compter du fait de publication qui don-
« nera lieu à la poursuite.

« Pour faire courir cette prescription de six mois,
« la publication d'un écrit devra être précédée du
« dépôt et de la déclaration que l'éditeur entend le
« publier. »

« En fait, il est attesté, par les récépissés délivrés
à la direction de la librairie, que la déclaration exi=
gée par l'article précité a été faite en 1815 ;

« Donc toutes les pièces contenues dans le volume
imprimé en 1815, par suite de cette déclaration,
sont couvertes par la prescription.

« Il en faut dire autant de la chanson des *Mission=
naires*[1] *:* elle a été insérée dans un recueil publié
depuis plus de six mois.

« Que peut-on opposer à cette exception si tran=
chante ? Je n'en sais rien ; car, d'une part, le mi=
nistère public ne veut point combattre ouvertement
la prescription : et de l'autre, il semble craindre de
s'y soumettre. J'avoue que je n'aime point ces demi-
concessions, et j'eusse préféré sans difficulté une
accusation franche à un système incertain de poursuite qui ne nous laisse ni dehors ni dedans.

« Opposera-t-on (comme dans l'arrêt de renvoi)
« que la réimpression d'un ouvrage est un *nouveau*
« *fait* qui constitue un *nouveau délit* ? »

« Ce système est inadmissible : il est en opposition
directe avec l'esprit de la loi du 26 mai. Lors de la
discussion de cette loi, les délits de la presse ont été
considérés sous leur véritable point de vue : on a
séparé les délits en eux=mêmes de l'instrument qui
peut servir à les commettre ; cette distinction a
frappé par sa justesse ; elle a saisi tous les esprits.

1. Tome II, page 7.

Le délit est dans la pensée coupable de l'auteur; c'est l'auteur et l'intention dans laquelle il a écrit qu'il faut juger. Le délit ne réside pas dans le fait matériel de la publication :

La presse est une esclave et ne doit qu'obéir.

La preuve est que les imprimeurs ou vendeurs ne sont poursuivis qu'autant qu'ils ont agi *sciemment*, et qu'ils se sont, en connaissance de cause, associés à la pensée coupable de l'auteur.

« La pensée une fois émise et publiée, il y a ou il n'y a pas délit. La réimpression ne constituera pas un délit nouveau. Pour cela il faudrait une seconde, une nouvelle pensée qui fût coupable; tandis que la réimpression n'est que le fait matériel de la presse, fait auquel l'auteur reste le plus souvent étranger.

« Quel est le fondement de la prescription ordinaire ? Au civil, elle fait présumer le paiement, au criminel, elle vaut quittance de la peine, elle emporte absolution.

« Favorable lorsqu'il s'agit de délits ordinaires, elle l'est bien davantage dans les délits de la presse.

« En effet, supposez un meurtre commis, une condamnation à mort déjà prononcée; la prescription effacera un crime réel; elle sauvera le coupable d'une peine méritée.

« Au contraire, le silence gardé par le ministère public, après la mise en vente d'un livre ou d'un écrit, empêche qu'on ne puisse supposer même qu'il y a délit; chacun doit croire qu'il n'y en a pas, puisque l'autorité informée de la publication par le dépôt, l'autorité si vigilante surtout en cette matière, n'a pas poursuivi dans le délai fixé.

« Le système que je combats serait une source

d'inexplicables contradictions. Ainsi désormais tout dépendrait du hasard, et non du fond des choses. Le même ouvrage aura deux éditions; l'une ancienne, l'autre récente. Cet ouvrage sera innocent si l'on saisit le volume qui porte le millésime de 1815; il sera coupable s'il porte celui de 1821.

« Ajoutons à ces raisonnements d'autres considérations non moins puissantes.

« Un assassin, un voleur de grand chemin, un faussaire, sont tranquilles au bout d'un certain temps; ils restent sans doute aux prises avec le remords, mais enfin ils n'ont plus à redouter les poursuites de l'autorité. Et un auteur devra trembler toute sa vie! Après lui, sa femme et son libraire courront les mêmes dangers, puisque aucune publication antérieure, bien que non poursuivie, n'aura mis les réimpressions du même ouvrage à l'abri de nouvelles poursuites!

« Il y a mieux encore, ou plutôt nous allons trouver pis: il pourrait y avoir chose jugée contre, et jamais chose jugée en faveur de l'auteur. En effet, qu'un livre soit condamné, sa suppression est ordonnée; si l'auteur le réimprime, on juge qu'il est contrevenu à l'arrêt; et il sera condamné pour ce seul fait au maximum de la peine, sans nul examen: il suffira de constater l'identité des choses réimprimées avec celles qui ont été condamnées.

« Supposons, au contraire, que ce même auteur ait été absous à l'unanimité par un jury, il se croira autorisé à faire autant d'éditions de son ouvrage que bon lui semblera. Point du tout: s'il donne une nouvelle édition, encore bien qu'elle ne soit qu'une exacte réimpression de la première, on lui soutiendra que cette réimpression est un nouveau fait qui constitue un nouveau délit, et l'on pourra le traduire devant un second jury qui sera appelé à condamner le même ouvrage que le premier jury avait absous! — Ce ne serait pas seulement une violation des lois qui disent que tout individu acquitté ne peut plus être repris à raison du même fait qui a été l'objet de l'accusation, ce serait un leurre, une déception, une vraie surprise indigne de la justice.

« Je suis d'autant plus étonné, je ne dis pas de la résistance, puisqu'il n'ose pas ouvertement s'opposer, mais de l'hésitation du ministère public, que la question s'est déjà présentée, et que la prescription a été accueillie par l'arrêt de la cour rendu dans l'affaire du sieur Cauchois-Lemaire. Il y a même cette différence favorable au sieur de Béranger, que les fragments du sieur Cauchois-Lemaire étaient des articles de politique peu attrayants par eux-mêmes, et publiés dans une feuille assez peu répandue, tandis que le recueil des chansons du sieur de Béranger, précisément parce que c'étaient des chansons, avait obtenu la plus grande vogue, la plus entière publicité.

« Un mot échappé au ministère public tendrait à faire croire qu'il regarde l'arrêt de renvoi comme ayant à ce sujet *force de chose jugée,* parce qu'on ne s'est pas pourvu pour le faire casser.

« C'est une erreur ; ce n'était point ici le cas de se pourvoir. Si cet arrêt eût renvoyé le sieur de Béranger à la cour d'assises, pour s'être promené dans la rue, c'eût été le cas de se pourvoir en cassation, parce que le fait de se promener n'est pas un délit. Mais la prescription d'un délit n'empêche pas qu'il y ait eu délit : c'est une exception qui pourra être opposée en cour d'assises, et qui devra être accueillie ou rejetée, selon qu'elle se trouvera bien ou mal justifiée. Ainsi la chambre d'accusation a pu vous renvoyer la connaissance du délit qu'elle a cru remarquer. Mais, évidemment, elle n'a pas pu juger ni préjuger la question de prescription contre le prévenu qui n'a pas été appelé à se défendre devant elle.

« Non, messieurs, vous ne vous laisserez pas priver de votre plus belle prérogative! Vous ne vous placerez point aveuglément sous le joug d'un arrêt de renvoi. Un arrêt de renvoi ne juge rien par lui-même, c'est un simple arrêt de distribution de cause : il ne juge rien, si ce n'est que l'affaire sera portée à la cour d'assises pour y être jugée. Mais il ne vous enlève pas votre libre arbitre; il ne vous enlève pas le droit qui appartient à tout juge d'apprécier sa propre compétence. Si un tribunal correctionnel, saisi par un arrêt de renvoi d'une cause prétendue correctionnelle, s'aperçoit, à l'examen, que le fait est de nature à emporter une peine afflictive ou infamante, il peut, il doit renvoyer la cause, encore bien que la connaissance lui en ait été attribuée par un arrêt de la chambre d'accusation. De même, une cour d'assises reste juge de toutes les questions, exceptions et défenses qui seront proposées par l'accusé.

« C'est ce que vous avez pratiqué dans l'affaire du sieur Cauchois-Lemaire : les passages pour lesquels il opposait la prescription étaient bien certainement compris dans l'accusation, puisque vous avez ordonné qu'ils en seraient *distraits :* ils étaient effectivement *transcrits dans l'arrêt de renvoi;* et cependant vous n'avez pas cru que ce renvoi vous ôtât le droit d'admettre la prescription. De fait, vous l'avez accueillie, vous avez donc jugé que l'arrêt de renvoi n'emportait pas chose jugée. C'est précisément ce que je vous demande de consacrer par un nouvel arrêt. Il ne peut pas y avoir deux poids et deux mesures dans la même cour, et en présence du même Dieu[1], de qui émane toute justice. »

Après une demi-heure de délibération, la cour rentre, et monsieur le président prononce l'arrêt suivant :

« En ce qui touche la première partie des conclusions de Béranger ;

« Considérant que le ministère public n'a point requis la distraction d'aucun des chefs de prévention portés contre le sieur de Béranger, ce qui serait d'ailleurs hors de ses attributions ;

« Dit qu'il n'y a lieu à donner acte au prévenu de la déclaration qu'il attribue au ministère public.

« En ce qui touche la prescription ;

« Considérant que le moyen de prescription, invoqué par le prévenu devant les premiers juges, a été rejeté par l'arrêt de mise en prévention ; que cet arrêt n'a pas été attaqué par la voie du recours en cassation, seule voie qui lui était ouverte pour en suspendre l'exécution ; sans s'arrêter aux conclusions de Béranger, ordonne qu'il sera plaidé au fond. »

Aussitôt après la prononciation de l'arrêt, Mᵉ Dupin commence sa plaidoirie sur le fond. Il s'exprime en ces termes :

« Messieurs les jurés,

« Un homme d'esprit a dit de l'ancien gouvernement de la France, que c'était *une monarchie absolue tempérée par des chansons.*

« Liberté entière était du moins laissée sur ce point.

« Cette liberté était tellement inhérente au carac-

1. Le Christ est placé au-dessus du tribunal où siege la cour.

tère national, que les historiens l'ont remarqué. — « Les Français, dit Claude de Seyssel, ont toujours eu licence et liberté de parler à leur volonté de toute sorte de gens, *et même de leurs princes,* non pas après leur mort tant seulement, mais encore de leur vivant et en leur présence[1]. »

« Chaque peuple a sa manière d'exprimer ses vœux, sa pensée, ses mécontentements.

« L'opposition du taureau anglais éclate par des mugissements.

« Le peuple de Constantinople présente ses pétitions la torche à la main.

« Les plaintes du Français s'exhalent en couplets terminés par de joyeux refrains.

« Cet esprit national n'a pas échappé à nos meilleurs ministres : pas même à ceux qui, d'origine étrangère, ne s'étaient pas crus dispensés d'étudier le naturel français.

« Mazarin demandait : Eh bien ! que dit le peuple des nouveaux édits ? — Monseigneur, le peuple chante. — *Le peuple cante,* reprenait l'Italien, *il payera :* et, satisfait d'obtenir son budget, le Mazarin laissait chanter.

« Cette habitude de faire des chansons sur tous les sujets, sur tous les événements, même les plus sérieux, était si forte et s'était tellement soutenue, qu'elle a fait passer en proverbe qu'en France *tout finit par des chansons.*

« La Ligue n'a pas fini autrement : ce que n'eût pu faire la force seule, la satire Ménippée l'exécuta[2].

[1]. Claude de Seyssel, archevêque de Turin, auteur d'une bonne *Histoire de Louis XII* et du livre de la *Monarchie française.* Il est très remarquable que dans ce livre, imprimé en 1519, l'auteur met le parlement au-dessus du roi.

[2]. ....*Ridiculum acri*
Fortius ac melius magnas plerumque secat res.

« Que de couplets vit éclore la Fronde ! Les baïonnettes n'y pouvaient rien.

> Au Qui vive d'ordonnance
> Alors prompte à s'avancer,
> La chanson repondait : *France !*
> Les gardes laissaient passer

« Aujourd'hui qu'il n'y a plus de *monarchie absolue*, mais un de ces gouvernements nommés *constitutionnels*, les ministres ne peuvent pas supporter la plus légère opposition ; ils ne veulent pas que leur pouvoir soit tempéré *même par des chansons*.

« Leur susceptibilité est sans égale... Ils n'entendent pas la plaisanterie... et sous leur domination, il n'est plus vrai de dire : *Tout finit par des chansons*, mais tout finit par des procès.

« Nous allons donc plaider.

« Les chansons de M. de Béranger sont déférées aux tribunaux.

« Monsieur l'avocat-général a fait de ces chansons le plus grand éloge auquel leur auteur pût aspirer, il a prétendu que ce n'étaient point de véritables *chansons*, mais des *odes*.

« Il est vrai qu'il n'a vu là qu'une altération du genre ; à l'en croire, on ne devrait regarder comme chansons proprement dites que des ponts-neufs et les couplets de pure gaîté : nous, au contraire, nous trouvons ici un perfectionnement qui tient, pour les chansons comme pour tout le reste, à l'élan général de tous les esprits.

« Oui, j'en conviendrai, les chansons de Béranger ne sont pas des *vers à Chloris*; plusieurs d'entre elles s'élèvent jusqu'à l'ode : excepté quelques rondes consacrées au vin et à l'amour, notre poëte célèbre plus volontiers la bravoure, la gloire, les services rendus à la patrie, l'amour de la liberté!...

« Un auteur, dit-on, se peint dans ce qu'il écrit.

« Nous trouvons le caractère de Béranger dans ses ouvrages; indépendant par caractère, pauvre par état, content à force de philosophie, n'attaquant que le pouvoir et ses abus, et du reste, pouvant dire de lui ce que bien peu de gens aujourd'hui pourraient dire d'eux-mêmes : *Je n'ai flatté que l'infortune.*

« Sa première chanson politique fut *le Roi d'Yvetot*... Cette chanson, dirigée contre Napoléon, au plus haut point de sa puissance, eut une grande vogue à Paris, surtout au faubourg Saint-Germain, ou l'on avait du moins conservé le courage de rire à huis clos.

« Napoléon, qui savait bien, a-t-on dit, que *du sublime au ridicule il n'y a qu'un pas*, Napoléon eut le bon sens de ne pas se reconnaître dans cette chanson. L'auteur ne fut pas poursuivi par les procureurs alors impériaux, aujourd'hui royaux; il ne fut pas même destitué par l'Université, toute impériale qu'elle était.

« Les chansons de Béranger s'étaient accrues au point de former un volume. En novembre 1815, le sieur Poulet, imprimeur, fit à la direction de la librairie la déclaration qu'il allait les imprimer sous le titre de *Chansons morales et autres.*

« Elles parurent, et n'excitèrent aucune poursuite en 1815; la fureur même de 1816 ne produisit aucun réquisitoire; et l'auteur continua de garder sa place.

« De nouvelles chansons sont venues depuis augmenter les premières et fournir la matière d'un second volume. Le premier était épuisé : les pièces composées récemment étaient dans toutes les mémoires et dans toutes les bouches; on pressa l'auteur de donner une édition complète.

« On a cru faire un grand reproche à Béranger en appelant cela une *spéculation*, et en prétendant d'ailleurs que la souscription n'avait été remplie que par *des amis*.

« Je répondrai d'abord, avec Boileau, qu'un auteur, et surtout un auteur destitué de place et de pension,

> Peut sans honte et sans crime,
> Tirer de son travail un profit légitime ;

et j'ajouterai, pour repousser la dernière partie de l'objection, qu'au lieu de blâmer, il faudrait féliciter de son rare bonheur l'homme accusé qui compterait ses amis au nombre de dix mille !

« Dans cette nouvelle édition (dont le premier volume n'est qu'une exacte réimpression de celui de 1815), on remarque un assez grand nombre de chansons politiques. On peut citer principalement celles-ci :

« *La requête présentée par les chiens de qualité, pour qu'on leur rende l'entrée libre au jardin des Tuileries :*

> Puisque le tyran est à bas,
> Laissez-nous prendre nos ébats.

« *La Censure*, qui intervient si puissamment dans le récit des accusations pour délits de la presse, et qui ne permet pas même d'imprimer textuellement les arrêts de la cour, quand ces arrêts lui déplaisent :

> Que sous le joug des libraires,
> On livre encor nos auteurs

> Aux censeurs, aux inspecteurs,
> Rats de cave littéraires.
> Riez-en avec moi.
> Ah ! pour rire
> Et pour tout dire,
> Il n'est pas besoin, ma foi,
> D'un privilége du roi.

« *Le Ventru, ou Compte rendu de la session de 1818, aux électeurs du département de***, par M****; chanson devenue européenne :

> Quels dînes,
> Quels dînés,
> Les ministres m'ont donnés !
> O que j'ai fait de bons dînés !

« *Le Dieu des bonnes gens;* morceau sublime où l'auteur a véritablement atteint à ce que l'ode a de plus élevé :

> Un conquérant, dans sa fortune altière,
> Se fit un jeu des sceptres et des lois,
> Et de ses pieds on peut voir la poussière
> Empreinte encor sur le bandeau des rois.
> Vous rampiez tous . . . .

« *Le Vilain, le Marquis de Carabas, l'Alliance des peuples, le Vieux Drapeau;* et plus que tout cela, *les Missionnaires, les Capucins,* et jusqu'aux *Chantres de paroisse.*

« Enfin, et de même que le lion malade, avouant toutes ses peccadilles, disait, à la dernière extrémité :

> Même il m'est arrivé quelquefois de manger
> Le berger,

Béranger doit le confesser aussi, il a chansonné les ministres...; et même, il faut bien l'avouer encore, il n'a pas épargné quelques-uns des gens de robe qui se sont le plus signalés contre les écrivains par la *doctrine subtile des interprétations...*

« On éprouve parfois des pressentiments involontaires. L'auteur ne se dissimulait pas le danger auquel il s'exposait; il en parlait, mais en riant, selon sa coutume.

« Tel est le sujet de sa chanson intitulée *la Faridondaine* ou *la Conspiration des chansons.*

« Il y met en scène un homme de police, auquel il recommande de tout explorer, dénoncer, interpréter. Surtout, lui dit-il,

> Surtout transforme avec éclat
> La faridondaine
> En crime d'état.
> Donnons des juges sans jurì,
> Biribi,
> A la façon de Barbari,
> Mon ami.
>
> ... .
> Si l'on ne prend garde aux chansons,
> L'anarchie est certaine.

« Enfin il se disait à lui-même :

> J'ai trop bravé nos tribunaux [1].

« En effet, il ne devait pas tarder à y être traduit.

« Le 27 octobre 1821, Béranger est dénoncé par *le Drapeau blanc.* Son redoutable rédacteur gourmande les magistrats : « S'il n'y a pas eu *con-*
« *nivence*, dit-il, on ne peut du moins s'empêcher
« de remarquer l'étrange irréflexion de l'autorité
« *répressive.* »

« Dès le surlendemain (29 octobre), réquisitoire

---

[1] .... Dans leurs dédales infernaux
    J'entends Cerbère et ne vois point Minos.

au parquet. La saisie des exemplaires est ordonnée; mais, heureusement pour l'auteur, les *dix mille* avaient fait *retraite;* la police n'en put arrêter que quatre.

« Il n'y avait encore qu'un simple réquisitoire; mais comme, d'après la jurisprudence introduite sous le ministère actuel, tout homme dénoncé est nécessairement coupable, on débuta par priver M. Béranger de son emploi.

« Je pourrais ici m'élever contre cet injuste système du ministère actuel, d'exiger de tous les fonctionnaires un dévouement absolu à ses volontés, et même à ses caprices; de ne laisser à personne ce qu'on a toujours appelé la liberté de conscience, de dire aux électeurs par exemple : Vous nommerez *nos candidats*, ou vous serez incontinent destitués; aux députés : Vous voterez pour nous et avec nous, ou bien vous perdrez vos places; de vouloir ainsi associer à son action ce qu'on appelle aujourd'hui des *hommes sûrs*, pour tous les emplois, pour toutes les fonctions!... et de pousser la tyrannie jusqu'à dire, même à ceux qui ne font que des chansons : Vous chanterez pour nous, ou vous serez destitués !

« Mais, nous dit-on, était-il possible de tolérer dans l'instruction publique un employé qui professait de pareilles maximes?—Je réponds d'abord, pour le sieur Béranger, qu'il n'était pas dans le conseil royal d'instruction publique. Il était dans un coin du tableau, placé dans un endroit où il ne pouvait faire de sottises,... il était simple expéditionnaire. Il observait,... et quand il se présentait un sujet de chanson, il chansonnait.

« D'ailleurs on ne l'a pas destitué pour avoir fait *des chansons immorales;* celles que l'accusation a qualifiées ainsi appartiennent toutes au volume publié en 1815 ; c'était donc en 1815 qu'il eût fallu le destituer ; car alors, apparemment comme aujourd'hui, il était défendu d'offenser la morale... Mais l'auteur n'avait pas encore fait cette foule de *chansons politiques*, *antiministérielles* et *antijudiciaires*, qui seules ont irrité contre lui ; il n'avait pas encore célébré, dans ses vers, les missionnaires, les capucins, et tous ceux qui disent à l'envi l'un de l'autre :

>Éteignons les lumières
>Et rallumons le feu.

C'est là surtout ce qu'il ne faut pas perdre de vue.

« Quant aux formes de la destitution, elles ont, il faut en convenir, été très gracieuses ; il est impossible de renvoyer quelqu'un d'une manière plus polie : les termes du congé valent presque un certificat pour se présenter ailleurs. Laissons parler l'organe de l'Université : « Le conseil juge, monsieur, que, « d'après les avis qui vous avaient été donnés pré-« cédemment, vous avez *de vous-même renoncé* « à l'emploi que vous occupez dans l'administration, « lorsque vous vous êtes déterminé à la publication « de votre *second* recueil. — Recevez l'assurance de « ma *parfaite considération*[1]. » (Éclats de rire universels.)

Monsieur le président : J'ai déjà prévenu l'auditoire qu'au moindre rire, au moindre manque de respect, je ferai évacuer la salle ; je répète que je remplirai le devoir que la loi m'impose.

M. Dupin : Cela peut me troubler moi-même, et l'on me rendra service en ne riant pas.

« Mais oublions la destitution, pour revenir au ré-

---

1. Et, jusqu'à je vous hais, tout se dit tendrement.

quisitoire. Béranger voit sa muse traduite au Palais-de-Justice :

> Suivez-moi,
> C'est la loi,
> Suivez-moi, de par le roi [1].

Il comparaît, il n'est pas peu surpris de s'entendre proposer des questions si graves sur un fonds si léger ; et, comme il l'a raconté depuis, de

> Voir prendre à ses ennemis,
> Pour peser une marotte,
> La balance de Thémis.

Quoi qu'il en soit, il répond de bonne grâce et de son mieux. Sur les premières chansons, il oppose la prescription ; quant aux autres, il déclare ne pas savoir ce qu'elles ont de contraire à la loi.

« Ces réponses sont loin de satisfaire le parquet ; et le 5 novembre paraît un réquisitoire *ampliatif*. Cinq chansons seulement avaient paru coupables à une première lecture ; mais, en y regardant de plus près, en y réfléchissant bien, le second réquisitoire en signale *quatorze* [2] !

« Nouvel interrogatoire subi par la muse : mêmes réponses que précédemment.

« Enfin, le 8 novembre 1821, ordonnance de la chambre du conseil qui admet l'exception de prescription pour toutes les pièces comprises au premier

---

1. Refrain d'une chanson de M. de Beranger, intitulée *ma première visite au Palais de Justice*.

2. Cela rappelle le trait de ce chirurgien de village qui, après avoir décrit minutieusement jusqu'aux moindres contusions qu'il avait remarquées sur un cadavre qu'il était chargé de visiter, ajoutait après la clôture de son procès-verbal : *Plus, un bras cassé, dont nous ne nous étions pas d'abord aperçus*.

volume, et déclare qu'il y a lieu à suivre pour le surplus; et le 27 du même mois, sur l'opposition à cette ordonnance, formée à la requête du ministère public, et par suite d'un troisième réquisitoire, arrêt de la chambre d'accusation qui, sans s'arrêter à la prescription objectée, renvoie sur le tout à la cour d'assises.

« Cet arrêt établit quatre chefs d'accusation :
« 1° Outrage aux bonnes mœurs ;
« 2° Outrage à la morale publique et religieuse ;
« 3° Offense envers la personne du roi ;
« 4° Provocation au port public d'un signe extérieur de ralliement.

« Vous venez d'entendre le réquisitoire qui contient le développement donné, pour la première fois, à cette vaste incrimination.
« J'y dois répondre à l'instant: mais, avant d'entrer dans la discussion de chacun des chefs d'accusation, qu'il me soit permis, à l'exemple du ministère public, de présenter aussi quelques considérations générales.
« Le premier sentiment qu'a fait naître ce procès a été l'étonnement. Un procès pour des chansons!... en France!... et cela vous explique, messieurs, l'immense affluence que nous voyons au Palais. Dans tous les cercles on s'est dit: Allons voir ce singulier procès; on n'en a jamais vu de semblable; jamais on n'en verra de pareil, profitons de l'occasion.
« Des gens moins frivoles l'ont considéré sous d'autres rapports: ils l'ont regardé comme imprudent, et surtout comme impolitique. Les uns, dont

la *Gazette de France*[1] s'est rendue l'organe, ont fait les réflexions suivantes :

« Les véritables conspirateurs ne rient jamais ; « aimable et douce opposition qui s'évapore en flons « flons, en brochures, en plaisanteries plus ou moins « ingénieuses, les gouvernements n'en ont rien à « redouter ; c'est avec d'autres armes qu'on les « ébranle. »

« Les autres, et il faut le dire, presque tous, se sont écriés : Quelle maladresse ! que c'est mal connaître le cœur humain ! On veut arrêter le cours d'un recueil de chansons, et l'on excite au plus haut point la curiosité publique ! On voudrait effacer des traits qu'on regarde comme injurieux, et de passagers qu'ils étaient par leur nature, on les rend éternels, comme l'histoire à laquelle on les associe ! Au lieu de les détourner de soi, on vient avouer qu'ils ont frappé droit au but, on se dit percé de part en part ! Rappelez-vous donc ce qu'on lit dans Tacite : « Les « injures qu'on méprise s'effacent : celles qu'on « relève, on est censé les avouer : » *Spreta exolescunt ; si irascaris, agnita videntur.*

« Si l'on pouvait en douter, il serait facile d'interroger l'expérience : elle attesterait que toutes les poursuites de ce genre ont produit un résultat contraire à celui qu'on s'en était promis.

« M. de Lauraguais écrivait au parlement de Paris : *Honneur aux livres brûlés !*

Il aurait dû ajouter ; *Profit aux auteurs et aux libraires !* Un seul trait suffira pour le prouver. En 1775, on avait publié contre le chancelier Maupeou des

---

1. Numéro du 12 novembre 1821. Il faut lui en savoir gré.

couplets satiriques, au nombre desquels se trouvait celui=ci :

>Sur la route de Chatou
>Le peuple s'achemine,
>Sur la route de Chatou,
>Pour voire la f.. mine
>Du chancelier Maupeou,
>Sur la rou..
>Sur la rou...
>Sur la route de Chatou.

« Faire une chanson contre un chancelier, ou même contre un garde des sceaux, c'est un fait grave. Maupeou, piqué au vif, fulminait contre l'auteur, et le menaçait de tout son courroux s'il était découvert. Pour se mettre à l'abri de la colère ministérielle, le rimeur se retira en Angleterre, et de là il écrivit à M. de Maupeou en lui envoyant une nouvelle pièce de vers : « Monseigneur, je n'ai
« jamais désiré que 3,000 francs de revenu : ma
« première chanson qui vous a tant déplu m'a pro-
« curé. uniquement parce qu'elle vous avait déplu,
« un capital de 30,000 francs, qui, placé à cinq
« pour cent, fait la moitié de ma somme. De grâce,
« montrez le même courroux contre la nouvelle sa-
« tire que je vous envoie ; cela complètera le revenu
« auquel j'aspire, et je vous promets que je n'écri-
« rai plus. »

« En continuant mes observations générales sur le procès de M. Béranger, je vous prierai de ne pas vous arrêter au prétexte, mais d'approfondir la véritable cause : c'est une pure vengeance ministérielle exercée par des hommes dont l'amour-propre trop sensible a été vivement blessé, et qui ne veulent pas plus d'une opposition en vers que d'une opposition en prose.

« L'embarras de l'accusation se décèle par ses propres incertitudes. Trois réquisitoires peu d'accord entre eux... »

(Ici monsieur l'avocat-général interrompt le défenseur et lui dit que le dernier n'a pas été rédigé par lui.—Le défenseur répond qu'il importe peu par qui il ait été rédigé ; que tous les officiers du parquet sont également capables de rédiger des réquisitoires ; qu'en fait, il les tient tous trois à la main, et que leur analyse va justifier son assertion. Il reprend en ces termes.)

« Trois réquisitoires peu d'accord entre eux, et modifiés soit par l'ordonnance de la chambre du conseil, soit par l'arrêt de la chambre d'accusation.

« Le premier, du 20 octobre, qui ne signale comme coupables que *cinq chansons*; celui du 5 novembre, qui en dénonce *quatorze*; l'ordonnance de la chambre du conseil, qui admet la prescription contre le plus grand nombre ; un troisième réquisitoire, du 20 novembre, qui reproduit l'accusation contre *douze* pièces, parmi lesquelles on voit figurer *les Mirmidons*[1], qui avaient échappé aux deux premiers réquisitoires ; enfin, l'arrêt de renvoi qui fixe définitivement le nombre des pièces arguées, et dont il résulte que *les Mirmidons* sont mis hors de cause.

« Telle est l'accusation ; et j'ose dire que toutes les difficultés dont elle est environnée n'ont pas diminué par le choix même de l'accusateur, quel que soit d'ailleurs son talent...

---

[1] Tome II, page 37

« A ces considérations sur la forme et la singularité de l'action, s'en joignent d'autres sur le fond; et celles-ci ne se recommandent pas moins à votre attention.

« La justice distributive ne s'exerce qu'à l'aide d'une foule de distinctions. Dans les accusations de la presse, il faut surtout éviter de confondre les divers genres. S'agit-il d'un livre d'éducation, soyez sévères : *Maxima debetur puero reverentia*. Punissez le moindre écart. Non seulement toute fausse maxime, toute idée trop libre est pernicieuse dans ces sortes d'ouvrages; mais l'équivoque même en doit être bannie; la jeunesse ne doit lire que dans le livre de la vertu.

« Avez-vous à juger un sermonnaire; si aux maximes de la charité chrétienne l'imprudent orateur a substitué le langage de la haine et des partis; si, sous prétexte d'attaquer les vices, il en a tracé le tableau avec les pinceaux de l'obscénité, punissez avec sévérité le prédicateur qui a perdu de vue le véritable esprit de son ministère, et qui s'en est permis un coupable abus.

« Que, dans un ouvrage sur la politique, on excuse, on justifie, ou même que l'on conseille le régicide, comme l'ont fait les jésuites ; condamnez l'ouvrage t l'auteur, tout ainsi que le parlement condamna jadis les jésuites et leurs doctrines.

« Mais, si dans une tragédie on poignarde Agamemnon, direz-vous également qu'on met le régicide en action? Non, messieurs, vous n'y verrez qu'un sujet habilement traité, où l'auteur, suivant les règles de son art, nous conduit au dénouement par la terreur et la pitié.

« Lorsque, dans un poéme moins sérieux, vous voyez *Henri V* en bonne fortune, déguisé en matelot, à la taverne du *Grand Amiral*, sous l'escorte du plus mauvais sujet des trois royaumes ; lorsque, dans *la Partie de Chasse de Henri IV*, on nous représente sur la scène le bon roi mettant le couvert avec la fille de Michau, et la poursuivant autour de la table pour lui dérober un baiser ; en conclurez-vous que par ces jeux scéniques on veut avilir les rois et diminuer le respect dû à la royauté ? = Non, messieurs, vous ne verrez encore là que l'effet d'un art permis :

Et toujours aux grands cœurs donnez quelques faiblesses

« Or, si la tragédie et la comédie jouissent de ce privilége de n'être pas traitées avec la même rigueur que les livres de politique et de pure morale, parce qu'elles ne doivent pas être considérées sous le même point de vue, de quelle liberté plus grande encore ne doit pas jouir le plus léger de tous les poëmes, la chanson !

« Faisons attention d'ailleurs au goût que notre nation a manifesté de tout temps pour ce genre de composition. Vainement on nous dit d'un air sombre que *le Français n'a plus son ancienne gaîté :* j'en demande pardon au ministère public ; la gaîté de nos pères est encore celle de leurs enfants ; aucune loi, aucun procès ne pourra nous empêcher de rire ; et la gaîté franche, ainsi que la bravoure, seront toujours les traits les plus marqués du caractère français.

« Boileau nous l'a dit :

Le Français né malin créa le vaudeville
. . . .
La liberté française en ses vers se déploie.

« Voilà les règles de la matière ; et je puis bien ,

ce me semble, invoquer devant vous le législateur du Parnasse dans la cause d'un de ses plus fidèles sujets.

« Enfin, messieurs, j'aurais bien encore le droit de faire une observation préliminaire :

> Les vers sont enfants de la lyre,
> Il faut les chanter, non les lire

« Aussi dit-on communément que *c'est le ton qui fait la musique*. Il ne faut donc pas juger d'une chanson par ce qu'elle peut être dans la bouche d'un greffier, encore bien que celui-ci ait lu avec une grâce à laquelle ses prédécesseurs ne nous avaient pas accoutumés (murmure d'approbation). Il ne faut même pas en juger par ce qu'elle peut être dans la bouche du ministère public ; sa voix est habituée à de trop sévères accents. Les chansons qui vous sont déférées n'ont pas été composées sur l'air *de l'accusation*, ni faites pour être débitées gravement par gens en robe et en bonnet carré.

« Chez ce peuple ami des arts et doué d'une sensibilité si vive, où la justice n'était pas seulement une manière de voir et de raisonner, mais aussi une manière de sentir et d'être touché ; devant ce tribunal où Sophocle, pour repousser une demande en interdiction, n'eut besoin que de réciter les beaux vers de son *Œdipe,* on n'eût pas manqué d'ordonner *d'office* que les couplets, ou, si l'on veut, les *odes*, seraient chantées à l'audience par les voix les plus mélodieuses, et sous la protection des plus délicieux instruments. On chantait en présence de toutes les divinités ; on eût chanté dans le temple de la justice. Lorsqu'on fit le procès à la lyre de Therpandre, on ne manqua pas de la faire résonner pour la convaincre d'harmonie.

« Si ce secours nous est ravi, j'espère au moins, messieurs, que vous nous en tiendrez compte. »

PREMIER CHEF D'ACCUSATION.

Outrage aux bonnes mœurs.

« On est sûr de vous intéresser, messieurs, lorsqu'on prend devant vous la défense des bonnes mœurs. Elles sont les gardiennes de la foi conjugale, du respect des enfants pour leurs pères ; elles prêtent leur force aux bonnes lois, corrigent les mauvaises, et sont la sauvegarde de la société.

« Que mon client serait malheureux de les avoir outragées !

« Mais prendrez-vous pour outrage ce qui n'a rien de sérieux ? Lorsque Collé (dont nous devons une nouvelle édition aux soins d'*un censeur*) nous dit dans l'élan de sa gaîté :

> Chansonniers, mes confrères,
> Le cœur, les mœurs, ce sont des chimères
> Dans vos chansons légères,
> Traitez de vieux abus,
> De phébus,
> De rébus,
> Ces vertus
> Qu'on n'a plus.

peut-on prendre à la lettre et traiter à la rigueur ce qui n'est évidemment qu'un badinage ? Ici viennent se placer mes observations préliminaires sur les divers degrés de sévérité qu'on doit apporter en jugeant des ouvrages de différents genres.

« Ce n'est pas que je prétende justifier, sous le rapport des simples *bienséances*, ce qui ne serait même que tant soit peu équivoque ; mais, au moins, je l'absous du reproche de *criminalité*. Il ne s'agit pas de décerner l'éloge, mais de repousser la culpabilité. Or, je soutiens qu'on ne doit regarder comme un *outrage aux bonnes mœurs*, dans le sens *légal*, que les obscénités, et non les idées voluptueuses gazées avec art.

« Il vaut mieux éviter toute licence. Mais lorsqu'il s'agit uniquement de savoir si un auteur a franchi les bornes permises, à défaut de règles précises et de limites clairement posées, on peut invoquer des exemples, surtout s'ils sont empruntés à des auteurs qu'on n'oserait pas taxer d'immoralité.

« Ouvrez donc les OEuvres de Bernis ; lisez ses pièces intitulées *le Soir*, *le Matin*, *la Nuit* (pièces pour lesquelles je n'affirme pas qu'il ait été nommé cardinal, mais enfin qui ne l'ont pas empêché de l'être presque aussitôt après leur première édition), et voyez si, dans les chansons de Béranger, il y a rien d'approchant ; rien de comparable aux *gaîtés* qui se font remarquer dans les chansons de l'un des princes de l'église romaine !

« Le duc de Nivernais, homme d'esprit, homme de cour, l'un des plus grands seigneurs de l'ancien régime, a-t-il eu à rougir de sa *Gentille boulangère* et de *ses petits pains au lait ?* Et pourtant cette chanson fut faite pour une tête couronnée !

« Et cette autre chanson si connue de la ville et de la cour : *J'ai vu Lise hier au soir !*

« Enfin, je pourrais aller chercher des exemples encore plus haut, et citer le spirituel auteur du couplet qui commence par ce vers....., resté dans toutes les vieilles mémoires. Si je ne nomme point cet auteur, ce n'est pas que je craigne de le compromettre, il ne court aucun risque ; la prescription est acquise depuis longtemps, et certes les gens du roi ne le poursuivraient pas !

« Qui donc a inspiré ces chansons à leurs illustres auteurs, si ce n'est la gaîté, la grande liberté attachée à ce genre léger de composition?

« La chanson de Henri IV peut être encore alléguée pour exemple. *Vive Henri IV, vive ce roi vaillant*, est sans doute et sera toujours un cri national; mais ce qui suit : *Ce diable à quatre a le triple talent de boire, de battre, et d'être un vert galant*, qu'est-ce autre chose, je vous le demande, si ce n'est le triple éloge de l'ivrognerie, de la violence et du libertinage, autrement dit de l'adultère, puisque le bon roi était marié ?

« Voilà cependant ce qu'on chante avec passion, avec plaisir: on n'y trouve aucun mal, parce que l'on n'y voit que de la saillie et de la gaîté.

« En un mot, ce qui fait passer ces chansons, c'est que ce sont des chansons. Telle pensée, telle phrase, tel mot, seraient répréhensibles ailleurs, qui doivent trouver grâce dans un couplet, dans un refrain, ou même dans une églogue : témoin celle que l'on fait traduire aux écoliers de troisième dans tous les colléges, et même dans ceux des jésuites :

Formosum pastor Corydon ardebat Alexin
Delicias domini !

« Je ne m'étendrai pas davantage sur ce point, messieurs; je n'examinerai pas si M. Béranger n'eût pas mieux fait pour sa propre gloire, et pour rendre encore plus générale la vogue de son recueil, d'en retrancher quelques pièces un peu libres. Il suffit, pour la cause, qu'elles n'aient rien d'obscène ; et je réduis pour vous la question à ce seul point : Quel est celui d'entre vous qui, s'il n'a point fait de chansons, n'en ait pas du moins entendu de pareilles, sans y croire sa pudeur intéressée ?

« Je m'estime heureux, au surplus, de ce que, le ministère public ayant cru lui-même devoir déserter cette partie de l'accusation, je suis dispensé d'y insister plus longtemps.

« Je terminerai seulement par une réflexion : la cour a rejeté le moyen de prescription ; mais si le point de droit m'a été enlevé par l'arrêt, le fait me reste ; et dans une accusation où vous êtes, avant tout, appelés à apprécier l'*intention*; dans un procès où vous avez à juger une édition nouvelle, vous n'oublierez pas que le silence du ministère public, si vigilant de son naturel, surtout dans ce qui a rapport à la presse, a dû être pris pour une approbation; et vous vous demanderez si cet acquiescement de l'autorité n'était pas de nature à persuader à l'auteur que ce qui n'était pas punissable en 1815 ne devait pas, à plus forte raison, l'être en 1821, quand des mesures rigoureuses ont déjà disparu de notre législation.

« J'aborde le second chef d'accusation : il est plus grave encore que le premier. Si l'on en croit l'accusation, M. Béranger aurait outragé Dieu lui-même !

« C'est une étrange manie que celle des hommes qui prétendent se constituer les vengeurs de la Divinité !

« Les anciens, qui n'avaient pas le bonheur de connaître le vrai Dieu, avaient, dans leur philosophie mondaine, une maxime plus sage, à mon avis : ils pensaient qu'il faut laisser aux dieux le soin de se venger eux-mêmes : *Deorum injurias Diis curæ esse*.

Maxime que les lois romaines ont adoptée, en décidant que le parjure a assez de Dieu pour vengeur : *Jurisjurandi contempta religio satis Deum habet ultorem*. L. 2, C. *de Jurejur.*

« En effet, ces sortes d'actions ne servent ordinairement que de masque aux passions haineuses : les hommes se laissent aller trop aisément à l'idée que leur Dieu ressent toutes les passions dont ils sont animés; qu'il peut être, comme eux, vindicatif, envieux, colère, et surtout exterminateur.

« Telle était la théologie du paganisme. C'est là que l'on voit des dieux menteurs, ivrognes, incestueux, adultères; mais dans le christianisme, mais dans la religion d'un Dieu qui, loin de venger ses offenses, est mort pour racheter les nôtres, ah! messieurs! quel renversement d'idées que de supposer qu'on peut lui être agréable par des procès intentés en son nom!

« Notre divine religion est pleine de douceur, de miséricorde et de bonté; ses plus illustres apôtres ont été en même temps les plus humains, les plus charitables, les plus indulgents envers leurs semblables.

« Mais, en rendant un éclatant hommage de respect, de déférence et d'amour aux vénérables pasteurs qui se montrent animés du véritable esprit de la tolérance évangélique, reconnaissons aussi qu'on a vu trop souvent de mauvais prêtres affecter avec audace de s'identifier avec la Divinité. Quiconque, les heurtait, ils le représentaient aussitôt comme s'attaquant à Dieu même, et ce n'est pas d'aujourd'hui qu'on les a signalés en disant de l'un d'eux :

> Qui n'estime Colin, ne peut aimer le roi,
> Et n'a, selon Colin, ni Dieu, ni foi, ni loi

« Ah! que l'immortel Molière les a bien dépeints, lorsqu'il a dit des faux dévots, qu'ils sont :

> . Prompts, vindicatifs, sans foi, pleins d'artifices,
> Et pour perdre quelqu'un couvrent insolemment
> Des intérêts du ciel leur fier ressentiment,

tandis qu'au contraire les vrais dévots, ceux-là qu'il faut suivre à la trace, sont toujours disposés à l'indulgence,

> Et ne veulent point prendre avec un zele extrême,
> Les intérêts du ciel plus qu'il ne veut lui-même

« Toutes ces réflexions ont été présentes à la pensée de ceux qui nous ont donné la législation actuelle sur la presse.

« La loi du 17 mai n'a pas voulu venger les hommes, mais les choses.

« Assurément il faut avoir une religion. J'ai la mienne, c'est celle de mes pères : j'en connais les devoirs et les principes; j'y demeurerai fidèle jusqu'au tombeau. Mais, quelque bon catholique que l'on soit, cela ne dispense pas de juger les autres avec cette indulgence que l'on doit à ses frères... C'est ce qu'a voulu la loi du 17 mai, faite par des hommes qui tous avaient des mœurs et de la religion, mais qui n'ont pas voulu qu'on trouvât dans leur loi un moyen de persécution contre leurs semblables.

« Aussi cette loi ne punit pas ceux qui attaquent ou révoquent en doute une croyance particulière, des pratiques qu'il est d'ailleurs bon de respecter; mais ceux qui offensent *la morale publique et la morale religieuse*, deux généralités qui couvrent la terre et qui la régissent.

« La morale publique n'est pas la morale particulière de certains hommes, de certaines classes, de certains intérêts ; c'est cette raison supérieure qui nous éclaire sur le juste et sur l'injuste ; c'est cette voix qui n'est que le cri de la bonne conscience ; ces vérités éternelles, immuables, indélébiles, que Dieu a gravées dans le cœur de tous les hommes ; qui, dans tous les temps, comme dans tous les pays, servent à régler leur conduite et à la diriger vers le bien ; qui prescrivent la fidélité dans les engagements, le respect de tous les devoirs, et constituent, à proprement parler, le droit naturel.

« Mettez même dans une chanson qu'on peut voler le bien d'autrui, qu'on peut être fourbe dans les affaires publiques ou particulières, ce sera un outrage à la morale publique, parce que professer de telles maximes, c'est attaquer la société dans son essence, comme un coup de poignard attaque la vie dans sa source.

« La morale religieuse n'est pas non plus la morale de telle ou telle secte. Ce n'est pas plus celle de l'Alcoran que celle des rabbins ; celle des catholiques, que celle des luthériens, des calvinistes ou des anglicans : c'est cette idée si vaste, si consolante, si bien comprise de tous les peuples de la terre, qu'il est un Dieu souverain, créateur de toutes choses ; cette confiance qui n'a pu nous être inspirée que de Dieu même, que notre âme est immortelle, et qu'il est une autre vie où chacun recevra la récompense ou la punition de ses bonnes ou mauvaises actions.

« Telle est, messieurs, la morale religieuse qu'on ne peut pas outrager sans encourir les peines établies par la loi dont je développe en ce moment l'esprit.

« Voilà notre loi actuelle telle qu'elle a été conçue et portée. Vous vous rappelez qu'on voulait y introduire les mots *religion chrétienne*, afin de faire un délit spécial des offenses dirigées contre cette religion. Mais cet amendement, présenté par des hommes d'ailleurs très-respectables, fut combattu avec force, principalement par monsieur le garde des sceaux, et rejeté comme pouvant rappeler des querelles de religion entre les diverses sectes ; tandis que toutes sont d'accord sur ce qui regarde la *morale publique et religieuse* en général ; toutes sont unanimes pour condamner *l'athéisme et l'immoralité.*

« La preuve la plus évidente que, dans l'état actuel de la législation sur la presse, les offenses à la *religion chrétienne ou à la personne de ses ministres* ne sont pas au rang des délits qu'elle a entendu réprimer, se trouve dans le projet de loi qui vient d'être présenté aux Chambres comme un acte *additionnel*[1] aux lois existantes.

« Il y est dit, art. 1er : « Quiconque aura *outragé* « ou *tourné en dérision* la *religion de l'état*, sera « puni, etc., etc. »

« Art. 6. « L'outrage fait publiquement, d'une « manière quelconque, *à un ministre* de la religion « de l'état... etc., etc. »

« Ainsi trois innovations notables sont proposées :

« 1° On ne punira plus seulement l'outrage à la *morale religieuse* en général, mais encore l'outrage envers la *religion de l'état* en particulier.

« 2° On punira non seulement ceux qui auront *outragé* la religion de l'état, mais encore ceux qui l'auront *tournée en dérision.*

« 3° Enfin on punira aussi ceux qui, sans avoir outragé ni la morale religieuse, ni la religion de l'état, auront cependant outragé quelqu'un de *ses ministres.*

« Voilà le projet !...

« Que ce projet passe, qu'il soit converti en loi,

---

[1] Expression de M. le garde des sceaux

chacun se tiendra pour averti. On saura qu'il ne faut pas seulement craindre d'offenser Dieu, mais encore tel ou tel culte; que la dérision est punie aussi bien que l'outrage, et qu'enfin il ne suffit pas de respecter la morale, et qu'il faut encore garder son sérieux à l'aspect d'un capucin!...

« Et encore ce projet passerait en loi, que je ne puis croire que jamais il eût la puissance de nous empêcher de rire.

« Retournons, si l'on veut, au règne de Louis XIV et de madame de Maintenon. Même à cette époque, on a pu railler les gens d'église, sans encourir le reproche d'impiété; témoin *le Tartufe* et *le Lutrin*.

« Dans *le Lutrin*, composé à la demande du premier président de Lamoignon, auquel il fut dédié, combien de vers satiriques, bien autrement mordants que ceux de Béranger!

> Tant de fiel entre-t-il dans l'ame des dévots?

On y parle des chanoines qui

> S'engraissaient d'une longue et sainte oisiveté

On les appelle de *pieux fainéants* qui

> Veillaient à bien dîner, et laissaient en leur lieu
> A des chantres gagés le soin de louer Dieu

« Et ces chantres eux-mêmes dont *les cabarets sont pleins!* et l'alcôve du prélat! et ces deux vers :

> La déesse, en entrant, qui voit la nappe mise,
> Admire un si bel ordre, et reconnaît l'église.

« Quoi! tous les chanoines sont des fainéants; les chantres des ivrognes: on insulte des *classes*[1]! Tous

---

1. *Voyez* le projet de loi sur ceux qui insulteront *les classes*, à moins qu'on n'ait voulu dire les *castes*

les gens d'église sont des gourmands, c'est à la table que l'on reconnaît l'église ! Mais ce n'est rien encore, messieurs, en comparaison de ce que dit le vieux Sydrac au chantre, dans le conseil tenu pour aviser aux moyens de replacer le lutrin :

> Pour soutenir tes droits, que le ciel autorise,
> Abîme tout plutôt, *c'est l'esprit de l'église.*

« Quoi! l'esprit de l'église est d'abîmer tout, si peu qu'on lui résiste, lors même qu'il ne s'agit que d'un lutrin! Et que serait-ce donc, mon Dieu, s'il s'agissait d'un grand pouvoir temporel, de riches dotations, d'une prépondérance politique!

« Voilà pourtant, messieurs, des vers qu'on imprimait librement sous Louis XIV; des vers qui furent dédiés au premier président de Lamoignon! Et l'on sait quelle fut la vengeance qu'on tira de l'auteur; il fut enterré dans la Sainte-Chapelle, sous le lutrin qu'il avait chanté!

« Espérons donc que, même avec la *loi projetée*, il serait encore permis de signaler les ridicules d'une classe digne, par elle-même, de nos respects et de nos égards, mais dont les individus ne sont pas retranchés de la société, ni dispensés de lui payer le tribut que tout homme doit à ses semblables, quand il se montre injuste ou ridicule.

« Prouvons, en tout cas, que, sous *la loi actuellement en vigueur* (celle du 17 mai 1819), aucune des chansons arguées ne constitue ce que cette loi a qualifié délit d'outrage à *la morale publique et religieuse.*

« Il est quelques chansons dont monsieur l'avocat-général n'a parlé que transitoirement, et par manière d'énonciation. Mais j'ai déjà dit que je n'aimais point ces *demi-concessions* : la discussion sur la prescription m'a prouvé leur danger ; et, puisqu'on n'a pas dit nettement qu'on abandonnait l'accusation sur ce point, je ne dois pas négliger de m'y arrêter.

« Nous ne parlerons pas, a dit monsieur l'avocat-
« général, nous ne parlerons pas de la chanson des
« *Deux Sœurs de Charité*, dans laquelle l'auteur,
« anéantissant tout principe de morale, soutient
« qu'une fille de joie ne mérite pas moins le ciel par
« les excès de la débauche qu'une sœur de charité
« par ses bonnes œuvres et son dévouement su-
« blime! »

« L'auteur ne soutient rien de pareil : laissez-le lui-même exprimer sa pensée :

> Entrez, entrez, ô tendres femmes !
> Répond le portier des élus ;
> La charité remplit vos ames :
> Mon Dieu n'exige rien de plus
> *On est admis dans son empire,*
> *Pourvu qu'on ait séché des pleurs,*
> Sous la couronne du martyre
> Ou sous des couronnes de fleurs

« Oui, *pourvu qu'on ait séché des pleurs,* pourvu qu'on ait fait du bien à ses semblables, qu'on ait eu pitié du malheur, un pécheur peut espérer miséricorde. Dieu n'a pas dit qu'il n'y aura que les prudes qui entreront dans le paradis. Une femme, même de mauvaise vie, peut trouver grâce devant lui si elle a fait quelque bonne œuvre. Témoin la Madeleine, qui n'était pas une fille *très-sage*, et à qui cependant Jésus-Christ remit toutes ses fautes en vue d'une seule bonne action. Eh bien! Béranger n'a pas dit autre chose; il n'a pas dit ce qu'on lui fait dire contre l'évidence du fait; il n'a pas dit qu'une *fille de joie* pouvait mériter le ciel *par les excès de la dé-*

bauche; il a seulement dit et très-délicatement exprimé, que le mal pouvait être racheté par le bien. Pensée tout à fait évangélique[1].

« Nous ne parlerons pas, a dit encore monsieur « l'avocat-général, de la chanson intitulée les « *Chantres de paroisse*, où, selon le prévenu, le *sé= « minaire n'est qu'un hôpital érigé aux enfants « trouvés du clergé.* »

« Vous n'en parlerez pas ; et toutefois vous en parlez, en signalant le trait que vous croyez le plus propre à soulever l'opinion du jury contre l'auteur ; je dois donc entrer dans quelques explications.

« Cette chanson est intitulée *les Chantres de paroisse* ou *le Concordat de* 1817, ce qui est déjà utile à savoir :

> *Gloria tibi, Domine !*
> Que tout chantre
> Boive à plein ventre
> *Gloria tibi, Domine !*
> Le Concordat nous est donné.

« Ce qu'on dit des chantres est justifié d'avance par ce qu'en a dit Boileau :

> Et de chantres buvants les cabarets sont pleins

« Quant au Concordat, il faut considérer qu'il n'a

---

[1] On n'avait pas le texte même de l'Ecriture pour le citer à l'audience ; le voici :

« En même temps une femme de la ville, *qui était de mauvaise vie*, ayant su que Jésus était à table chez Simon le Pharisien, y vint avec un vase d'albâtre plein d'huile et de parfum ; et, se tenant derrière lui à ses pieds, elle commença à les arroser de ses larmes et les essuyait avec ses cheveux ; elle les baisait et y répandait ce parfum. Ce que le Pharisien qui l'avait invité, considérant, il dit en lui-même : Si cet homme était prophète, il saurait que celle qui le touche est *une femme de mauvaise vie.* Alors Jésus, prenant la parole, » fait ressortir tout ce qu'a de touchant l'humble dévouement de la Madeleine, et il ajoute : « C'est pourquoi je vous déclare que beaucoup de péchés lui sont remis, parce qu'elle a beaucoup aimé. »

(*Evangile selon saint Luc*, chapitre VII, v. 37 et suiv. Traduction de Sacy.)

existé qu'en projet; et que ce projet, présenté aux Chambres, a seulement été utile pour prouver que le ministère reconnaissait lui-même qu'il fallait une loi nouvelle pour déroger à la loi organique de 1801. Or, cette loi nouvelle n'a pas encore paru dans le Bulletin.

« Ensuite, un concordat, par sa nature, est un acte temporel, un acte de législation et de gouvernement, qu'on peut critiquer ou blâmer, sans commettre le délit d'*outrage a la morale religieuse;* car il faut toujours en revenir à la qualification du délit.

« Si un concordat était un acte de foi, il n'y en aurait eu qu'un; et, une fois fait, on n'aurait pas pu y porter atteinte; mais on en a vu plusieurs, qui tous ont varié suivant l'opportunité ou le malheur des temps.

« Que n'a-t-on pas dit sur ou plutôt contre le Concordat de François Ier, en prose et en vers; et plus que tout cela, en oppositions, en résistances, en protestations! Ouvrez l'histoire, elle vous dira que, par ce concordat, *le roi et le pape s'étaient donné réciproquement ce qui ne leur appartenait ni a l'un ni à l'autre..*

« On a donc pu parler du Concordat de 1817 avec une entière liberté : M. de Pradt l'a critiqué en quatre volumes qui renferment les faits les plus curieux; Béranger l'a fait à sa manière qui, pour être moins instructive, n'en est pas moins piquante.

« Les séminaires doivent sans doute être envisagés d'une manière plus sérieuse que ne l'a fait notre auteur, mais un trait satirique contre les personnes n'est pas un outrage à la morale religieuse. N'oublions jamais le texte et l'esprit de la loi.

« Quant à ce qu'il a dit du Concordat sous le rapport *financier*, rappelez-vous, messieurs, ce qu'on a dit de tout temps sur les annates, le denier de saint Pierre, et en général sur ce qu'on a appelé les *exactions de la cour de Rome*. C'est une expression consacrée dans tous les canonistes et souvent célébrée dans les appels comme d'abus.

« Nous ne parlerons pas davantage (vous disait
« toujours le ministère public) de plusieurs chansons
« dirigées contre les missionnaires, chansons telle-
« ment virulentes, qu'il ne faut pas s'étonner si,
« après les avoir lues, ceux qui ne se sentent pas
« l'esprit d'en faire autant *veulent* au moins lancer
« *des pétards* aux orateurs d'une religion que la
« Charte déclare religion de l'état. »

« On ne s'attendait guère à voir des *pétards* dans cette affaire, et surtout des pétards alimentés par le *salpêtre électrique des chansons*, suivant une autre expression de monsieur l'avocat-général.

« *Les Missionnaires !* inde iræ ! les missionnaires dont on ne parle qu'en passant, mais qui, personne n'en doute, ont été l'une des principales causes du procès suscité au sieur de Béranger.

« Ici revient principalement la *question légale*. Offenser les missionnaires, est-ce outrager la *morale publique et religieuse* ?

« Ils sont, dit-on, les orateurs d'une religion que la Charte déclare religion de l'état. Sans doute ; mais la Charte n'a pas dit *religion dominante* ; nous n'en sommes pas encore là. Si cela était, ce serait autre chose ; car le verbe *dominer* est un verbe très-actif, qui veut un régime [1] ; c'est un maître auquel il faut des esclaves. Sous l'empire d'une religion qui serait dominante, ses ministres ne tarderaient pas à l'être eux-mêmes ; les attaquer serait aussi dange-

---

1. A l'accusatif.

reux que d'attaquer la religion même; mais, je le répète, nous n'en sommes pas encore là...

« On voudrait armer le bras séculier en faveur des missionnaires : mais qu'on daigne y réfléchir.

« Ce n'est pas d'aujourd'hui qu'il y a des *missions, des jésuites et des missionnaires !* Du temps de la bulle *Unigenitus*, la France en fut couverte; ils poursuivaient les pénitents, le formulaire à la main ; ils voulaient forcer les uns à se rétracter, les autres à se confesser ; ils ont persécuté tout le monde...

« Mais n'ont-ils pas éprouvé alors de contradictions? Combien de relations burlesques de leurs courses, de leurs prédications, de leurs représentations publiques!

« Que d'écrits de tout genre dirigés contre eux, contre leurs principes, leurs vues cachées, leur insatiable avarice, leur imperturbable ambition!

« N'ont-ils pas fourni à Pascal le sujet d'un livre immortel où le sel des plaisanteries ajoute à la force des démonstrations?

« N'ont-ils pas excité le zèle du parlement par leurs scandaleux refus des sacrements aux fidèles, par l'audace avec laquelle ils entreprenaient sur le pouvoir des évêques et des pasteurs légitimes?

« Car ce que voulaient surtout ces prêtres nomades, ces prédicateurs ambulants, c'était d'introduire chez nous l'esprit d'ultramontanisme dont ils étaient possédés; cet esprit destructeur des libertés de l'église gallicane.

« Ce qu'ils voulaient alors, ils le tentent encore aujourd'hui ; et le temps n'est pas éloigné, peut-être, ou les cours du royaume se verront obligées de reprendre à leur égard l'ancienne jurisprudence des parlements, et de réprimer leurs entreprises avec la même sévérité.

« Béranger n'a-t-il pas bien saisi leur caractère ?
ne les a-t-il pas fait parler suivant leur génie, lorsqu'il leur fait dire

> Par Ravaillac et Jean Châtel
> Plaçons dans chaque prône,
> Non point le trône sur l'autel,
> Mais l'autel sur le trône

« Oui, voilà leur antique esprit, *l'autel sur le
trône !* Et par l'autel ils entendent eux-mêmes ; ils
s'identifient avec Dieu, comme les courtisans se re-
tranchent derrière le despotisme, pour être des tyrans subalternes : *Et omnia serviliter pro domina-
tione.* Ces faux prêtres n'argumentent de Dieu que
pour lancer la foudre en son nom, de même que les
ministres excipent sans cesse de la personne sacrée
du roi pour participer de l'inviolabilité qui n'appartient qu'à lui seul.

« Béranger est donc justifié d'avoir parlé contre
les entreprises des missionnaires. Il l'est, en droit,
par le texte de la loi, qui, en défendant d'outrager
la morale religieuse, n'a pas défendu d'attaquer l'intolérance. Il va l'être encore en fait par l'opinion
qu'a émise sur la conduite des missionnaires un
homme dont on doit également respecter le talent
et le caractère, un homme qu'on ne rangera point
parmi les novateurs, et dont les doctrines politiques
sont loin d'être révolutionnaires, car c'est peut-être
la tête la plus noblement féodale qui soit dans le
monde entier. M. de Montlozier, dans son *livre de
la Monarchie française en* 1821, s'exprime en ces
termes (pag. 136 et suivantes) :

« Je pourrais citer en confirmation les mouve-
« ments fâcheux qu'ont causés les missions dans

« quelques parties de la France . . . .
« . . . .

« Je ne veux pas mettre sûrement la justice sur la
« même ligne que la religion. Cependant on doit
« convenir qu'elle est chère aussi aux citoyens! et
« qu'elle a une grande part à leur vénération. J'en
« dirai presque autant de la médecine ; elle a sans
« doute, comme la religion, ses incrédules ; pendant
« longtemps elle a eu comme elle ses moqueries :
« toutefois elle est également un objet de respect,
« souvent de superstition.

« Qu'on suppose actuellement que, par un mou-
« vement ardent d'humanité, les juges à l'effet de
« prévenir les différends, les médecins à l'effet de
« prévenir les maladies, frappent, de je ne sais
« quelle manière, les citoyens de terreur, pour les
« amener à venir, bon gré mal gré, recevoir leurs
« ordonnances ou leurs arrêts ; ce sera certainement
« un singulier spectacle que celui de cette foule de
« médecins et de magistrats *se tremoussant de toute*
« *leur force* à l'effet de tout purger et de tout juger.
« Dans quelques cas, il me paraît probable que la
« peur de sa ruine, celle de la fièvre ou de la mort
« subite, parviendront à obtenir une soumission en-
« tière ; dans d'autres, il pourra arriver que des ci-
« toyens aient de l'humeur, c'est tout simple Quand
« je vois une multitude de prêtres se mettre de
« même en campagne, à l'effet, *bon gré mal gré, de*
« *confesser tout un pays*, je m'attends aux mêmes
« impressions et aux mêmes effets. On répond alors.
« Que faire? Il me semble que la règle est tracée.
« Dans la situation actuelle des choses, le médecin
« veut bien attendre qu'on l'appelle, le magistrat
« nous attend de même à son tribunal ; que le prêtre
« veuille bien nous attendre de même, soit dans ses

« temples, soit au tribunal de la pénitence. Si nous
« voulons demeurer libres dans la disposition de nos
« affaires, ainsi que dans celle de notre santé, nous
« le voulons encore plus dans la disposition de notre
« conscience.

« Le gouvernement ne paraît pas partager tout à
« fait ces vues ; il paraît croire que la morale dans
« un état est une chose qui se fait et qui se fait par
« le prêtre, et que la révolution ayant tout à fait
« détruit la morale dans l'état, il faut augmenter
« l'action du prêtre. J'ai peur qu'il ne se trompe, et
« que le gouvernement et le prêtre ne se détournent
« ainsi de leur voie. »

« Des *Missionnaires* passons aux *Capucins*.

« On a mal parlé des capucins ! C'est une *impiété !* un *sacrilége inouï !* vous a dit monsieur l'avocat-général. Eh ! mon Dieu, si l'on avait profané le lieu saint, si l'on avait outragé le dogme même, quelles autres qualifications eût-on employées ? — Que, dans l'élan d'un beau zèle et avec le talent qui le distingue, le ministère public ait cru devoir faire l'éloge de ces ex-religieux, soit : je ne prétends pas en faire la satire. Mais qu'est-ce aujourd'hui que des capucins ? Supprimés par une loi, ont-ils été rétablis par une autre ? — Non pas, que je sache. Ils auront reparu de fait, je le veux ; de fait quelques individus en auront repris l'ancien costume, de fait on aura pu le trouver extraordinaire, en rire et les plaisanter ; c'est fort mal sans doute ; je le répète, je n'approuve point ces attaques ; mais railler des hommes habillés en capucins, est-ce *outrager la morale religieuse, dans le sens de la loi du 17 mai 1819 ?* — Encore une fois, non.

« Mais il y a dans la chanson un couplet qui peut

avoir pour effet de diminuer la *ferveur* des soldats français, et les détourner d'aller à la messe...

« La ferveur des soldats français est connue...; et certes l'auteur est bien loin d'avoir voulu les détourner d'aller à l'office ; il dit au contraire dans l'une de ses chansons :

>A son gré que chacun professe
>Le culte de sa déite ;
>Qu'on puisse aller *même a la messe*,
>Ainsi le veut la liberté

« Ce n'est pas Béranger qu'on accusera d'intolérance [1], il ne s'est point point fait *convertisseur* ; et, s'il fallait le juger en cette qualité, il ne serait pas plus coupable aux yeux de la loi, que ne le paraissent les prêtres catholiques qui, par leurs efforts, parviennent quelquefois à convertir un juif ou à ramener un protestant.

« Au surplus, ce qu'il y a de très-piquant, c'est que cette chanson des *Capucins* a été chantée, pour la première fois, en présence de monsieur le ministre actuel de la police, qui en a ri de meilleur cœur que ne rient ordinairement les ministres, et qui n'y a rien vu que de très-innocent.

« J'arrive à une dernière chanson, à laquelle monsieur l'avocat-général a attaché plus de gravité qu'à toutes les autres : c'est celle qui a pour titre : *Le Bon Dieu*, et dont le refrain dit :

>Si c'est par moi qu'ils règnent de la sorte,
>Je veux que le diable m'emporte

« Ici, messieurs les jurés, on a cru devoir faire intervenir un pompeux éloge de la religion, et vanter

---

[1] L'intolérance est fille des faux dieux
(BÉRANGER.)

son heureuse influence sur le sort des états... J'avoue que, si telle était la question à résoudre, je ne serais pas l'adversaire du ministère public. La religion est le besoin de tous ; les malheureux en sentent mieux encore que d'autres la nécessité ; et ceux qui n'ont plus de place prient Dieu avec autant de ferveur que ceux qui en sont pourvus. Si la religion était outragée, je dirais aussi : Malheur à ceux qui l'outragent ! mais je dis en même temps : Malheur à ceux qui la dénaturent ! malheur à ceux qui veulent n'en faire qu'un objet de lucre, et n'en parlent que par spéculation ; qui mettent la vengeance personnelle à la place de la charité, et traitent avec une rigueur inexorable ce que Dieu lui-même excuserait avec bonté !

« Certes, je l'avouerai, le refrain est un peu léger ; mais peut-on dire qu'il ait été composé dans l'intention *d'apostropher Dieu lui-même*, et de l'outrager ? Cette idée *Si c'est par moi*, etc. (en un mot le refrain de la chanson), serait déplacée partout ailleurs, j'irai même jusqu'à dire que l'on n'aurait pas dû céder à ce que l'expression paraissait avoir d'original. Mais je crois aussi que l'auteur n'y a vu qu'une opposition piquante, un contraste singulier, et qu'il n'a jamais eu la coupable pensée d'attaquer la Divinité et de s'en jouer [1].

« Il ne faut pas méconnaître le privilége de la poésie, ni lui contester le parti qu'elle a pu tirer d'un fait que nous trouvons consigné dans les livres saints.

« Tout peut arriver quand Dieu le veut ou le permet.

---

[1]. On trouve ce même refrain dans une des pièces qui se jouaient à Paris du temps de Louis XII, sous le titre de *Mystères*, sur le théâtre des confrères de la Passion.

Iterum assumpsit Jesum diabolus in montem excelsum valde, et ostendit ei omnia regna mundi, et gloriam eorum, et dixit ei: Hæc omnia tibi dabo, si cadens adoraveris me [1].

« Voilà l'histoire sainte : qu'en a fait la poésie ? Milton, ce génie sombre et sublime, a consacré les chants de son *Paradis perdu* à décrire la guerre impie de Satan contre la Divinité. Il nous rend présents aux conseils de l'ange des ténèbres; on entend les harangues des démons; la lutte se prolonge, il balance longtemps les forces et la résistance!... A-t-on jamais pensé à taxer Milton d'impiété, parce qu'il avait mis l'esprit infernal aux prises avec la Divinité ?

« Le même poete, dans son *Paradis reconquis*, nous représente *le demon emportant Jésus=Christ* tantôt sur le faîte du temple, et tantôt sur une haute montagne, d'où ils découvrent tous les peuples de la terre.

« Satan lui montre les Bretons à demi subjugués, et ne conservant plus qu'une ombre de leur antique liberté; la Gaule désarmée; la Germanie dans les ténèbres; l'Italie encore fumante du sang de ses citoyens, répandu par les empereurs à la faveur des discordes civiles; la Grèce se débattant avec ses chaînes et souffrant impatiemment le joug de la conquête; les Parthes faisant effort du côté de l'Asie; les Scythes, qui déjà rassemblent leurs nombreux bataillons, et menacent d'envahir les rives du Bosphore!... et dans son propre pays, les proconsuls

---

1. « Le diable prit Jesus une seconde fois et le transporta sur une montagne très élevée, d'où il lui montra tous les royaumes de la terre, et la gloire qui les environne, et il lui dit · Je vous donnerai tout cela, si, tombant à mes pieds, vous consentez à m'adorer » (*Evangile selon saint Mathieu*, chap. IV, v 8 et 9)

de Rome ! Hérode, qui pour atteindre un seul enfant... les a tous voués à la mort ; et Pilate, fonctionnaire pusillanime, qui bientôt laissera répandre le sang innocent et qui s'en lavera les mains !...

« Certes, en voyant le monde ainsi gouverné, Jésus aurait bien pu s'écrier que ce n'était point par lui ni par son Père que les peuples étaient gouvernés *de la sorte*.

« Le tort de Béranger est de l'avoir dit sur un ton qui n'était pas sérieux ; mais c'était dans une *chanson*... Vous l'excuserez donc ; vous ne verrez pas dans l'expression dont il s'est servi une interprétation contre laquelle il proteste, une offense qui n'a jamais été dans sa pensée.

« Connaissez mieux son cœur, et vous rendrez plus de justice à ses principes. Quand on attaque un auteur sur ce qu'il a écrit, il ne faut pas prendre un passage isolé de ses œuvres ; il faut chercher sa doctrine dans tout son livre. Or, voici comment s'exprime Béranger, cet homme qui veut insulter directement à Dieu ! cet athée, apparemment, car quel homme, croyant en Dieu, voudrait cependant l'outrager ?

« Dans *le Dieu des bonnes gens* il célèbre l'existence de Dieu :

> Il est un Dieu ; devant lui je m'incline,
> Pauvre et content, sans lui demander rien .

(M. Dupin lit cette pièce en entier. la grandeur des idées, la richesse de la poésie, et l'espèce d'enthousiasme qui soutient cette lecture, ravissent les auditeurs. Le respect seul peut empêcher les applaudissements d'éclater.)

« Dieu est miséricordieux .

Mais quelle erreur ! non, Dieu n'est point colère:
S'il créa tout, a tout il sert d'appui.

« Il est juste :

Dieu qui punit le tyran et l'esclave,
Veut te voir libre, et libre pour toujours.

« Béranger croit à l'immortalité de l'âme.

Ah ! sans regret, mon âme, partez vite ;
En souriant, remontez vers les cieux
....
N'attendez plus, partez, mon âme,
Doux rayons de l'astre eternel.
.....Passez . . . .
Au sein d'un Dieu tout paternel

« Ce Dieu pardonne les offenses : il pardonne à la gaîté :

Dire au ciel : Je me fie,
Mon père, à ta bonté ;
De ma philosophie
Pardonne la gaîté.
Que ma saison dernière
Soit encore un printemps
Eh ! gai ! c'est la prière
Du gros Roger Bontemps

« Enfin il est une vie éternelle :

Levez les yeux vers ce monde invisible,
Ou pour toujours nous nous réunissons !

« Voilà, messieurs, *l'impie* que je défends ! voilà ce *mandataire de l'incrédulité !* On trouve dans ses vers le symbole de notre croyance tout entier. Et si dans d'autres couplets il dit, avec cette gaîté de nos pères, qui reste encore permise à leurs enfants :

> Tant qu'on le pourra, larirette ;
> On se damnera, larira,

il ne faut pas prendre cela au sérieux ; c'est le propre de la chanson : elle admet,

> Qu'au doux bruit des verres
> D'un dessert friand,
> On chante et l'on dise
> Quelque gaillardise
> Qui nous scandalise
> En nous égayant.

« Mais il est temps d'arriver au troisième chef d'accusation : *Le délit d'offense à la personne du roi.*

« En abordant cette nouvelle question, remarquons d'abord, messieurs, que ce qui est dit des rois en général ne peut pas donner matière à procès. Il faut que l'écrit attaque *la personne* même du monarque ; que le trait qui lui est lancé soit direct, et qu'il soit de nature à constituer une *offense.*

« Une offense ! que dis-je ! dans la haute région où ils sont placés, les rois devraient-ils se tenir offensés par des chansons ? Et ne conviendrait-il pas mieux à leur auguste caractère d'imiter ces triomphateurs romains qui, contents de monter au Capitole, souffraient, sans se plaindre, les refrains, souvent trop véridiques, des soldats qui marchaient à côté de leur char ?

« Les ministres rendent-ils véritablement service au prince en faisant intenter sous son nom de pareils procès ?

« Un roi d'Angleterre, voyant pendre quelques garnements, demanda ce qu'ils avaient fait ? — Ce qu'ils ont fait, sire, ils ont fait des vers contre vos ministres ! — Les maladroits ! dit le monarque ;

que n'en faisaient-ils contre moi ! on ne leur eût rien dit.

« Nos ministres paraissent agir autrement. Chansonnés qu'ils ont été, ils ont l'air de faire le sacrifice de leur propre injure, mais ils veulent venger le roi (de la même manière que les missionnaires et les capucins veulent venger Dieu). En conséquence, procès pour offense à la personne du roi !

« Quel étrange système que celui de ces ministres ! vouloir à chaque instant que le roi ait été insulté ! On ne peut leur adresser un seul reproche qu'aussitôt ils ne vous accusent de manquer à la majesté royale ! La nation elle-même est obligée d'entrer en explication avec eux ! et lorsque ses représentants ont élevé vers le trône une voix noble et courageuse[1], ces généreux organes des sentiments nationaux se voient réduits à l'étrange nécessité d'avoir à repousser de fâcheuses interprétations.

« En Russie, en Angleterre, en Prusse, se plaint-on ainsi qu'à chaque instant le souverain ait été offensé ? Dans les cent-jours, qui ont paru si longs qu'on les a appelés le siècle des cent-jours, avons-nous vu un seul procès de ce genre ? Et pourtant c'était *un usurpateur qui, sur la foi de son armée, était venu se jeter au milieu d'un peuple resté fidèle !* Pendant tout ce temps nous n'avons pas vu un seul royaliste mis en jugement pour cris séditieux, ou pour offense à la personne du maître ! Et depuis que le roi, objet de nos respects, est *rendu à l'amour de ses peuples*, on ne voit, au civil comme au criminel, que des procès où le nom du roi est prononcé !

---

[1]. L'avocat fait allusion ici à l'adresse vigoureuse présentée au roi par la Chambre des députés, en décembre 1821.

C'est l'ouvrage imprudent des ministres. Non, ce n'est pas le roi qui veut tous ces procès. S'il en était instruit, *s'il savait* qu'on plaide aujourd'hui pour lui en réparation d'offenses, il dirait, avec la même grandeur d'âme que cet empereur romain dont on avait brisé la statue (empereur que je ne nomme pas dans la crainte de prendre encore Titus pour Néron[1]): *Je ne me sens point blessé.*

« Mais n'allons pas chercher des leçons ailleurs que dans notre propre histoire ; elle nous offre des exemples de tous les genres d'héroisme : interrogeons la vie de Louis XII. — « Les courtisans déprimaient Louis XII ; s'efforçant de faire passer sa vigilance et son économie pour une petitesse d'esprit et une avarice sordide, ils ne se donnèrent pas même la peine de cacher leurs sentiments. — Ne pouvant le faire changer par leurs plaintes, ils firent usage du ridicule, arme toujours puissante sur l'esprit de la nation. Après cette dangereuse maladie qui avait menacé les jours de Louis et qui avait causé des alarmes si vives, une tristesse si profonde à tous les vrais Français, des comédiens osèrent le produire sur la scène, pâle et défiguré, la tête enveloppée de serviettes, et entouré de médecins qui consultaient entre eux sur la nature de son mal. S'étant accordés à lui faire avaler de *l'or potable*, le malade se redressait sur ses pieds, et paraissait ne plus sentir d'autre infirmité qu'une soif ardente. Informé du succès de cette farce, Louis dit froidement : *J'aime beaucoup mieux faire rire les courtisans de mon avarice, que de faire pleurer mon peuple de mes profusions.* — On

---

[1] Allusion au plaidoyer pour M. Bavoux, dans lequel M. Dupin, improvisant sa réplique, avait attribué à Titus le *vellem nescire litteras* de Néron

l'exhortait à punir des comédiens insolents : *Non*, dit-il, LAISSONS-LES SE DIVERTIR, *pourvu qu'ils respectent l'honneur des dames*[1]. »

« Quand il s'agit de venger un roi, il faudrait avant tout examiner ce qui est convenable ; *quid deceat, quid non*. Si l'on avait poursuivi les comédiens de Louis XII, il y aurait eu aussi un grand procès ; et, à la place de ce que je viens de vous lire, nous trouverions dans nos archives un arrêt qui aurait condamné les plaisants à la prison, ou même à la roue (car alors les peines étaient arbitraires). Ce serait un acte de sévérité, mérité peut-être ; mais ce ne serait pas un acte de cette ineffable bonté qui a mérité à Louis XII le nom de *père du peuple*.

« Pour nous, examinons, puisque nous y sommes réduits, ces fameux couplets ou l'on prétend trouver *une offense à la personne du roi*.

« Dans la chanson *du Bon Dieu*, se trouve le couplet suivant :

> Que font ces nains si bien parés,
> Sur des trônes à clous dorés ?
> Le front huilé, l'humeur altière,
> Ces chefs de votre fourmilière
> Disent que j'ai béni leurs droits,
> Et que *par ma grâce* ils sont rois.
> Si c'est par moi qu'ils règnent de la sorte,
> Je veux, mes enfants, etc

« L'auteur parle ici des rois en général ; ainsi rien de personnel.

« *Ces nains ;* par rapport à Dieu, rien n'est grand.
« *Trônes à clous dorés*. Un homme qui ne mépri-

---

[1] Continuation de Velly, édition de 1771. In-4°, tome XI, page 534.

sait point la majesté royale disait : « Qu'est-ce qu'un trône ? *Quatre planches de sapin recouvertes de velours et garnies de clous dorés.* »

« *Le front huilé* serait une allusion au sacre, et ne pourrait s'appliquer au roi qui n'a point encore été sacré.

« *Disent que j'ai béni leurs droits.* Allégation de la question politique dite *du droit divin*; question longtemps débattue et que nous n'avons point à résoudre ici.

« *Par ma grâce :* c'est là, dit-on, une satire de la formule qui précède tous les actes de nos rois. — La réponse est simple Critiquer la formule des *actes du gouvernement* n'est point *offenser la personne du roi.* Et même autrefois, où le roi n'était pas aussi nettement qu'aujourd'hui distingué de son gouvernement, voici un couplet qui prouve qu'on pouvait sans crime transporter cette formule dans une parodie :

> Louis, par la grâce de Dieu,
> A tous les Français en tout lieu,
> Savoir faisons par ces présentes,
> Que nous nommons lettres-patentes,
> Que notre ame le sieur Turgot,
> Va raisonner tout comme un sot.

« M. Turgot ne s'en est point ému, et le couplet, loin de nuire à la réputation du ministre, est resté pour attester sa tolérance et sa générosité.

« La seconde chanson où l'on veut voir une offense à la personne du roi est celle qui a pour titre *l'Enrhumé.* Le sixième couplet est ainsi conçu :

> Mais la charte encor nous defend,
> Du roi c'est l'immortel enfant;

Il l'aime, *on le présume,*
....
....
Amis, c'est là,
Oui, c'est cela,
C'est cela qui m'enrhume

« On le présume ! *doute injurieux*, porte le réquisitoire, doute fortifié par les deux lignes de points qui suivent, et qui n'ont évidemment pour but que de fixer l'attention sur ces mots *on le présume !*

« Répondons : ce couplet est le sixième ; il faut donc voir ce que portent les cinq premiers. Or, ils sont consacrés à signaler toutes les atteintes que les *ministres* [1], secondés par les *ventrus*, ont portées à nos libertés publiques.

« Ce n'est qu'après cet exposé de notre situation qu'il ajoute : *mais la Charte encor nous défend.* Oui, certes, elle nous défend : *du roi c'est l'immortel enfant ;* elle nous défendra longtemps, puisqu'elle est immortelle

« Mais c'est ici que nous arrivons au doute : il l'aime, on *le présume :* pourquoi dire seulement : on *le présume ?*

« Eh ! messieurs, n'accorderez-vous rien à la difficulté de la rime. Tous les couplets finissent par ces mots : *c'est là ce qui m'enrhume.* Si l'auteur, au lieu de dire, *il l'aime, on le présume,* eût dit, *il l'aime, j'en suis sûr,* cela n'aurait rimé à rien.

« On veut incriminer le texte par les points... Cela me rappelle le procès de M Bavoux, où l'on incriminait les *ratures illisibles* de son manuscrit.

---

1 L'auteur a même poussé la franchise jusqu'à désigner plusieurs d'entre eux par les initiales de leurs noms Sur six ministres, il n'est pas difficile de deviner.

« Tant que vous ne m'expliquerez pas pourquoi ces deux lignes de points, a dit monsieur l'avocat-général, jamais je ne croirai que l'intention de l'auteur ait été innocente.

« Eh bien! croyez-le tant que vous voudrez ; mais il n'en est pas moins vrai que vous croirez sans savoir: or, sans savoir peut-on accuser?

« Je veux bien essayer cependant d'expliquer ces deux lignes de points. Je vais interpréter à mon tour ; je vais faire le poëte : mes vers seront mauvais, je le pense ; mais on m'excusera si je les montre aux gens. Je suppose donc qu'après ces mots :

Il l'aime, on le présume,

l'auteur ait ainsi rempli la lacune :

Que dis-je ? moi, j'en suis certain ;
Mais les *ultras* n'en croiront rien.

« On lui aura ensuite fait observer que cette dénomination d'*ultras* est une qualification de parti ; il aura supprimé les deux vers, et les aura remplacés par des points... Voilà une explication! Cent autres interprétations sont possibles dans le sens de l'accusation ; mais aucune ne peut être admise, parce que toutes seraient divinatoires, et qu'on n'accuse pas par induction ni par supposition.

« Enfin, messieurs, concevez-vous qu'on ait vu une offense à la personne du roi dans le dernier couplet de la chanson intitulée *la Cocarde blanche ?* »

M. Marchangy : « Je n'en ai pas parlé. »

M. Dupin. « Raison de plus pour que j'en parle, moi ; elle est dans l'accusation, et je veux prouver tout le tort qu'on a eu de l'y comprendre.

> Enfin, pour sa clémence extrême,
> Buvons au plus grand des Henris,
> A ce roi qui sut, par lui-même,
> Conquérir son trône et Paris.

« Il y a ici offense au roi ; mais c'est de la part de l'accusation qui, dans l'éloge de Henri IV, a eu l'inconvenance de voir une offense à la personne de Louis XVIII.

« *Le prince de Navarre*, dans la chanson qui porte ce nom, est un prince imaginaire ; on lui dit : *Faites-nous des sabots*, plutôt que de monter sur le trône et de gouverner de travers. Cette chanson n'offre rien d'offensant, puisqu'elle n'a rien de personnel. Elle consacre un fait historique, ce fait que Mathurin Bruneau n'était qu'un sot, qui dans sa démence voulait se faire passer pour un descendant de la maison de Bourbon.

« J'arrive au dernier chef d'accusation.

« On le fonde sur une seule chanson, *le Vieux Drapeau :* « Cette chanson, dit l'auteur en tête du
« premier couplet, cette chanson n'exprime que le
« vœu d'un soldat qui désire voir la Charte constitu-
« tionnelle placée sous la sauvegarde du drapeau de
« Fleurus, de Marengo et d'Austerlitz. Le même
« vœu a été exprimé à la tribune par plusieurs dé-
« putés, et entre autres par M. le général Foy, dans
« une improvisation aussi noble qu'énergique. »

« En effet, on se rappelle qu'à la séance du 7 février 1821, cet orateur guerrier, qu'animaient alors comme toujours le patriotisme et la gloire, s'est écrié : « Mais si jamais, dans sa profonde sagesse, le
« roi revenait sur sa détermination première ; si
« l'auguste auteur de la Charte rétablissait le signe
« que nous avons porté pendant un quart de siècle,

« assurément, messieurs, ce ne seraient pas les
« ombres de Philippe-Auguste et de Henri IV qui
« s'indigneraient, dans leurs tombeaux, de voir les
« fleurs de lis de Bouvines et d'Ivry sur le drapeau
« d'Austerlitz. »

« Voilà certainement une idée grande, noblement exprimée, et qu'il appartenait à un général français d'émettre avec cette chaleur d'âme qui caractérise la véritable éloquence. C'est cette même idée que le poëte a ressaisie, et qu'il a reproduite dans les strophes consacrées au *Vieux Drapeau*.

« Il a voulu, comme le général Foy, proposer l'alliance du passé avec le présent. La preuve, c'est qu'il dit :

Rendons-lui *le coq des Gaulois*.

« Certes ce n'est point là l'aigle de l'empire, d'autant mieux qu'il dit un peu plus haut que

Cet aigle est resté dans la poudre.

« Mais, dit monsieur l'avocat-général, ce coq est celui *de la république*. La république a pu le prendre en effet : mais M. de Marchangy est trop versé dans *les antiquités gauloises*, pour ignorer que longtemps avant qu'il fût question de république, le coq figurait dans les emblèmes de la nation française. Le *coq des Gaulois* ne signifie donc pas le *coq des républicains* [1].

« Qu'a voulu l'auteur ? marier deux époques, confondre des souvenirs, unir les Francs et les

---

1. C'est de la que Dupaty a pris occasion de dire :

Pris pour un aigle, un coq vous fait mettre en prison,

Gaulois, et non pas armer la république contre la monarchie.

« J'en trouve la preuve dans ce qu'il dit avec tant de verve dans une autre chanson, ayant précisément pour titre : *les Francs et les Gaulois :*

>   Gai, gai, serrons nos rangs,
>   Espérance
>   De la France,
>   Gai, gai, *serrons nos rangs,*
>   En avant, *Gaulois et Francs.*

Serrons nos rangs ne signifie pas faisons la guerre civile. — Mais il dit, en parlant de ce drapeau, *déployons-le;* donc il excite à le déployer actuellement... — Remarquez donc aussi qu'il dit : *déployons-le sur la frontière :* ce n'est donc pas le drapeau de la guerre civile, mais celui de la guerre étrangère.

« Monsieur l'avocat-général a prétendu qu'il s'agissait des frontières d'Italie et d'Espagne, et que ce funeste drapeau était destiné à *rapporter dans ses plis la guerre, la peste et l'anarchie.* Ce serait bien le cas, j'espère, de faire intervenir ici les couplets qui ont pour titre *Halte-là !* ou *le Danger des interprétations.* Cette phrase est de pure imagination; c'est une déclamation qui n'exige aucune réponse.

« Mettez de côté les commentaires, messieurs les jurés, lisez le *Vieux Drapeau*, et vous reconnaîtrez sans peine que ce n'est point une provocation au crime. Sans doute, le poëte y exprime des regrets... des désirs... mais il ne fait point un appel à la sédition, et il faut que les ministres soient bien vindicatifs et bien irrités qu'on ait mis leurs initiales dans quelques couplets; il faut que leur haine contre Béranger soit bien violente, pour qu'ils aient ainsi voulu transformer l'expression d'un sentiment permis en une provocation à la révolte. Aman, le farouche Aman, a-t-il donc fait traduire au banc d'Assuérus le patriotique auteur du *Cùm recordaremur Sion* ?

(L'avocat résume en peu de mots sa discussion, et termine en ces termes) :

« Après avoir réfuté successivement les divers chefs d'accusation, il ne me reste, messieurs, qu'à ramener votre attention sur le caractère du livre et la personne de l'auteur.

« Peu de gens peuvent dire avec autant d'assurance que lui : « C'est parce que *je ne crains point* « *qu'on examine mes mœurs*, que je me suis permis « de peindre celles du temps avec une exactitude « qui participe de leur licence. »

« Il aime la liberté, il l'aime avec passion :

> Lisette seule a le droit de sourire,
> Quand il lui dit : *Je suis indépendant.*

« D'ailleurs (dit-il encore lui-même), en frondant « quelques abus qui n'en seront pas moins éternels, « en ridiculisant quelques personnages à qui l'on « pourrait souhaiter de n'être que ridicules, *ai-je* « *insulté jamais à ce qui a droit au respect de* « *tous ? Le respect pour le souverain paraît-il me* « *coûter ?* »

« Ses chansons ont déplu aux dépositaires du pouvoir... C'est tout simple : « La chanson est essen- « tiellement du parti de l'opposition » (Préf., p. LXXIII) ; et ces messieurs n'en veulent supporter aucune.

« Chacun pourtant résiste à sa manière à ce qui peut dégénérer en oppression : les uns par des livres, d'autres par des discours, celui-là par une pétition, celui-ci avec un couplet. Tel est Béranger :

> Oui, je suis un pauvre sauvage
> Errant dans la société,
> Et pour repousser l'esclavage,
> Je n'ai qu'un arc et ma gaîté.

« De telles armes n'ont jamais paru séditieuses, jusqu'ici du moins !

« Du reste, peut-on dire qu'il ait, dans ses couplets, fait preuve de noirceur ou de méchanceté ? Non, il n'a jamais attaqué les particuliers, il a respecté leurs personnes, leurs mœurs ; il n'a attaqué que les actes du pouvoir, quand il a cru voir que les fonctionnaires qui en étaient revêtus en abusaient contre la liberté publique. Un seul mot suffirait pour peindre son caractère. On lui proposait de composer une chanson contre un grand personnage alors en disgrâce, on lui indiquait la matière des couplets.— *A la bonne heure*, dit-il, *quand il sera ministre.*

« Cette conduite répond assez aux calomnies dont il s'est vu l'objet : on a profité de son procès pour faire courir, sous son nom, des chansons atroces que son cœur repousse plus encore que son talent ne les désavoue.

« On lui a prêté des idées de vengeance..., qui n'entrèrent jamais dans sa pensée

« Il s'est peint lui-même dans ses vers :

> Je ne sais qu'aimer ma patrie
> . . . . .
> Je n'ai flatté que l'infortune.

> J'aime à fronder les préjugés gothiques
> Et les cordons de toutes les couleurs,

Mais, *étrangère aux excès politiques*,
Ma liberté n'a qu'un chapeau de fleurs.
Diogène,
Sous ton manteau,
Libre et content, je ris et bois sans gêne ;
Diogène,
Sous ton manteau,
Libre et content, je roule mon tonneau.

« Briserez-vous, messieurs, ce modeste asile que sut respecter un conquérant ? Troublerez-vous une existence paisible qui s'écoule tranquillement au sein de la plus douce et de la plus pure amitié ? Partagerez-vous l'indignation qu'on a voulu vous inspirer contre un pauvre chansonnier ? Ajouterez-vous à la rigueur anticipée d'une destitution dont rien ne justifie du moins la précipitation ? Allez-vous sérieusement encourir, aux yeux d'un public malin, le reproche (j'ai presque dit le ridicule) d'avoir transformé *des chansons en crime d'état ?*

« Confondrez-vous ainsi les idées et les principes en ne mettant aucune distinction entre le vaudeville et les autres genres de compositions littéraires ou scientifiques ? — Ah, messieurs ! si l'on eût déféré une pareille cause au jugement de *nos bons aïeux*, ils auraient secoué la tête, en murmurant entre leurs dents : *Chansons que tout cela !* et ils eussent ainsi fait preuve d'esprit autant que de justice. »

M. Marchangy réplique dans les termes suivants :

« Le défenseur du sieur de Béranger a plus d'un genre de talent, sans doute ; mais celui qu'il affectionne davantage, c'est cette facilité de plaisanterie, cette intarissable surabondance de digressions et d'épisodes, en un mot, cette élocution anecdotique dont il a donné tant de preuves au barreau. Il n'est guère de procès politiques, et surtout de délits de la presse, qui n'aient été égayés par lui plus qu'on ne l'en eût cru susceptible. Il était donc naturel qu'il sentît redoubler sa vocation dans une cause dont son client semble s'être promis de chansonner tous les actes : il y avait donc ici nécessité d'être plaisant, et le rire était forcé.

« Si les principes et les lois étaient des biens privés dont on pût disposer pour prix du plaisir qu'on reçoit, vous seriez désarmés, parce que vous auriez souri ; mais vous n'êtes que dépositaires et comptables des intérêts que la société vous a remis. Vous n'êtes point venus dans cette enceinte chercher une récréation, mais remplir un devoir. Dès lors qu'ont de commun la gaîté et le sentiment de ce devoir? qu'ont de commun l'austérité de vos fonctions et l'hilarité d'un auditoire oisif qu'attire ici un frivole instinct de curiosité?

« Le défenseur a tracé un vaste cercle autour du vrai point de la cause, et s'y est égaré sans cesse. Il a cru disculper le prévenu en citant mille ouvrages dont les auteurs n'auraient pas été punis. C'est moins une défense qu'une évasion; c'est dans sa propre cause qu'il faut chercher sa justification, et non dans la cause d'autrui.

« A l'entendre, c'est la première fois qu'on punit un chansonnier; jamais avant la révolution, dit-il, on n'osa attaquer les privautés de la chanson. Quand il serait vrai que les licences fussent restées impunies à cette époque, il nous semble que tout ce qui s'est passé dans la révolution n'est pas tellement favorable, qu'on puisse prendre pour exemple tout ce qui s'est fait avant. La chanson peut avoir sa part dans tous les écrits qui concoururent à la funeste abolition des respects consécrateurs de l'autel et du trône, car enfin la révolution n'est pas tout entière dans les journées du 14 juillet, du 10 août, du 21 janvier ; elle est dans tous les principes qui l'ont préparée ; et il faudrait nous croire encore plus incorrigibles que nous ne le sommes, pour nous proposer de suivre les antécédents de nos troubles civils.

« Au surplus, c'est une grande erreur de penser que jamais la chanson ne fut réprimée. On disait autrefois de notre vieux gouvernement que c'était une monarchie tempérée par des chansons. Depuis, l'état a trouvé des garanties d'une tout autre importance, et la chanson pourrait sans inconvénient abdiquer l'exercice de ses fonctions politiques ; et cependant, avant la révolution même, son émancipation en ce genre n'était point illimitée : elle était punie par un mode administratif, mode arbitraire, sans doute ; et, malgré l'avantage qu'il avait d'épargner l'éclat scandaleux de la publicité, on devait lui substituer une procédure judiciaire et libre : c'est surtout à des jurés qu'il appartient de statuer sur les abus dont la société peut s'alarmer. La cour d'assises a donc succédé aux lettres de cachet et à l'exil, qui plus d'une fois firent expier la témérité d'une verve satirique et licencieuse.

« Pendant la révolution, fut-on plus indulgent pour les chansons ? Il faut distinguer : on encourageait, on soldait les hymnes sanguinaires et ces chants funèbres préludes des massacres, et ces airs sacriléges hurlés autour des échafauds ; mais on punissait de mort quiconque osait chanter *O Richard ! ô mon roi !* et *Vive Henri IV !*

« On a fait l'éloge de l'indulgente patience de Buonaparte pour les chansons qui contenaient de critiques allusions à sa puissance ; il est vrai que jamais il ne déféra un chansonnier aux tribunaux, car il avait adopté contre ceux qui essayaient sur lui l'épigramme un genre de punition tout nouveau : il supposait qu'ils avaient perdu l'esprit, et il les faisait jeter, sans forme de procès, dans les loges de Charenton ou les cabanons de Bicêtre.

« Mais le défenseur veut qu'on loue le sieur Béranger d'avoir lui-même risqué de dures vérités contre ce chef despotique. Qu'a-t-il donc osé lui dire? Lui a-t-il dit qu'il fallait substituer à ces aigles dévorantes l'antique drapeau des lis? A-t-il dit que l'église, dont ce conquérant eut au moins le mérite d'avoir rouvert les portes, n'était que l'*asile des cuistres?* A-t-il dit que c'était à tort que Napoléon faisait précéder ses actes de la formule de *par la grâce de Dieu et la constitution de la république?* Non, messieurs; l'indépendance du sieur de Béranger n'a pas été jusque-là sous le gouvernement d'alors; mais il a composé la chanson du *Roi d'Yvetot,* où le microscope de la police impériale ne put trouver matière à réprimande

« Au surplus, toutes ces digressions où nous entraîne sans cesse la plaidoirie évasive du défenseur, sont étrangères à la question qu'il a cachée sous un amas de faits parasites et superflus ; cette question est dans les trois points que nous avons recommandés à votre attention.

« Le premier était relatif aux atteintes à la morale publique et religieuse. On prétend que nous avons voulu venger les prêtres, les missionnaires et le Concordat. Il serait sans doute préférable qu'ils fussent respectés, puisqu'ils tiennent à la religion ; mais nous n'avons pas le droit d'être si exigeants. Puisque la loi parle de la morale religieuse, distinguons donc ce qui n'est qu'accessoire à la religion d'avec ce qui forme son essence ; distinguons ses rites, ses solennités et ses ministres, de ses dogmes éternels et de ses préceptes invariables. La morale religieuse est celle qui est en harmonie avec l'idée d'un Dieu rémunérateur et juge suprême, avec des craintes et des espérances d'un ordre surnaturel, c'est-à-dire avec le dogme sacré des récompenses et des peines. Le défenseur lui-même adopte cette définition ; il pense que la morale religieuse a pour fondement la croyance d'un être éternel appréciateur de nos actions. Eh bien ! quelle idée a-t-il donnée de cet être incommensurable et sublime ? Eh quoi ! les païens eux-mêmes savaient revêtir leurs faux dieux des plus magnifiques attributs ; Platon appelle Jupiter le plus grand architecte du monde ; Homère dit que ce Dieu ébranlait l'univers du seul mouvement de ses sourcils ; et c'est parmi nous que le Dieu des chrétiens, qui d'une parole créa la lumière, qui mesura la mer dans sa main, pesa les montagnes, et de son souffle vivifiant fit éclore tout ce qui pare la nature ; c'est parmi nous que ce Dieu est représenté comme un être machinal et stupide, qui *met le nez à sa fenêtre en s'éveillant*, et déclare qu'il est étranger à tout ce qui se passe ici-bas, que chacun peut y vivre à son gré sans redouter ses jugements !

« On vous a dit, sur le chef des offenses commises envers la personne du roi, qu'il devait les pardonner. Eh ! que n'a-t-il pas pardonné en effet ! Mais est-ce donc à nous à faire les honneurs de son inépuisable clémence ? Est-ce à nous, chargés de faire exécuter une loi qui punit les offenses dont il s'agit, d'usurper le droit de grâce qui est le plus bel apanage de la royauté ?

« On prétend que l'auteur a voulu seulement attaquer les ministres et non le roi ; mais nous ne pensons pas qu'on puisse appliquer aux ministres les vers où le sieur de Béranger parle de *ces nains si bien parés, sur des trônes à clous dorés, qui, le front huilé, l'humeur altière, disent que Dieu a béni leurs droits, et qu'ils sont rois par sa grâce; ce qui n'est pas vrai.*

« Sur le dernier chef de prévention, on vous dit que la chanson du *Vieux Drapeau* n'est que la traduction d'une phrase prononcée à la tribune de la Chambre des députés. Il y a une sorte de lâcheté et de mauvaise foi à se cacher ainsi derrière l'inviolabilité des députés : d'ailleurs, un vœu émis à l'une des deux Chambres n'est qu'une proposition qui sous-entend une discussion préliminaire et l'action des trois pouvoirs. Mais le sieur de Béranger, de son propre mouvement, provoque dès à présent l'exhibition du drapeau tricolore. Qu'il fasse l'éloge de la gloire militaire dont ce drapeau a été le témoin, nous dirons avec lui que cette gloire est un patrimoine commun et que nous en avons besoin pour nous sauver de la honte de nos égarements politiques; le délit n'est donc pas dans cet éloge, mais dans la provocation au port d'un signe de ralliement prohibé; car ce signe de ralliement n'a pour objet que d'opérer une scission militaire, et d'opposer l'étendard de la sédition à l'étendard légitime. »

Après avoir réfuté rapidement tous les moyens du défenseur, M. Marchangy termine par ces mots[1] :

« Si l'on réduisait à sa juste valeur tout ce qui peut se dire en faveur des chansons du sieur de Béranger, on ne trouverait, en définitive, que cet étrange argument pour toute défense : Ces poésies

---

1 Cette partie (la réfutation), ayant été improvisée, n'a pas été recueillie par le sténographe; et, comme elle n'a pas été reproduite par les journaux, nous ne pouvons la publier ici.

sont, il est vrai, obcènes, impies, séditieuses ; mais ce sont des chansons : elles peuvent ravir à la jeune fille sa pudeur, à l'épouse sa chasteté conjugale, au chrétien sa foi, au soldat sa fidélité, au pauvre ses consolations ; mais ce sont des chansons : elles prodiguent le sarcasme et la dérision, non seulement aux ministres de l'église, mais encore à tous ceux qui s'y rassemblent pour prier ; elles essaient de glacer par le ridicule des pratiques religieuses déjà ralenties par le scepticisme et l'indifférence ; mais ce sont des chansons : elles jettent dans les cœurs ces folles semences qui ne peuvent produire que l'amertume ; elles attisent une sorte de défiance et de haine entre toutes les classes de la société ; mais ce sont des chansons : elles excitent à déployer, comme signe de ralliement et de révolte, ce drapeau qu'il ne faudrait déployer que pour sécher le sang et les larmes dont il est abreuvé ; mais ce sont des chansons.

« Ce langage, messieurs, serait imprudent et irréfléchi dans la bouche des gens du monde, mais il serait une lâche apostasie dans la nôtre, puisque nous devons faire exécuter les lois ; et il serait un parjure dans la vôtre, puisque vous avez juré de prononcer en votre âme et conscience sur les faits qui vous seront soumis. »

M. Dupin réplique en ces termes :

« Messieurs, j'aurais bien mal connu l'esprit de mon ministère, si je n'avais appuyé la défense de mon client que sur des futilités et des plaisanteries. Personne ne sent plus vivement que moi tout ce qu'a de grave la position d'un accusé ; personne n'est moins disposé à traiter légèrement une semblable situation.

« Mais a-t-on été fondé à m'adresser un tel reproche? Étaient-ce donc des plaisanteries, ces considérations générales sur la distinction des diverses compositions littéraires, et l'esprit suivant lequel il fallait juger chacune d'elles? Était-ce un jeu que la question de prescription? Traitera-t-on de futilité ces immortelles définitions de la morale publique et religieuse? et cette interprétation donnée du vrai sens de la loi de 1819, est-ce parce qu'elle était futile, que monsieur l'avocat-général n'y a pas répondu? est-ce par le même motif qu'il n'a pas même essayé de réfuter l'argument, imprévu sans doute, que j'ai tiré du nouveau projet de loi? Enfin, manquait-elle de la gravité convenable, cette discussion préliminaire sur le troisième chef d'accusation, pour faire ressortir l'inconvenance des procès aussi fréquents que peu réfléchis, qu'on intente depuis quelque temps au nom du roi?

« Sans doute, et lorsqu'il m'a fallu descendre de la hauteur des principes aux applications, j'ai pu faire usage de la plaisanterie; l'accusation elle-même m'y conviait. Le sérieux de ma part eût été une acceptation de tous les reproches adressés à mon client.

« J'avais à commenter des couplets de chanson. L'accusation avait pris à tâche de tout incriminer, de tout rembrunir: j'ai dû au contraire rendre à ces couplets leur véritable caractère; et pour cela il ne fallait pas que le commentaire fût plus lourd que le texte.

« Je n'ai, dit-on, justifié mon client des impuretés qui lui étaient reprochées que par l'exemple d'auteurs dont la licence aurait été égale à la sienne. Et à cette occasion, lieu commun sur le débordement des mœurs dans les temps qui précédèrent la révolution, etc., etc.

« Je ne nie pas ce débordement ; je pourrais même prendre acte de l'aveu qui en est fait, pour en conclure, contre d'autres assertions, que nos mœurs se sont améliorées depuis la révolution. Mais je ferai seulement remarquer que je n'ai pas allégué ces exemples pour en inférer que, d'autres ayant mal fait, Béranger avait pu mal faire aussi : je les ai seulement cités pour prouver qu'il n'avait pas excédé les bornes du genre ; et je me suis fait une autorité de ces exemples, précisément parce qu'ils étaient empruntés à des personnes dont le rang et le caractère semblaient offrir la plus haute garantie. Je n'ai cité Collé que par occasion, et seulement pour faire remarquer que l'impunité de son livre tenait à la qualité de l'éditeur (qui a l'honneur d'être censeur).

« On a contesté à Béranger le mérite d'avoir montré du courage en faisant son *Roi d'Yvetot*. Cette chanson, a-t-on dit, ne s'appliquait point à Napoléon. — C'est nier un fait constant. C'est la science de tout Paris que cette chanson fut faite contre lui, à une époque dont tant de gens semblent avoir perdu la mémoire, où tout rampait, tout flattait, tout servait... plusieurs même adoraient !...

« Revenant sur le chef d'outrage à la morale publique et religieuse, on a reproché à Béranger de n'avoir pas parlé de Dieu comme en ont parlé Platon et tant d'autres...

« Il ne s'agit pas de savoir si Béranger a parlé aussi bien que Platon ; il s'agit de savoir s'il a outragé la Divinité : or j'ai prouvé que non, et démontré que Béranger, en respectant la morale religieuse, n'avait attaqué que les travers et les ridicules de certains ministres. En effet, attaquer les abus, c'est respecter la chose. L'Écriture Sainte le dit positivement[1] ; et si vous lisez saint Jérôme, vous y trouverez des mercuriales bien plus fortes que les traits qu'a pu lancer Béranger[2]. Du reste, je vous ai fait connaître ses principes religieux; il ne vous est plus permis de révoquer en doute son respect pour la Divinité; mais vous savez aussi quel est son Dieu : ce n'est pas celui de la vengeance, *c'est le Dieu des bonnes gens.*

« On a voulu écarter des ministres chansonnés par Béranger, et de quelques autres individus qui se trouvent dans le même cas, le reproche d'avoir agi avec passion et par ressentiment. Sont-ce les ministres, a-t-on dit, qu'on a voulu chansonner dans le couplet *Que font ces nains ?* Sont-ce les ministres, ou d'autres, qu'on a voulu offenser par les deux lignes de points qui se font remarquer dans les couplets de *l'Enrhumé ?*

« Ah! sans doute, ceux que Béranger a offensés n'ont pas eu la maladresse d'agir à découvert! Ils n'avaient garde de venir vous dire ingénument : C'est nous qu'on a voulu célébrer dans ce couplet... Cette lettre que vous voyez, cette majuscule, cette initiale, eh bien! c'est la première lettre de mon nom!

---

1. Saint Paul veut qu'on reprenne publiquement les mauvais prêtres, afin de purifier le sanctuaire, et de retenir par la crainte d'une honte publique ceux qui seraient tentés de manquer à leurs devoirs Peccantes (*presbyteros*) *coram omnibus argue, ut et cœteri timorem habeant* (Epist. ad Timoth, 5, 19.)

2 On peut voir un passage très curieux de saint Jérôme, cité dans le plaidoyer de Me Dupin jeune, prononcé le 24 janvier 1820, dans le premier procès suscité au nom des missionnaires contre *le Constitutionnel*, qui, comme on se le rappelle bien, fut renvoyé absous de l'accusation.

Vengez-moi. Mais les uns se sont appuyés du nom de Dieu, et les autres de la personne du roi, afin de ne paraître défendre que la cause des bonnes mœurs, de la religion et de la légitimité. Voilà le langage détourné de l'homme qui dissimule son ressentiment pour mieux venger son injure : il n'ose s'en plaindre, mais elle vit au dedans de lui-même, *vivit sub pectore vulnus.*

« L'exemple de Louis XII était embarrassant. Monsieur l'avocat-général a dit que de pareils écrits n'étaient pas rares dans notre histoire, et il a ajouté que, si le roi pouvait pardonner, le devoir des magistrats n'en était pas moins de poursuivre.

« J'en conviens, en matière ordinaire, lorsqu'il s'agit, par exemple, d'un vol, d'un meurtre. Mais en matière *d'offenses personnelles*, je dis que la personne devrait toujours être consultée pour savoir si l'on fera un procès en son nom. Cela est vrai des particuliers, des corps ; il ne suffit pas qu'ils aient été offensés, il faut encore qu'il leur convienne de s'en plaindre. On ne peut agir d'office pour leur procurer une satisfaction qu'ils ne demandent pas ; il en devrait être de même, à plus forte raison, des rois. Du temps de Louis XII aussi, il y avait des magistrats qui savaient accuser au besoin, et pourtant ils ne se croyaient pas dispensés de consulter le roi lorsqu'il s'agissait de sa personne. On pressait Louis XII de faire punir... il ne le voulut pas. De tels traits, dit-on, ne sont pas rares. J'ajoute qu'il n'y a pas d'inconvénient à les multiplier ; et certes il eût mieux valu ajouter à l'histoire une page comme celle de Louis XII, que d'y ajouter une page de ridicule, parce qu'il paraîtra inconcevable qu'à l'époque où nous nous trouvons on ait rassemblé douze jurés, occupé toute une cour, enlevé des magistrats et des citoyens à de graves ou d'utiles occupations, pour prononcer sur des couplets de chansons.

« Vainement direz=vous: Mais l'une d'elles excitait à la révolte !... J'ai déjà prouvé que non.

« Qu'est-ce que provoquer au crime ? C'est exhorter ouvertement à le commettre, c'est dire : *Prenez, partez, marchez.* »

Monsieur l'avocat-général. « Il dit: *Déployons-le.* »

Me *Dupin* (avec feu) : « Ajoutez donc *sur la frontière*. Eh quoi ! lorsqu'un sens généreux s'offre à la pensée ; quand les termes ne présentent aucune équivoque ; quand la défense est appuyée sur l'explication donnée par l'auteur lui-même, n'est-il pas inouï qu'on s'attache obstinément à un sens détourné et que l'on se consume en efforts pour rendre criminel ce qui est innocent ? Ne serait-il pas temps enfin de renoncer à ce système funeste d'interprétation, de conjecture et d'insinuations perfides, incessamment démenties par ceux dont on veut à toute force traduire la pensée ?

« C'est avec la même exagération, messieurs, qu'on a terminé par vous offrir une longue énumération des malheurs qu'on veut attacher à la publication des chansons de Béranger. *Elles peuvent ravir*, vous a-t-on dit, *à la jeune fille sa pudeur, à l'épouse sa chasteté conjugale, au chrétien sa foi, au soldat sa fidélité, au pauvre ses consolations.*

« Non, messieurs, elles n'enlèveront rien à personne ; elles ne produiront pas ces sinistres effets ; elles n'inspireront que la gaîté ; et ceux à qui elles déplaisent auront seulement à se reprocher d'avoir accru la vogue de ces chansons, et de l'avoir rendue plus durable par une accusation aussi étrange qu'irréfléchie. »

M. Larrieux, président, résume les moyens d'accusation et de défense, avec une fidélité et une impartialité remarquées par tous les esprits. Il termine son résumé par la lecture des questions suivantes :

PREMIERE QUESTION.

Pierre-Jean de Béranger est-il coupable d'avoir commis le délit d'outrage aux bonnes mœurs, en composant, faisant imprimer, publiant, vendant et distribuant un ouvrage en deux volumes, ayant pour titre *Chansons*, et renfermant notamment les chansons ayant pour titre *la Bacchante*, tome 1er, page 4 ; *ma Grand'mère*, tome 1er, page 20 ; *Margot*, tome 1er, page 201 [1] ?

DEUXIEME QUESTION.

Pierre-Jean de Béranger est-il coupable d'avoir commis le délit d'outrage à la morale publique et religieuse, en composant, faisant imprimer, publiant, vendant et distribuant un ouvrage en deux volumes, ayant pour titre *Chansons*, et renfermant notamment les chansons suivantes : 1° *Deo Gratias d'un Epicurien*, tome 1er, page 38 ; 2° *la Descente aux Enfers*, tome 1er, page 51 ; 3° *mon Curé*, tome 1er, page 142 ; 4° *les Capucins*, tome II, page 67 ; 5° *les Chantres de paroisse*, ou *le Concordat de 1817*, tome II, page 113 ; 6° *les Missionnaires*, tome II, page 7 ; 7° *le Bon Dieu*, tome II, page 63 ; 8° le

---

[1] La pagination citée se rapporte à l'édition incriminée

troisième couplet de la chanson intitulée *la Mort du roi Christophe*, tome II, page 75 ?

TROISIÈME QUESTION.

Pierre-Jean de Béranger est-il coupable d'avoir commis le délit d'offense envers la personne du roi, en composant, faisant imprimer, publiant, vendant et distribuant un ouvrage en deux volumes, ayant pour titre *Chansons;* ledit ouvrage renfermant notamment, 1° le septième couplet de la chanson intitulée *le Prince de Navarre*, ou *Mathurin Bruneau*, tome II, page 318; 2° le quatrième couplet de la chanson intitulée *le Bon Dieu*, tome II, page 93; 3° le sixième couplet de la chanson intitulée *l'Enrhumé*, tome II, page 53; 4° le dernier couplet de la chanson ayant pour titre *la Cocarde blanche*, tome II, page 47 ?

QUATRIEME QUESTION.

Pierre-Jean de Béranger est-il coupable d'avoir provoqué au port public d'un signe extérieur de ralliement non autorisé par le roi, en composant, faisant imprimer, publiant, vendant et distribuant un ouvrage en deux volumes, ayant pour titre *Chansons*, et renfermant notamment la chanson intitulée *le Vieux Drapeau*, tome II, page 66 ?

Le jury se retire dans la chambre des délibérations. Il est quatre heures et un quart; à cinq heures, la sonnette du jury annonce que sa délibération est formée. Les jurés sont introduits dans la salle. La cour reprend séance.

Le président: Messieurs les jurés, quel est le résultat de votre délibération ?

Le chef du jury, la main étendue sur la poitrine : Sur mon honneur et ma conscience, devant Dieu et devant les hommes, la déclaration du jury est :

Sur la première question, non, le prévenu n'est pas coupable ;

Sur la deuxième question, oui, le prévenu est coupable, à la majorité de sept contre cinq ;

Sur la troisième question, non ;

Sur la quatrième question, oui, à la majorité de sept contre cinq.

La cour se retire pour en délibérer, et dix minutes après, le président prononce l'arrêt suivant :

« La cour, après en avoir délibéré aux termes de l'article 351 du Code d'instruction criminelle et de la loi du 24 mai 1821, déclare se réunir à l'unanimité a la majorité du jury sur les deuxième et quatrième questions. »

Le greffier donne une nouvelle lecture de la déclaration du jury et de l'arrêt de la cour.

M. l'avocat-général requiert l'application de la loi.

Le président : Le prévenu ou ses défenseurs ont-ils quelques observations à faire sur l'application de la peine ?

Me Dupin : Monsieur le président, je ferai seulement observer que ce ne sont que des chansons, et que rien ne peut faire que ce n'en soit pas.

La cour se retire de nouveau à la chambre du conseil ; et, après quelques minutes de délibération, la cour étant rentrée à l'audience, M. le président lit l'arrêt suivant :

« Considérant que le fait de provocation au port

public d'un signe extérieur de ralliement non autorisé par la loi ou par des règlements de police, déclaré constant par la quatrième question, n'est qualifié ni crime ni délit par la loi; vu l'article 364 du Code d'instruction criminelle, déclare le sieur de Béranger absous du dernier chef de prévention contenu et déclaré constant en la quatrième question.

« Sur la deuxième question résolue affirmativement, vu les articles 1er et 8 de la loi du 17 mai, et l'article 26 de la loi du 26 mai (desquels articles il a été donné lecture par le président), condamne de Béranger en trois mois de prison, 500 fr. d'amende, en l'affiche et l'impression de l'arrêt, au nombre de mille exemplaires, à ses frais, déclare la saisie de l'ouvrage, en ordonne la suppression, et la destruction des exemplaires saisis et de ceux qui pourraient l'être ultérieurement.

PIÈCES JUSTIFICATIVES.

RÉQUISITOIRES.

Le procureur du roi près le tribunal de première instance du département de la Seine, séant à Paris :

Vu l'ouvrage en deux volumes, intitulé *Chansons*, par M. J.-P. de Béranger[1] ;

Attendu que, dans plusieurs passages, on y remarque *le plus mauvais esprit;* que les images que présente la chanson intitulée *la Bacchante*, tome 1er, p. 22[2], peuvent être considérées comme un outrage aux bonnes mœurs; que la sainteté de la religion n'y est pas plus respectée; que, plus d'une fois, la morale religieuse y est outragée, notamment dans le troisième couplet de la chanson intitulée *la Mort du roi Christophe*, et dans le septième de la chanson intitulée *le Prince de Navarre*, tome II, pages 221 et 127; que l'auteur de l'ouvrage dont il s'agit s'est encore rendu coupable d'offenses envers la personne du roi, notamment dans le dernier couplet de la chanson qui a pour titre *la Cocarde blanche*, et dans le sixième couplet de la chanson qui a pour titre *l'Enrhumé*, tome II, pages 48 et 198; que, dans le

---

1. Paris, 1821, Firmin Didot. 2 vol. in-18.

2 La pagination citée dans les pièces justificatives se rapporte à l'édition de 1821.

couplet que nous venons d'indiquer en dernier lieu, on lit ce qui suit :

> « Mais la charte encor nous défend :
> « Du roi c'est l'immortel enfant,
> « Il l'aime, on le présume ; »

que ce dernier vers, si injurieux par lui-même pour la personne du roi, le devient encore davantage lorsqu'on remarque qu'avec une *affectation qui décèle entièrement la coupable pensée de l'auteur, il ne met que des points* pour remplir les deux vers qui suivent, dans l'intention évidente et marquée *d'arrêter l'attention du lecteur sur ce vers :*

> « Il l'aime, on le présume, »

Qu'enfin, la chanson intitulée *le Vieux Drapeau* a eu pour objet *d'agir sur l'esprit des soldats;* qu'elle est d'autant plus coupable que sa première publication *a coïncidé avec les derniers troubles;* qu'à cette époque on a cherché à la répandre particulièrement parmi les troupes, et qu'il ne fut pas alors exercé de poursuites judiciaires, parce qu'aucun indice ne faisait connaître ni l'auteur ni l'imprimeur;

Qu'elle a tout le caractère d'une provocation au port public d'un signe extérieur de ralliement non autorisé par le roi;

Provocation qui, toutefois, n'aurait été suivie d'aucun effet; caractère de provocation qui se retrouve particulièrement dans le quatrième et le cinquième couplet, tome II, pages 211 et 212;

Attendu, en résumé, que le sieur de Béranger se trouve ainsi suffisamment inculpé :

1° D'outrage aux bonnes mœurs;

2° D'outrage à la morale religieuse;

3° D'offenses envers la personne du roi;

4° De provocation, non suivie d'effets, à porter publiquement un signe extérieur de ralliement non autorisé par le roi;

Délits prévus et punis par les articles 8, 9, 3 et 5, § III, de la loi du 17 mai 1819;

Requiert qu'il soit informé en la forme ordinaire contre l'auteur de l'ouvrage dont il s'agit, et qu'il soit notamment procédé à la saisie, en exécution de l'article 7 de la loi du 28 mai 1819;

Fait au parquet, le 20 octobre 1821.

Signé DÉHÉRAIN.

Le procureur du roi près le tribunal de première instance du département de la Seine, séant à Paris,

Vu les pièces du procès instruit contre :

1° Pierre-Jean de Béranger, etc.

En ce qui touche Pierre-Jean de Béranger,

Attendu qu'il existe contre lui charges suffisantes;

1° D'avoir commis le délit d'offense envers la personne du roi;

2° D'avoir commis le délit d'outrage envers la morale publique et religieuse et les bonnes mœurs;

3° D'avoir provoqué et excité à la guerre civile, provocation non suivie d'effets;

4° D'avoir provoqué au port public d'un signe extérieur de ralliement non autorisé par le roi, provocation non suivie d'effets;

Et ce, en composant et faisant imprimer et publiant un ouvrage en deux volumes, ayant pour titre *Chansons par P.-J. de Béranger.*—A Paris, chez les marchands de nouveautés, 1821; et notamment dans les passages suivants :

Tome premier. — Chansons intitulées :

La Bacchante, pages 22 et suivantes ;
Le Sénateur, page 27 ;
Ma Grand'mère, page 40 ;
Deo Gratias d'un Epicurien, page 53 ;
La Descente aux Enfers, page 78 ;
Mon Curé, page 170 ;
Margot, page 234 ;

Tome second. — Chansons intitulées :

Le Soir des Noces, page 61 ;
Les Capucins, page 67 ;
Les Chantres de paroisse, page 113 ;
Le Prince de Navarre, septième couplet, p. 127 ;
Les Missionnaires, page 144 ;
L'Enrhumé, sixième couplet, page 198 ;
Le Bon Dieu, page 207 ;
Le Vieux Drapeau, page 210 ;

Délits prévus par les articles 1, 2, 3 et 5, §§ III, VIII et IX de la loi du 17 mai 1819, et 91 du Code pénal ;

Attendu, quant à l'exception de prescription relative à quelques chansons réimprimées,

Que cette exception est opposée, qu'il y a lieu dès à présent d'y statuer ;

Attendu que la réimpression d'un écrit est une publication, que l'article 29 de la loi du 26 mai 1819 fait courir la prescription à compter du fait de publication qui donnera lieu à la poursuite :

Requérons qu'il plaise à la chambre du conseil déclarer... bonne et valable la saisie faite de l'ouvrage du sieur de Béranger, et non prescrite l'action publique contre celles de ces chansons qui sont réimprimées ; et envoyer sans délai ledit sieur de Béranger devant la cour royale, en état de mandat de dépôt.

Fait au parquet, le 5 novembre 1821.

Signé Vincent.

RÉQUISITOIRE.

Le procureur du roi près le tribunal de première instance du département de la Seine ;

Vu le nouvel interrogatoire subi par le sieur de Béranger, le 7 novembre présent mois,

Déclare persister dans le précédent réquisitoire.

Fait au parquet, le 7 novembre 1821.

Signé Vincent.

Nous, avocat-général près la cour royale de Paris, vu les pièces de la procédure, vu un recueil en deux volumes, ayant pour titre *Chansons, par M P.-J. de Béranger*. — A Paris, chez les marchands de nouveautés ;

Attendu qu'il y a charges suffisantes dans cet ouvrage, et notamment dans les passages suivants :

Tome premier. — Chansons intitulées :

La Bacchante, page 22 ;
Ma Grand'mère, page 40 ;

Deo Gratias d'un Epicurien, page 53;
La Descente aux Enfers, dernier couplet, p. 78;
Margot, page 234;

Tome second. — Chansons intitulées :

Les Capucins, page 67;
Les Chantres de paroisse, page 113;
Le Prince de Navarre, septième couplet, p. 127;
Les Missionnaires, page 144;
Les Mirmidons, page 177;
Le Bon Dieu, page 207;
Le Vieux Drapeau, page 210;

L'auteur s'est rendu coupable d'outrage envers la morale publique et religieuse et les bonnes mœurs, d'offense envers les *membres de la famille royale*, et enfin de provocation au port d'un signe extérieur de ralliement non autorisé par le roi;

Délits prévus par les articles 5, 8 et 19 de la loi du 17 mai 1819;

Nous requérons la mise en accusation du sieur Pierre-Jean de Béranger, et son renvoi devant la cour d'assises du département de la Seine, pour y être jugé.

Ce 20 novembre 1821.

Signé DE MARCHANGY.

Extrait de l'ordonnance de la Chambre du conseil du 8 novembre 1821.

..... Considérant qu'aux termes de l'art. 29 de la loi du 26 mai 1819, l'action publique contre les crimes et délits commis par la voie de la presse se prescrit par six mois révolus à compter du fait de publication qui donne lieu à la poursuite, lorsque cette publication a été précédée du dépôt et de la déclaration que l'éditeur entendait publier;

Considérant qu'en se servant de ces mots, *du fait de publication qui donnera lieu à la poursuite*, le législateur n'a entendu par là que caractériser le fait qui doit donner lieu à la poursuite, qui doit être un fait de publication, et non pas distinguer entre les publications successives d'un même ouvrage, et excepter du bénéfice de la prescription les réimpressions qui pourraient avoir lieu après le délai de six mois à compter de la publication légale de l'ouvrage; qu'en effet le fait de la publication est irrévocable comme les conséquences qui en dérivent; que le résultat d'un système contraire serait de laisser la propriété littéraire et le sort des auteurs sans stabilité et sans garantie, ce qui serait également contraire au vœu de l'article 6, et à l'ensemble des dispositions de la loi du 27 mai 1819, qui tendent à faire statuer sur l'une et sur l'autre dans le plus bref délai;

Considérant que les chansons ayant pour titre, *le Sénateur, la Bacchante, ma Grand'mère, Deo Gratias, la Descente aux Enfers, mon Curé* et *Margot*, sont comprises dans le recueil de de Béranger, imprimé en 1815, et dont cinq exemplaires ont été déposés au ministère de la police générale, suivant le récépissé qui en a été délivré par le sieur Pagès, qui est joint aux pièces; qu'ainsi l'action publique contre lesdites chansons est prescrite :

Déclarons n'y avoir lieu à suivre en ce qui concerne lesdites chansons.

Considérant que les mêmes principes s'appliquent

a la chanson des *Missionnaires,* inscrite dans le 63ᵉ numéro de *la Minerve;* que, du moment où la loi attache au seul fait de publication légale l'effet de faire courir par le laps de six mois la prescription contre les délits de la presse, l'insertion de cette chanson dans un recueil publié depuis plus de six mois, sous la garantie d'un éditeur responsable, et des formalités prescrites par le titre II de la loi du 21 octobre 1814, a éteint et prescrit l'action publique ;

Déclarons n'y avoir lieu à suivre en ce qui concerne ladite chanson.

ARRÊT DE RENVOI.

La cour, réunie en la chambre du conseil, M. de Marchangy, avocat-général, est entré, et a fait le rapport du procès instruit contre Pierre-Jean de Béranger.

Le greffier a donné lecture des pièces du procès, qui ont été laissées sur le bureau.

Le substitut a déposé sur le bureau son réquisitoire, écrit, signé de lui, daté et terminé par les conclusions suivantes :

Nous requérons la mise en accusation de Pierre-Jean de Béranger, et son renvoi devant la cour d'assises du département de la Seine pour y être jugé.

Le substitut s'est retiré ainsi que le greffier.
Des pièces et de l'instruction résultent les faits suivants :

Le 27 octobre 1821, le procureur du roi près le tribunal de première instance du département de la Seine a porté plainte contre Pierre-Jean de Béranger, auteur d'un ouvrage en deux volumes, intitulé *Chansons,* et en a requis la saisie, en *articulant* et en *qualifiant* les outrages aux bonnes mœurs et à la morale religieuse, les offenses envers la personne du roi, et les *provocations* que cet écrit lui a paru plus spécialement renfermer; il a incriminé notamment les chansons ayant pour titre *la Bacchante* et *le Vieux Drapeau*, le troisième couplet d'une chanson intitulée *la Mort du roi Christophe*, le septième de celle intitulée *le Prince de Navarre*, le dernier couplet de la chanson intitulée *la Cocarde blanche*, et le sixième couplet de celle ayant pour titre *l'Enrhumé*.

En vertu d'une commission rogatoire, délivrée le même jour 27 octobre par le juge d'instruction, l'ouvrage a été saisi le 29, au nombre de trois exemplaires, chez la dame Goullet, libraire, et d'un seul chez le libraire Mongie aîné.

Le 30 du même mois, l'ordre et le procès-verbal de saisie ont été notifiés aux deux parties saisies. Une instruction a eu lieu au tribunal du département de la Seine; elle a établi:

Que l'ouvrage avait été composé par Pierre-Jean de Béranger; qu'après la déclaration exigée par la loi, il avait été imprimé au nombre de dix mille exemplaires, sur un manuscrit de l'auteur et pour son compte, par les presses de Firmin Didot, et qu'en suite du dépôt du nombre d'exemplaires prescrit, il avait été mis dans la circulation par les soins de l'auteur, qui en a vendu ou distribué tous les exemplaires.

De Béranger s'est reconnu l'auteur de cet ouvrage. C'est par son ordre qu'il a été imprimé, c'est au fils Didot qu'il en a remis le manuscrit, c'est lui qui a fait enlever de chez Didot les *dix mille* exemplaires imprimés, qui en a vendu la majeure partie aux libraires, et a distribué le reste aux souscripteurs. Après avoir invoqué, relativement à la chanson intitulée *la Bacchante*, insérée dans un précédent recueil imprimé en 1815, la prescription établie par l'art. 29 de la loi du 26 mai 1819, il a répondu aux inculpations dirigées contre d'autres passages de son ouvrage.

Par un second réquisitoire, en date du 5 novembre 1821, le ministère public a signalé plusieurs autres chansons de ce recueil, et notamment, tome 1er, *le Sénateur, ma Grand'mère, Deo Gratias d'un Epicurien, la Descente aux Enfers, mon Curé, Margot*; tome II, *le Soir des Noces, les Capucins, les Chantres de paroisse, les Missionnaires* et *le Bon Dieu*, comme constituant, avec celles signalées dans le premier réquisitoire, le délit prévu par les articles 1, 2, 3, 5, 8 et 9 de la loi du 17 mai 1819, et par l'article 91 du Code pénal.

De Béranger a été interrogé de nouveau le 7 du même mois; il a opposé aux inculpations dirigées contre toutes les chansons comprises dans le premier volume, c'est-à-dire contre *le Sénateur, ma Grand'mère, Deo Gratias, la Descente aux Enfers, mon Curé* et *Margot*, l'exception de prescription qu'il avait fait valoir relativement à *la Bacchante*; il a aussi invoqué la prescription relativement à la chanson des *Missionnaires*, comprise dans le second volume, et l'a fait résulter de sa publication dans la 63e livraison de *la Minerve*.

Quant aux autres chansons comprises dans le deuxième volume, *le Soir des Noces, les Capucins, les Chantres de paroisse* et *le Bon Dieu*, il a déclaré ne pas savoir en quoi elles étaient contraires à la loi.

Le ministère public a déclaré persister dans ses précédents réquisitoires, et par une ordonnance en date du 8 novembre 1821, le tribunal de première instance du département de la Seine, en ce qui touche de Béranger, statuant sur les exceptions par lui proposées, a pensé qu'en se servant de ces mots, *du fait de publication qui donnera lieu à la poursuite*, le législateur n'a entendu par là que caractériser le fait qui doit donner lieu à la poursuite, et non pas distinguer entre les publications successives d'un même ouvrage, et excepter du bénéfice de la presscription les réimpressions qui pourraient avoir lieu après le délai de six mois, à compter de la publication légale de l'ouvrage; et considérant que les chansons ayant pour titre *le Sénateur, la Bacchante, ma Grand'mère, Deo Gratias, la Descente aux Enfers, mon Curé* et *Margot*, étaient comprises dans le recueil imprimé en 1815, dont cinq exemplaires avaient été déposés au ministère de la police générale; qu'ainsi l'action publique était prescrite; que les mêmes principes s'appliquaient à la chanson des *Missionnaires*, insérée dans le 63e numéro de *la Minerve;* il a déclaré n'y avoir lieu à suivre contre lesdites chansons.

Mais, considérant que la chanson ayant pour titre *les Capucins*, tome II, présentait, notamment dans les troisième, quatrième et sixième couplets, un outrage à la morale publique et religieuse;

Que le troisième couplet de cette chanson était une offense envers les membres de la famille royale, et que la chanson ayant pour titre *le Vieux Drapeau* présentait une provocation au port d'un signe de ralliement prohibé par la loi; il a prévenu ledit de Béranger des délits prévus par les art. 1, 5, 8 et 10 de la loi du 17 mai 1819.

Le procureur du roi a formé, le même jour, opposition à cette ordonnance, seulement en ce qu'elle a admis la prescription.

La cour, après en avoir délibéré les 20, 23 et 27 novembre présent mois, statuant sur ladite opposition : attendu que la *réimpression* d'un ouvrage est un *nouveau fait* de publication, assujetti aux *mêmes formalités* que la première publication, et peut dès lors constituer un *nouveau délit;* qu'ainsi la prescription qui aurait été acquise à l'égard de la première publication ne peut être invoquée comme exception relativement à la seconde;

Attendu encore que l'ordonnance du 8 novembre 1821 *n'a pas compris tous les passages condamnables* signalés dans les réquisitoires des 27 octobre et 5 novembre précédents :

Annule ladite ordonnance. Mais, attendu que des pièces et de l'instruction résulte prévention suffisante contre Pierre-Jean de Béranger, d'avoir, en composant, faisant imprimer, publiant, vendant et distribuant un ouvrage en deux volumes, ayant pour titre *Chansons*, commis le délit d'outrage aux bonnes mœurs, notamment dans les chansons ayant pour titre *la Bacchante*, tome 1ᵉʳ, page 22; *ma Grand'-mère*, page 38; *Margot*, page 234;

Attendu que des pièces et de l'instruction résulte prévention suffisante contre ledit de Béranger, d'avoir, en composant, faisant imprimer, publiant, vendant et distribuant ledit ouvrage, commis le délit d'outrage à la morale publique et religieuse, notamment dans les chansons ayant pour titre *Deo Gratias d'un Epicurien, la Descente aux Enfers, Mon Curé, les Capucins, les Chantres de paroisse* ou *le Concordat de* 1817, *les Missionnaires, le Bon Dieu*, et dans le troisième couplet de la chanson ayant pour titre *la Mort du roi Christophe;*

Attendu que des pièces et de l'instruction résulte prévention suffisante contre ledit de Béranger, d'avoir, en composant et faisant imprimer, publiant, vendant et distribuant ledit ouvrage, commis le délit d'offense envers la personne du roi, notamment dans le septième couplet de la chanson ayant pour titre *le Prince de Navarre* ou *Mathurin Bruneau*; dans le quatrième couplet de la chanson ayant pour titre *le Bon Dieu*; dans le sixième couplet de la chanson ayant pour titre *l'Enrhumé*, et dans le dernier couplet de la chanson ayant pour titre *la Cocarde blanche*;

Attendu que des pièces et de l'instruction résulte prévention suffisante contre ledit de Béranger, d'avoir, en composant, faisant imprimer, publiant, vendant et distribuant ledit ouvrage, provoqué au port public d'un signe extérieur de ralliement non autorisé par le roi, dans la chanson ayant pour titre *Vieux Drapeau*;

Délits prévus par les articles 1, 3, 5, 8 et 9 de la loi du 17 mai 1819;

Renvoie ledit de Béranger devant la cour d'assises du département de la Seine, pour y être jugé à la plus prochaine session, conformément aux dispositions de l'art. 13 de la loi du 26 mai 1819, et maintient la saisie des instruments de publication;

Ordonne que le présent arrêt sera exécuté à la diligence du procureur-général.

Fait au Palais-de-Justice, à Paris, le vingt-sept novembre mil huit cent vingt et un, en la chambre du conseil, où siégeaient M. Merville, président; MM. Cholet, Bouchard, Lucy, Delahuproye et Cassini, conseillers, tous composant la chambre d'accusation, et qui ont signé. Ainsi signé, MERVILLE, CHOLET, BOUCHARD, A. LUCY, DELAHUPROYE, CASSINI, et HEDOUIN, greffier.

DEUXIÈME PROCÈS

FAIT A MESSIEURS

DE BÉRANGER ET BAUDOUIN[1]

PRÉVENUS,

L'UN COMME ÉDITEUR, L'AUTRE COMME IMPRIMEUR,
D'AVOIR PUBLIÉ
TEXTUELLEMENT ET DANS SON ENTIER
L'ARRÊT DE LA CHAMBRE D'ACCUSATION DU 27 NOVEMBRE 1821,
QUI RENVOIE M. DE BÉRANGER DEVANT LA COUR D'ASSISES,
COMME AUTEUR
DES CHANSONS RELATÉES DANS LEDIT ARRÊT.

Les portes de la cour d'assises se sont ouvertes à neuf heures du matin. Les ordres les plus sévères avaient été donnés pour éviter les inconvénients occasionnés dans la première affaire par l'envahissement de la salle ; des gendarmes occupaient toutes les issues, et ne laissaient entrer que les personnes qui avaient été assez heureuses pour obtenir des billets.

L'intérieur du parquet était occupé par des dames

---

[1]. Le libraire de M. de Beranger, M. Baudouin, avait été aussi mis en cause dans cette poursuite, relative à la réimpression des chansons dont le texte etait compris dans le jugement précédent.

dont la présence embellissait l'enceinte ordinairement si sévère d'une cour criminelle. On remarquait, parmi le petit nombre d'hommes qui avaient obtenu la faveur d'être admis dans le parquet, M. Gévaudan, député ; M. Andrieux, professeur au collége de France et membre de l'Académie-Française ; M. Paul-Louis Courier, savant helléniste, qui a précédé M. de Béranger à Sainte-Pélagie, etc. M. Baudouin est arrivé à neuf heures et demie avec M⁰ Berville, son avocat, et a fait distribuer des exemplaires de la consultation rédigée en sa faveur. A dix heures, M. de Béranger a été introduit. Les accusés ont procédé, dans la chambre du conseil, au tirage et à la récusation des jurés ; et la séance a été ouverte à onze heures moins un quart.

La cour était présidée par M. Jacquinot-Godard.

M. Marchangy, avocat-général, occupe le fauteuil du ministère public. Les deux accusés se placent sur des siéges qui leur avaient été préparés en avant du banc des avocats où siègent M⁰ˢ Dupin et Berville, leurs avocats, et M⁰ Coche, avoué de la cause.

Après l'accomplissement des formalités d'usage, M. le président procède à l'interrogatoire des accusés : le premier déclare se nommer Pierre-Jean de Béranger, être âgé de quarante-un ans, ex-employé, demeurant à Sainte-Pélagie ; le second, Alexandre Baudouin, imprimeur, âgé de trente ans. Tous deux reconnaissent la brochure ayant pour titre : *Procès fait aux Chansons de P.-J. de Béranger*, l'un pour l'avoir imprimé, et l'autre pour l'avoir fait imprimer ; ils déclarent qu'elle a été tirée à deux mille exemplaires, et que toutes les formalités exigées par la loi en pareil cas ont été remplies.

Le greffier donne lecture de l'arrêt de renvoi, duquel il résulte que les sieurs de Béranger et Baudouin sont renvoyés devant la cour d'assises du département de la Seine, pour y être jugés conformément aux dispositions de l'art. 13 de la loi du 17 mai 1819, comme coupables de réimpression, de vente et distribution d'un écrit condamné, et dont la condamnation était légalement réputée connue : délit prévu par l'art. 27 de la loi du 26 mai 1819.

La parole est à M. l'avocat-général Marchangy.

« Messieurs les jurés, dit l'orateur, dans les causes où il s'agit de récidive, l'accusation semble devoir prendre un accent plus sévère que si elle avait à signaler une première faute ; et cependant, quel est aujourd'hui le sentiment secret qui voudrait nous inspirer une tout autre disposition à l'égard du sieur de Béranger?

« Cet auteur fut condamné à trois mois d'emprisonnement pour avoir publié des chansons déclarées coupables : et nous qui l'avions poursuivi, nous aimions à penser que cette peine légère conciliait la justice, qui demandait une réparation, et la morale religieuse, pour qui cette réparation était demandée, avec l'indulgence que méritaient partout, mais en France plus qu'ailleurs, les licences d'un chansonnier. Oui, messieurs, nous aimions à penser que le sieur de Béranger, condamné au mois de décembre dernier, serait libre dès les premiers jours du printemps, et que son imagination, ranimée par cette saison si chère aux amis des vers, oublierait, en se mettant en harmonie avec la nature, de tristes sujets politiques puisés dans l'amertume des partis.

« L'instant où sa prison devait s'ouvrir est arrivé ; pourquoi faut-il qu'elle ne se soit ouverte en effet que pour le faire paraître de nouveau dans cette enceinte ?

« D'un autre côté, messieurs, est-ce donc à la Justice à céder? et, satisfaite d'avoir une fois sévi, n'osera-t-elle plus frapper quiconque aura négligé ses avertissements et bravé ses coups? Sera-t-il vrai que, dans un siècle appauvri à force de concessions, on puisse la réputer trop exigeante, lorsqu'elle viendra requérir deux peines successives contre celui qui aura commis successivement deux délits? Appellera-t-on l'assiduité de son courage et son impassible persévérance une obstination importune et une sorte d'acharnement? Ah! si la condamnation encourue par une première faute assurait l'impunité de toutes les autres, elle serait implorée par les coupables eux-mêmes, qui s'en feraient une sauvegarde et un titre à la protection de cette fausse et débile philanthropie, disposée à tout excuser, parce qu'elle ne sait rien prévoir.

« L'article 27 de la loi du 26 mai punit quiconque réimprime un écrit condamné. Le sieur de Béranger a fait imprimer chez Baudouin, et mis en vente un volume intitulé *Procès fait aux Chansons de P.-J. de Béranger*, dans lequel se trouvent les chansons condamnées.

« Le délit que prévoit la loi est donc avéré ; mais change-t-il de caractère, parce que les chansons réimprimées sont mêlées à une procédure?

« La défense peut vous dire : Il faut distinguer entre la réimpression pure et simple d'un écrit prohibé judiciairement, et celle de ce même écrit relaté dans les pièces d'un procès dont il a été l'objet. De tout temps ce fut un droit inhérent à la liberté de la défense que celui d'appeler en quelque sorte à son aide le témoignage de la société, et de faire entendre par-delà l'enceinte des tribunaux une voix dont l'indépendance est à la fois la garantie des accusés et un hommage rendu à la Justice elle-même, qui ne saurait redouter la publicité. Vingt procès fameux ont été imprimés de cette manière, et jamais leur compte rendu n'engendra d'autres procès.

« L'accusation répond : Oui, toute latitude est donnée à la justification des prévenus, et les grandes prérogatives de la défense leur sont laissées tant qu'ils parcourent les divers degrés de juridiction ; mais, lorsqu'une décision définitive est intervenue, ils rentrent dans la règle commune, et ne peuvent réclamer une publicité désormais sans objet, pour perpétuer un scandale qui serait la reproduction d'un délit.

« Il est des procès qu'on peut publier sans inconvénient, parce que le récit n'en est pas un crime ; mais ici le scandale se renouvelle, et la mesure répressive devient illusoire.

« Le sieur de Béranger n'a pu, comme il le dit dans une Consultation signée de trente-deux avocats, alléguer la nécessité de réimprimer la défense pour rétablir l'équilibre, parce que l'arrêt de renvoi où sont comprises les chansons ne fait pas partie de la défense, qu'on eût pu imprimer sans parler de l'arrêt qui n'est destiné qu'à l'instruction. On doit ensuite observer qu'il n'y a point de parité entre la défense et l'accusation, lorsque la condamnation est intervenue : car, après cette condamnation, l'accusation est seule présumée la vérité, *res judicata pro veritate habetur ;* enfin, où est le tort causé au condamné, puisque l'arrêt de condamnation doit être affiché ?

« La censure a, dit-on, supprimé la défense du sieur de Béranger. Les lecteurs y ont perdu sans doute le plaisir de connaître l'œuvre d'un talent distingué ; mais la censure n'a pas été instituée pour le plaisir des lecteurs : reste à savoir si la publication de la défense était nécessaire après le jugement.

« Le prévenu, en ne réimprimant que les chansons condamnées, n'est pas moins coupable que s'il eût imprimé tout le recueil ; il l'est même davantage, puisqu'il ne choisit précisément dans ce recueil que ce qui a été l'objet d'une juste réprobation. »

Après avoir ainsi soutenu l'accusation, voici comment monsieur l'avocat-général a terminé sa plaidoirie :

« Les uns penseront peut-être que, pour traduire les décisions des jurés et des magistrats à la barre de l'opinion publique, on peut faire connaître les écrits qu'ils ont injustement punis ; que dans ce cas la plainte est un droit, l'opposition un devoir, l'insulte un combat légitime, et le scandale une propriété ; qu'à la vérité la loi défend de publier des écrits condamnés, mais qu'ici la loi doit être récusée comme alliée de la Justice, qui a prononcé la condamnation ; et comme partie intéressée au procès qu'on défère à la société. Ces principes excitent votre surprise, et cependant, messieurs, ne serait-ce pas les consacrer que d'absoudre les prévenus ?

« Les autres penseront qu'on doit rejeter, comme de funestes erreurs, ces étranges distinctions entre la Justice et la société, qui n'ont au contraire qu'un seul et même intérêt, car la Justice est l'interprète de la société, puisqu'elle est l'organe des lois qui sont les paroles de la société personnifiée par le concours des trois pouvoirs ; qu'ainsi appeler à la société des arrêts de la Justice, c'est se révolter contre la société elle-même. Ils penseront que si cette téméraire inconvenance n'est pas un délit, du moins ne peut-on pas en faire un moyen spécieux pour exercer un délit véritable, tel que celui de la réimpression d'écrits condamnés : qu'ici la loi et la Justice sont à la fois bravées ; que si, dans ces agressions dérisoires, l'autorité légale était vaincue, l'état serait bientôt abandonné à l'insurrection et à l'anarchie, en telle sorte qu'au nom des lumières ils nous ramèneraient à la barbarie, avec cette différence, que si l'on sort de la barbarie fort de croyance, d'illusion et de vertu, on y rentre par l'incrédulité, la faiblesse et les sophismes. »

Me Dupin commence en ces termes[1] :

« MESSIEURS LES JURÉS,

« Si nous étions en pays d'inquisition, le téméraire qui aurait osé divulguer quelque procédure du saint tribunal pourrait être taxé d'indiscrétion, et son tort pourrait être facilement transformé en crime d'état. En effet, révéler les secrets du despotisme, les montrer au grand jour, c'est par cela seul le frapper de mort.

« Mais dans un pays qui fut toujours franc et toujours libre, dans une monarchie qui, de tout temps, fut tempérée ou par les lois ou par les mœurs et le caractère national, quelquefois même par le bon naturel et la générosité de ses rois ; sous un gouvernement aujourd'hui représentatif, et dont la

---

1. Le plaidoyer de Me Dupin n'ayant pas été sténographié, nous ne pouvons en offrir qu'une analyse telle que l'ont donnée les journaux, et principalement *le Courrier français* et le *Journal des Débats*, qui en ont rendu compte avec le plus d'étendue et d'exactitude.

liberté de la presse est la principale condition ; sous l'empire d'une Charte qui proclame la publicité des débats en matière criminelle, on doit s'étonner de voir des citoyens traduits en jugement et menacés de peines *ultra-séveres*, pour avoir osé publier un acte éminemment public, un arrêt de cour souveraine !

« Tel est cependant, messieurs, le genre de l'accusation que nous avons à discuter devant vous ; telle est la question que le jury français, appelé pour la dernière fois peut-être à prononcer dans ces sortes de causes, aura à résoudre dans celle des sieurs Baudouin et de Béranger. »

L'avocat, après avoir rappelé ce qui s'est passé lors du premier procès, continue ainsi : « La censure, peu regrettée et peu regrettable, avait laissé aux journaux toute latitude pour insérer l'accusation ; mais on vit alors le premier exemple de la suppression totale de la défense qu'on s'était jusqu'à ce temps contenté de mutiler et de restreindre ; on n'en a rien laissé mettre à aucun journal ; *le Drapeau blanc* eut cela de particulier, qu'après ces mots : « Mᵉ Dupin prend la parole, » il laissa une colonne de blanc ; vient ensuite la réponse de monsieur l'avocat-général qui réfute *victorieusement* ce qui précède. (On rit dans l'auditoire.)

« M. de Béranger, accusé de quatre délits, avait été acquitté sur trois chefs d'accusation. Il lui importait de faire savoir que les trois quarts de l'accusation étaient mal fondés ; mais l'accusation seule avait été reportée devant le tribunal de l'opinion publique ; il avait le droit d'y faire entendre sa défense.

« M. de Béranger, faisant un historique exact de

son procès, dit en commençant : « Le greffier lit l'arrêt de renvoi ; » c'est un fait incontestable, cet arrêt a été lu en audience publique ; il a pu être entendu par tout le monde ; mais, pour ne point couper le récit, il le renvoie à la fin, et le place au nombre des *pièces justificatives*. Il ne met dans son récit aucune animosité, aucune passion. Il veut publier son procès ; il dit : « Je serais coupable si je ne faisais entendre qu'une seule voix ; je donnerai ma défense, mais je donnerai aussi l'accusation, et même je mettrai l'arrêt de renvoi, afin que chacun apprenne le sujet de l'accusation, que chacun puisse le juger avec connaissance de cause. » Il y met tant de bonne foi, tant de scrupule et de fidélité, qu'il s'empresse de rendre hommage *à la justice et à l'impartialité* de monsieur le président. Ce n'est donc pas, comme on l'a dit, un esprit de vengeance et d'animosité qui l'inspirait. La seule chose qu'on ait attaquée dans son récit semblait la seule qui fût inattaquable ; on n'accuse ni le compte rendu, ni la plaidoirie de son avocat ; mais on accuse l'arrêt même de la cour ! c'est la Justice qui se saisit de sa propre main en appelant *au secours !* de telle sorte que, par un nouvel arrêt de condamnation, la Justice se frapperait elle=même... en la personne de Béranger toutefois. (On rit.)

« La question à examiner est celle de savoir si l'impression d'un arrêt est un crime ou un délit ; en d'autres termes, s'il y a des arrêts bons et des arrêts dangereux ?

« De Béranger s'est conformé à l'usage existant, depuis longtemps confirmé par l'opinion de savants jurisconsultes, et par l'autorité des ministres eux=mêmes. M. de Béranger est donc de bonne foi. La publicité des actes de l'autorité, des lois et ordon=

nances est commandée ; des formes sont prescrites pour établir cette publicité ; il en est de même des décisions de l'autorité judiciaire, des arrêts dans les procès civils et criminels.

« Tel est l'usage constant de nos pères ; n'est-ce pas d'eux, en effet, que nous est venue cette maxime du Palais, que *tout arrêt rendu appartient au public ?* Est-il besoin de rappeler le procès de Calas, l'affaire des trois roués, le procès de Damiens le régicide, qui fut imprimé sans qu'on craignît le danger de la publication des faits atroces qu'il contient ? On a publié, en deux volumes in-folio, le procès de la Cadière avec le père Girard, jésuite, accusé de l'avoir séduite, procès qui contient les détails les plus scandaleux. L'arrêt du parlement qui prononça l'expulsion des jésuites a été imprimé avec un grand luxe de gravure. »

L'avocat montre à la cour et aux jurés cet arrêt imprimé sur une simple feuille entourée d'un cadre gravé.

« On représenta avec soin, dans cette vignette, tous les vices que l'on attribuait aux jésuites, avec des numéros correspondants qui en donnent l'explication. Ainsi on voit là l'ambition, l'hypocrisie, le larcin, l'assassinat, etc., etc. ; et cet arrêt, ainsi imprimé, se vendait publiquement pour le prix modique de seize sous !

« Voulez-vous des arrêts rendus en matière de délits de la presse, j'en citerai deux remarquables. Le 23 février 1776, on condamna une brochure intitulée *Des Inconvénients des droits féodaux*. Le réquisitoire de monsieur l'avocat-général, où se trouvaient les passages incriminés, fut imprimé, et l'arrêt du parlement qui condamnait l'ouvrage a être lacéré et brûlé par la main de l'exécuteur des hautes-œuvres, fut imprimé, lu et affiché par ordre du parlement lui-même.

« L'*Histoire philosophique* de Raynal fut aussi condamnée à être lacérée et brûlée par la main du bourreau (car alors on condamnait les écrits à la *peine capitale*); l'arrêt de condamnation fut imprimé et affiché : les vétérans de la littérature se rappellent encore de l'avoir lu, et l'un d'eux m'a avoué avec naïveté que c'est après cette lecture qu'il est allé acheter l'ouvrage.

« Après que l'*Émile* de Rousseau eut été condamné par arrêt du parlement à la même peine, l'archevêque de Paris transcrivit dans un mandement plusieurs passages de ce livre, pour les réfuter, et ce mandement fut affiché dans toutes les églises.

« Lorsque Buffon publia son *Histoire générale*, il fut censuré par la Sorbonne; l'acte de censure relata quatorze passages dans lesquels on l'accusait d'attaquer la doctrine des livres saints. Buffon, que ces censures n'arrêtèrent point, continua l'impression de son ouvrage, et fit insérer dans le tome IV de son *Histoire naturelle* l'acte de censure avec les quatorze passages censurés; il y joignit même une réfutation; et, ce qui est fort remarquable, son ouvrage fut non seulement publié avec privilége du roi, mais encore sortit des presses de l'*Imprimerie royale*.

« Ainsi, dans l'ancienne législation, permission d'imprimer tous les arrêts, avec les passages qu'ils condamnaient, sans que jamais on ait vu là une récidive; et pourtant alors la procédure était secrète, les accusés étaient privés de défenseur; les tribunaux pouvaient condamner, sans autre explication, *pour les cas resultant du proces,* ordonner l'étranglement *entre deux guichets* ; il y avait torture, censure et Bastille ! C'est sous un tel gouvernement qu'on donnait la plus grande publicité aux arrêts ; et aujourd'hui on les redouterait comme dangereux, aujourd'hui que nous vivons sous un gouvernement représentatif, qui a pour base, en point de droit du moins, la publicité des actes de l'autorité !

« Examinez maintenant quelle a été la jurisprudence de la révolution, car cet usage est de tous les temps et de tous les lieux, il remonte à l'antiquité la plus reculée, où l'on inscrivait au-dessus de la tête des condamnés les motifs de leurs condamnations ; nous en voyons ici une autorité sacrée : au-dessus de la tête de ce crucifix vous lisez : *Jésus de Nazareth, condamné à mort pour avoir pris le titre de roi des Juifs;* et le crime du proconsul qui fit périr un innocent vient déposer ici de l'usage antique de publier les arrêts.

« Si l'on condamne un coupable, c'est pour agir sur l'esprit des autres citoyens ; mais, pour que sa condamnation soit utile, il faut que le crime soit connu Quand il consiste dans un écrit, il faut donc qu'on sache ce que contient cet écrit. Depuis 1792, tous les procès célèbres ont été publiés. La fureur de la Convention n'a pas été jusqu'à étouffer la publication du procès de Louis XVI. La susceptibilité du consulat ne s'est point effrayée de celui de mademoiselle de Cicé. L'autorité impériale n'a pas craint de laisser connaître les détails de celui de Moreau.

« Aujourd'hui, la Charte, sous l'empire de laquelle nous vivons, proclame en principe que *les débats sont publics en matière criminelle.* Sera-ce une publicité d'exception, une publicité privilégiée, une publicité pour tous, ou seulement pour ceux qui auront pu se procurer des billets d'entrée? Non, messieurs : la publicité garantie par la Charte a été stipulée pour la société tout entière. La publicité est tellement de l'essence des arrêts, que lors même que la loi permet que l'audience ait lieu à huis clos, il faut que l'on ouvre toutes les portes avant la prononciation de l'arrêt, afin que l'arrêt soit prononcé en public.

« Tel était le droit antérieur à la loi du 26 mai. Depuis, le principe de la publicité des arrêts et des débats a encore été confirmé par de nouveaux exemples. Les journaux ont eu le droit de rendre compte des débats en matière criminelle; mais la censure, qui a quelquefois interdit la défense, ne s'est jamais exercée sur les arrêts : une seule fois cette censure agonisante a cru pouvoir porter une main criminelle sur un arrêt de la cour; elle en a retranché le considérant qui blessait un de ses membres; mais cet attentat, jusqu'alors inouï, ne s'est pas renouvelé. Non seulement les journaux ont pu rendre compte des accusations et des arrêts qui les ont couronnées, mais presque tous les procès notables ont été imprimés séparément, en corps d'ouvrage.

« Ainsi, dans le premier procès jugé à la cour des pairs, et publié en 2 vol. in-8°, l'éditeur a rendu compte du vote même des juges. On a également imprimé le procès de Drouot, de Cambrone, du duc de Rovigo, etc., etc.

« Dans les procès relatifs aux délits de la presse, *la Bibliothèque historique*, après avoir été condamnée, a rendu compte de son procès, et a produit les pièces justificatives; *le Censeur* a tenu la même conduite. M. Fiévée, traduit pour un des numéros de sa *Correspondance privée*, a publié l'ordonnance de la chambre du conseil ; il fit imprimer le jugement de condamnation, et y ajouta, pour la commodité du lecteur, les passages incriminés, dont on s'était contenté d'indiquer les pages, et notamment le fameux passage où se trouvait le mot *bonhomie*. »

M⁰ Dupin, après avoir cité quelques autres exemples, s'appuie du témoignage de M. de Serres, auteur de la loi du 17 mai. M. Sirieys de Mayrinhac voulait que le député qui se serait servi d'une phrase inconvenante fût déporté sur son banc ; un autre membre proposa par amendement que la phrase ne fût pas répétée dans les journaux. M. de Serres, alors garde des sceaux, s'éleva contre cette proposition : « L'amendement, dit-il, dans une discussion publique, rendrait une partie de la discussion secrète : ce serait une chose contraire à ce qui se passe ailleurs. Quelque atroce que soit un fait, quelque infâme que soit un libelle, on *permet* aux journaux, en rendant compte des arrêts des tribunaux, de citer les passages incriminés. Cela est même *dans l'intérêt de la morale publique.* »

« Aussi, continue M⁰ Dupin, quand la question a été soumise au barreau, on n'a été embarrassé que de limiter le nombre des souscripteurs ; trente-deux jurisconsultes, parmi lesquels on remarque notre doyen, notre ancien bâtonnier, et d'autres avocats distingués, trente-deux jurisconsultes investis de la confiance publique ont tous répondu, sans hésiter, que le fait d'avoir imprimé et publié un arrêt de la cour ne constituait ni crime ni délit ; et vous voulez qu'un chansonnier, qui n'entend pas les lois comme trente-deux jurisconsultes, ait considéré comme défendu ce que tant d'hommes de talent ont cru permis, ce qu'un garde des sceaux a déclaré être même *dans l'intérêt de la morale publique !*

« M. de Béranger avait le droit de se rendre historien, pourvu que le compte fût fidèle, et ce n'est pas au moment où un article d'une loi nouvelle punit le compte rendu avec infidélité, qu'on punira de Béranger pour avoir été trop fidèle en copiant l'arrêt lui-même.

« Mais cet arrêt renferme des chansons! Cela est possible; l'arrêt renferme ce qu'on y a mis; si la loi ordonne de lire en audience publique, c'est qu'elle ne le croit pas dangereux; s'il y a quelque inconvénient à cela, si l'on pense que la loi est mauvaise, il faut la rapporter. Il suffira pour cela d'ajouter un article au crédit législatif en ce moment demandé par les ministres. Mais en attendant, reste dans toute son étendue le droit de publier les arrêts en leur entier, et tels qu'ils sont rendus.

« Eh! d'ailleurs, n'est-ce pas faire injure à la cour que de supposer qu'un seul de ses arrêts puisse être dangereux? Non, ce n'est point un écrit coupable, ce n'est point un écrit dangereux que de Béranger a publié, *c'est l'arrêt, l'arrêt, l'arrêt*.

« Vainement on veut distinguer entre les différents arrêts : où la loi ne distingue pas, le juge ne peut pas distinguer; si la publicité d'une chanson est plus dangereuse que la publicité d'un crime, c'est le chansonnier qu'il faut condamner à mort, et le meurtrier à l'amende. Mais c'est évidemment s'abuser; si l'on a pu sans danger publier les détails de l'affaire de Fualdès, que craindre de la publicité de quelques couplets insérés dans un arrêt? Le crime est malheureusement plus commun que le génie, et il y a plus à craindre de voir se renouveler des assassinats, que de voir faire à d'autres des chansons comme celles de de Béranger. »

L'avocat se demande en résultat ce qu'on doit entendre par le mot de *réimpression?* C'est la reproduction d'un ouvrage entier ou dans une partie notable, mais isolément, et non celle de quelques passages qui se trouvent incrustés dans un arrêt, car c'est alors l'arrêt qu'on reproduit. La réimpression n'existe que dans le cas où il y aurait lieu à la poursuite en *contrefaçon*, si elle était faite par un autre que l'auteur.

Examinant ensuite la question d'intention, Mᵉ Dupin dit qu'un fait criminel peut bien s'excuser quelquefois par l'intention, mais qu'un fait innocent en lui-même ne peut jamais être incriminé par une intention supposée mauvaise, lorsque d'ailleurs tous les faits repoussent cette supposition. Il discute ces faits et expose les motifs légitimes qu'a eus de Béranger de publier son procès. Il montre ensuite que, si l'on condamnait M. de Béranger, il faudrait ordonner la suppression de l'arrêt. Ainsi l'on verrait une cour royale ordonner la suppression d'un de ses arrêts comme dangereux.

Mᵉ Dupin termine sa brillante plaidoirie par un résumé plein de force et de clarté. « Si je n'ai pu vous convaincre, dit-il en finissant, un autre saura vous persuader. »

Il cède la parole à M. Berville, qui s'exprime en ces termes.

« Messieurs les jurés,

« Pourquoi sommes-nous devant la cour d'assises? quel crime si grave a pu soulever contre nous la sévérité du ministère accusateur? Je cherche un corps de délit, et je trouve un arrêt de cour royale; je cherche un coupable, et je vois un homme qui a publié sa défense avec des pièces justificatives. Du côté de l'éditeur, les principes les plus sacrés; la publicité des débats, la sainteté de la défense, la majesté des arrêts, une possession de droit consacrée par un usage immémorial; du côté de l'imprimeur, une confiance fondée sur les causes les plus légitimes, une fin de non-recevoir invincible et puisée dans le texte même de la loi que l'on invoque contre nous; tout se réunit pour assurer le succès de la défense; tout semblait écarter d'avance jusqu'à l'idée d'une accusation. Pourquoi donc sommes-nous devant la cour d'assises?

« J'éprouve ici, messieurs les jurés, un embarras bizarre et cependant réel, c'est d'avoir trop raison. Il est plus difficile qu'on ne le croit de prouver l'évidence. Comment trouver des arguments sérieux pour démontrer que le jour est l'opposé de la nuit, que deux et deux font quatre, et qu'un imprimeur ne mérite pas une année de prison pour avoir imprimé textuellement l'arrêt d'une cour de justice lu en audience publique, et certifié par la signature d'un officier ministériel?

« Vous vous rappelez quelles circonstances ont amené cette publication. L'un de nos premiers poetes, M. de Béranger, venait d'être traduit devant les tribunaux; la cour n'avait pas vu d'inconvénient à la publicité des débats; elle n'avait pas cru nécessaire de tenir son audience à *huis clos :* après des plaidoiries contradictoires prononcées devant un concours immense d'auditeurs, de Béranger, condamné sur un seul chef d'accusation, avait triomphé sur tous les autres.

« De Béranger comptait de nombreux amis; son talent comptait de nombreux admirateurs : tous attendaient avec une impatience facile à concevoir le récit des débats. Les journaux arrivent : l'accusation s'y trouve reproduite dans toute son étendue comme dans toute sa sévérité; elle était éloquente; la défense, on le savait déjà, ne l'avait pas été moins. On lit l'accusation, on cherche la réponse, cette réponse qui doit laver un auteur chéri des reproches amers élevés contre lui; cette réponse qui, victorieuse devant la justice sur presque tous les points, sera sans doute également victorieuse au tribunal de l'opinion publique; on la cherche... c'est en vain. La censure (qui, comme l'a spirituellement dit l'orateur du ministère public, *n'a pas été instituée pour le plaisir des lecteurs*), l'inexorable censure a tout supprimé...

« Grand Dieu! sous un gouvernement libre, la défense d'un accusé supprimée! Un cri général s'est élevé : c'est vous-mêmes que j'en atteste; et ici ce n'est point l'opinion que j'interroge, c'est la conscience : l'opinion ici n'est rien, la conscience est tout. Je vous prends donc à témoin qu'en ce moment il n'est pas un homme, quels que fussent d'ailleurs ses passions ou ses principes, pourvu qu'au fond de son cœur brûlât encore une étincelle de générosité, qui ne se soit écrié : *Si j'étais de Béranger, je ferais imprimer ma défense.*

« Ce que tous vous eussiez fait, messieurs les jurés, c'est ce qu'a fait M. de Béranger. Il a fait mieux encore : impartial dans sa propre cause, il a joint à ses défenses les plaidoyers du ministère accusateur et les pièces officielles du procès, imprimées sur les copies délivrées par le greffier de la cour, et légalisées par la signature de l'officier ministériel.

« Voilà la cause de M. de Béranger; voyons maintenant celle de M. Baudouin... »

(Ici l'avocat examine quelles étaient les obligations légales de l'imprimeur, et prouve qu'il ne devait pas être mis en cause; il continue.)

« Cependant, nous y sommes : il faut donc discuter l'accusation qui nous y a conduits. Des exceptions que je vais invoquer, deux, la première et la troisième, sont communes aux prévenus; une autre, la seconde, est particulière à M. Baudouin. J'établirai en premier lieu qu'il n'y a point, dans la cause, de *corps de délit;* ensuite, qu'en supposant un délit, on ne peut accuser l'imprimeur d'y avoir participé *sciemment;* enfin, que le ministère public n'est point recevable à requérir contre nous les peines de la réimpression, parce que la disposition qui défend de réimprimer un écrit condamné n'est exécutoire qu'après l'accomplissement de certaines conditions qui n'ont pas été remplies.

« Je soutiens d'abord que, dans la cause, il n'y a point de *corps de délit.*

« Qu'est-ce qu'un *corps de délit?* Vous le savez, messieurs; c'est un fait matériel défendu par une loi pénale, et qui sert de base à l'accusation dirigée contre tel ou tel individu. Ainsi, dans une accusation d'homicide, le *corps de délit* est un homme assassiné; ainsi, dans une accusation de faux, le *corps de délit* est un écrit falsifié. Avant de chercher le faussaire ou le meurtrier, il faut que la Justice ait reconnu l'existence d'un faux ou d'un meurtre.

« Ici, je me demande où est le *corps de délit?* Je vois un arrêt de cour royale lu dans un débat public, et je cherche dans les lois passées, présentes, j'allais presque dire futures, une loi qui défende d'imprimer l'arrêt d'une cour de justice, une loi qui défende de rapporter les circonstances d'un débat public?

« Reprenons successivement ces deux points du procès :

« *Les débats sont publics en matière criminelle.*

Telle est la disposition de l'article 64 de la Charte constitutionnelle! qui n'a point en cela créé un droit nouveau, qui seulement a confirmé un ordre dès longtemps établi.

« Le principe posé par la Charte n'admet qu'une exception : *A moins*, dit le législateur, *que cette publicité ne soit dangereuse pour l'ordre et les mœurs; et, dans ce cas, le tribunal le déclare par un jugement.*

« Ici l'exception devient un nouvel argument en notre faveur, puisqu'elle n'a point été appliquée, puisque le tribunal saisi de la cause a voulu que l'audience fût publique. Et rendons hommage à la sagesse des magistrats : ils ont senti que le mystère ne convient pas à la Justice; qu'elle se dégraderait en essayant de se cacher; que l'opinion refuserait de sanctionner des décisions furtives; que l'équité la plus pure ne serait pas à l'abri des soupçons, du moment qu'elle consentirait à s'envelopper d'ombres et de voiles; ils se sont dit que, si la publicité est pour les accusés une garantie nécessaire, elle est aussi un devoir du juge envers lui=même, envers la société qu'instruisent ses arrêts; que, lorsque le magistrat prononce du haut de son tribunal, il semble dire aux peuples attentifs : *Peuples, écoutez; car ceci est la Justice.*

« Eh bien! du moment que le tribunal, d'accord avec la loi, a ordonné la publicité du débat, le débat est devenu propriété publique : chacun a pu s'en emparer; la sténographie a pu le recueillir; les journaux ont pu le reproduire : sa publication n'est pas seulement devenue licite, innocente, mais légitime, mais salutaire, elle a secondé le vœu des magistrats, le vœu des législateurs. Supposons que l'enceinte de la cour d'assises se fût trouvée assez vaste pour contenir la France tout entière ; loin d'en être blessées, la Justice et la loi en eussent été satisfaites ; leur désir eût été plus complètement rempli. Et moi, en publiant le débat, je n'ai rien fait qu'agrandir l'enceinte de la cour d'assises.

« Ainsi, lorsque j'ai rendu un compte public d'un débat public, loin de violer la loi, j'ai accompli la loi, j'ai complété par l'impression la publicité légale de l'audience ; j'ai ajouté la publicité de fait à la publicité de droit ; ou plutôt, ce n'est pas moi qui suis l'auteur de la publication, c'est la cour elle-même. Dans les autres écrits, la pensée de l'auteur est secrète jusqu'au moment de l'impression ; c'est l'impression, c'est la mise en vente qui constituent la publication. Ici, la publication était consommée quand j'ai commencé d'imprimer ; je ne l'ai point faite, je l'ai continuée. La véritable publication s'est effectuée au moment où le président de la cour d'assises a prononcé ces paroles : *Huissier, ouvrez les portes de l'audience.*

« Rendre compte d'un débat public, c'est donc faire non seulement ce que la loi permet, mais ce que la loi désire ; c'est ajouter à la publicité d'une chose dont la loi veut la publicité ; c'est remplir l'intention du législateur.

« Ceci posé, il ne reste plus qu'à décider un point de fait fort simple ; c'est de savoir si l'arrêt de renvoi a fait partie du débat ; mais cette question n'en est pas une ; chacun sait que les arrêts de renvoi font partie des débats criminels, qu'ils font la base de ces débats ; c'est la lecture de l'arrêt de renvoi qui ouvre les débats. Vous en avez eu la preuve dans cette audience même.

« Tout notre crime est donc d'avoir fidèlement rendu compte d'un débat public ; de n'avoir retranché aucun fait, supprimé aucune circonstance; d'avoir, en imprimant la relation d'une audience criminelle, rapporté la teneur d'une pièce lue dans cette audience : notre faute est d'être trop exempts de faute; moins fidèles, moins scrupuleux, nous ne serions pas en accusation.

« Chose étrange ! c'est au moment où l'on porte des lois contre l'infidélité dans le compte rendu des débats judiciaires ; c'est alors, dis-je, que l'on vous propose de punir un éditeur coupable de fidélité dans le compte rendu d'un débat judiciaire ! Ainsi, dans le même instant, on demande des lois contre l'infidélité, et des jugements contre la fidélité !

« Si l'inexactitude est un devoir, pourquoi fait-on des lois contre elle ? Si l'exactitude est un devoir, pourquoi sommes-nous devant la cour d'assises ?

« Faut-il maintenant appeler l'usage au secours des principes ? Examinons l'usage.

« L'usage est ici d'une grande influence ; il établit le droit : à défaut du droit, il établirait encore la bonne foi, toujours exclusive du délit en matière criminelle.

« *L'usage établit le droit.* Cette vérité ne saurait être méconnue. L'usage est la sanction la plus solennelle, la promulgation la plus authentique des lois. Quand, durant de longues années, quand, sous plusieurs législations successives, les citoyens ont joui constamment et sans trouble d'une faculté, l'exercice de cette faculté devient pour eux un droit acquis, qu'une loi nouvelle pourra restreindre s'il offre des dangers, mais que jusque-là nul pouvoir ne peut leur disputer. Ils suivent la foi sociale ; ils usent de ce qui existe : c'est leur propriété, c'est leur droit.

« S'il en était autrement, la justice ne serait plus qu'un piége tendu à la confiance des citoyens. Comment savons-nous qu'un acte est licite ou criminel ? N'est-ce pas par la pratique universelle, par l'expérience journalière ? Quoi ! j'aurai vu faire une chose à tout le monde, autour de moi, avant moi, sans que l'autorité publique ait élevé jamais une seule plainte ; et il faudra que, par une sorte d'inspiration, de science surnaturelle, je devine que cette chose est défendue, et défendue pour moi seul ! Ainsi la loi ne sera plus qu'un privilége ; elle perdra ce caractère de généralité qui seul assure sa pureté en assurant sa justice ; elle ne sera plus qu'une arme secrète qu'on pourra diriger à volonté contre quelques individus ! La Justice me frappera sans m'avertir ; et, parce que j'aurai pris confiance dans l'état des choses établi, dans la possession constante, sévère seulement à mon égard, le ministère public pourra fondre inopinément sur moi, me traîner au pied des tribunaux ! S'il en était ainsi, nul d'entre nous ne serait assuré de n'être pas, à chaque instant de sa vie, appelé devant la cour d'assises ; car il n'est pas un de nous qui, dans les actes de sa vie, ne prenne pour guide l'opinion commune et l'usage établi.

« Telle est, au contraire, la force de l'usage, qu'il abroge même des lois existantes. Les lois que l'on n'exécute point tombent en désuétude, et les jurisconsultes reconnaissent, outre l'abrogation formelle, l'abrogation tacite qui résulte du long sommeil de la loi. »

Ici l'orateur s'attache à prouver par de nombreux exemples que, sous toutes les législations, la relation des procès célèbres, et spécialement le compte rendu des débats publics, ont été entièrement libres. Il rappelle les exemples cités par

M⁰ Dupin ; il en ajoute quelques autres il conclut ainsi :

« Vous le voyez, messieurs les jurés, avant la loi de 1819, depuis la loi de 1819, tout le monde a pu librement faire de semblables publications ; il n'existe pas un seul exemple de poursuites dirigées contre de tels écrits. Si nous n'avons fait que ce que tout le monde faisait avant nous avec toute sécurité, pourquoi sommes-nous devant la cour d'assises ?

« Nous avons prouvé que le compte rendu d'un débat public ne peut constituer un *corps de délit*. Prouvons maintenant, en examinant la cause sous un nouvel aspect, que l'impression d'un arrêt ne peut constituer un *corps de délit*.

« Un arrêt est l'œuvre des magistrats, il est sacré comme eux ; il participe à leur inviolabilité. Nul pouvoir n'aurait le droit de le supprimer ; nul, pas même la cour elle-même. Non, c'est dans le sentiment profond de mon respect pour la cour que je déclare que la cour ne pourrait supprimer par son arrêt un arrêt de la cour.

« Mais ce que l'on vous demande n'est-il pas une véritable suppression ? Déclarer qu'un arrêt de la cour ne peut être imprimé sans crime, n'est-ce pas en prononcer la suppression ? Bien plus, si l'on nous condamnait pour avoir imprimé l'arrêt de la cour, la cour ne se trouverait-elle pas forcée d'ordonner que *l'arrêt demeurera supprimé ?*

« Aussi l'accusation a-t-elle senti le besoin de changer l'état de la question. Si l'on fût venu vous demander : *MM. de Béranger et Baudouin sont-ils coupables pour avoir réimprimé l'arrêt de la cour royale ?* cela n'eût pas même été présentable ; l'absurdité eût sauté aux yeux. Au lieu de cela, l'accusation vous a mis un fait à la place du fait véritable : elle est venue vous dire : *MM. de Béranger et Baudouin ont réimprimé des chansons condamnées.* Point du tout : la question porte à faux. Nous n'avons pas imprimé des chansons ; nous avons imprimé un arrêt : des arrêts ne sont pas des chansons.

« *Mais l'arrêt contient des chansons !* Est-ce ma faute ? Est-ce moi qui l'ai rédigé ? *L'arrêt contient des chansons !* Cela se peut : je n'en sais rien ; cela ne me regarde pas. C'était un arrêt : je ne l'ai pas lu ; je n'ai pas dû le lire.

« Que prétendez-vous donc ? Parce que l'arrêt contenait des chansons, était-il interdit de l'imprimer ? Mais c'est la suppression de l'arrêt que vous prononcez. Fallait-il l'émonder, en retrancher les passages condamnés ? Voilà les arrêts de la cour soumis à la censure préalable des imprimeurs !

« Veuillez, de grâce, observer combien de circonstances réunies en notre faveur ! Le compte rendu fidèlement d'un débat public, nous l'avons prouvé, ne peut être coupable ; mais tous les éditeurs de semblables relations n'ont pas un intérêt également légitime à la publicité du débat, tous les débats ne consistent pas en *pièces*, et les *pièces* sont ce qu'il y a de moins altérable par la passion, la négligence ou la mauvaise foi ; toutes les pièces ne sont pas *officielles*, toutes les pièces officielles ne sont pas des *arrêts*, tous les arrêts enfin ne sont pas lus en *audience publique*...

« Ici toutes ces circonstances viennent concourir à notre justification : nous avons rendu compte d'un procès ; ce procès est le nôtre ; ce que nous avons imprimé est une pièce ; cette pièce est officielle ; cette pièce officielle est un arrêt ; et cet arrêt a été lu publiquement au débat.

« L'accusation, messieurs, vous propose des choses bien étranges. Elle vous propose d'effacer, par une décision rétroactive, la publicité d'un débat qui a eu lieu publiquement; de faire, après coup, d'une audience publique, une audience à *huis clos;* de prononcer la suppression d'un arrêt de cour royale... En vérité, tout cela est trop fort.

« Ainsi, point de délit; donc, point de complice. La justification de de Béranger est pour Baudouin une première ligne de défense.

« Dois-je maintenant vous parler des accusés, après vous avoir parlé de la cause?

« Je l'avoue, messieurs les jurés, cette cause m'afflige profondément; elle m'afflige pour elle-même, pour les principes, pour la justice; elle m'afflige pour les hommes si dignes d'intérêt que nous venons défendre.

« Ici, c'est un jeune négociant, recommandable par l'aménité de ses mœurs et la douceur de son caractère; c'est un nouvel époux qu'une accusation inopinée a surpris au milieu des fêtes nuptiales...

« Là, c'est un littérateur aussi distingué par ses talents que par ses qualités morales; c'est de tous les écrivains de cette époque celui qui peut-être a fait faire le plus de progrès au genre qu'il a cultivé; poète ingénieux, philosophe aimable, portant la pauvreté avec noblesse, et la célébrité avec modestie... Dites-moi, n'y a-t-il pas quelque chose de barbare à tourmenter ces hommes d'élite à qui nous devons tant de plaisirs, à qui la France devra peut-être quelque gloire? N'est-ce pas une espèce de sacrilége de les harceler par des persécutions, de troubler leurs loisirs si fertiles, de fatiguer leur existence, de flétrir leur génie? Mieux inspirés que nous, les anciens révéraient les bons poètes; ils les nommaient des hommes divins ; ils les regardaient comme des êtres sacrés, ils dévouaient aux furies quiconque osait offenser ces favoris des dieux. Si Platon, plus austère, bannissait les poëtes de sa république, il ne les envoyait point en prison ; il les couronnait de roses, et les reconduisait à la frontière, aux sons d'une musique harmonieuse ; on ne pouvait donner un congé d'une manière plus aimable. Jusque dans ses sévérités, Platon respectait les dons brillants de la nature dans ceux qu'elle en avait favorisés. Et nous aussi, messieurs, respectons-les, ces hommes précieux ; respectons-les, car la nature en est avare ; respectons-les, car ils sont la fleur de leur siècle et l'honneur de leur patrie ; respectons-les, car ils sont les rois de l'avenir, ils disposent de la postérité, et la postérité prendra parti pour eux. Elle n'a point pardonné, cette postérité, à Auguste l'exil d'Ovide, à Louis XIV lui-même la disgrâce homicide de Racine ; elle a flétri d'un éternel opprobre la main qui donna des fers au chantre d'Armide. Un jour aussi, cette postérité s'informera comment la France a traité son poëte, quels honneurs ont été rendus, quelles récompenses accordées, quelles couronnes décernées au rival d'Anacréon. Quelle sera la réponse?... Ah! messieurs les jurés! pourquoi sommes-nous devant la cour d'assises! »

Des applaudissements unanimes partent de tous les points de la salle.

M. Marchangy : « Notre ministère vous paraîtra sans doute bien sévère après la péroraison touchante que vous venez d'entendre, et les applaudissements indiscrets qui ont profané cette enceinte. Je rends justice cependant à la modération des plaidoiries ; les avocats, en soutenant la bonté de leur cause, se sont gardés de se livrer aux mouvements passionnés qui auraient pu en faire douter. »

M. Marchangy discute d'abord la fin de non-recevoir, il dit que l'insertion de l'arrêt au *Moniteur* n'est qu'une présomption de droit, et que, supposé qu'elle n'existât pas, il y aurait encore la présomption de fait, puisqu'il était impossible que de Béranger ne connût pas l'arrêt de condamnation. Répondant à l'objection tirée de ce qu'il n'y avait pas de corps de délit, il soutient que, si la loi n'a pas prévu qu'on pourrait l'éluder à l'aide d'un protocole, ce n'est pas une raison pour soutenir qu'on a pu ainsi se jouer de sa prohibition.

M. l'avocat-général s'attache ensuite à réfuter ce qu'il appelle trois erreurs avancées par les avocats. D'abord, on a cité des exemples antérieurs à la loi qui nous régit. Et quand bien même il y aurait quelques faits qui lui seraient postérieurs, on ne pourrait pas argumenter de l'oubli des agents de l'autorité. (Ici des murmures interrompent M. l'avocat-général, qui dit avec force : « Audiencier, faites faire silence. »)

« En second lieu, on a confondu dans les débats la publicité intérieure avec la publicité extérieure : la publicité n'est exigée que dans l'intérêt de celui qui veut prouver son innocence. Dès que le jugement de condamnation est intervenu, la publicité n'est plus nécessaire. »

M. Marchangy soutient que, par cela que la loi déclare qu'on ne peut être poursuivi pour la publication des pièces émanant de la Chambre des députés, sans établir la même disposition pour les pièces relatives aux affaires judiciaires, ces dernières peuvent donner lieu à des poursuites.

Enfin, on a confondu les arrêts de renvoi avec les arrêts définitifs; le principe de publicité ne s'applique qu'aux derniers.

Quant aux paroles de monsieur le garde des sceaux, c'est trop accorder aux ministres que de leur accorder le pouvoir législatif et de recevoir leurs discours comme des oracles.

Monsieur l'avocat-général pense que M⁰ Dupin n'a point eu à se plaindre des journaux, quoique son plaidoyer n'y ait point été inséré, puisque *le Courrier* entre autres dit qu'il a réfuté victorieusement les doctrines du ministère public; que, pour apaiser l'amour-propre de l'avocat, il suffisait en tout cas d'imprimer la défense sans imprimer l'arrêt, et qu'on n'a pas dû se venger sur la société des torts de la censure.

« On a cherché à vous émouvoir, continue-t-il, par la gravité de la peine; mais ce motif ne doit pas faire impression sur vous, messieurs les jurés: ce serait envahir le droit de faire grâce, ce droit qui n'appartient qu'au souverain. »

M⁰ Dupin: « Après une réplique couverte d'applaudissements bien mérités, et dont il faut absoudre les auditeurs, puisque l'émotion de leurs cœurs leur a ôté le pouvoir de les refuser, je croyais que le ministère public ne serait pas revenu sur une accusation dont il désespère lui-même. »

M⁰ Dupin réfute alors les différentes objections de monsieur l'avocat-général: « Quant à la fin de non-recevoir, la cause, dit-il, peut très-bien se passer de ce secours ; mais il n'en est pas moins vrai qu'en point de droit, cette fin de non-recevoir doit être admise. En effet, lorsque la loi établit des formalités spéciales pour constater la publicité d'un acte, on ne peut pas suppléer au défaut de ces formalités par de prétendus équivalents, ni remplacer la présomption de droit par une présomption de fait. C'est ainsi qu'un député qui aurait discuté une loi, qui aurait contribué par son vote à son adoption, ne serait pas cependant, en droit, censé la connaître, tant qu'elle n'aurait pas été promulguée dans les formes voulues par le Code civil. Il en est de même dans l'espèce. Pour qu'il y ait récidive dans le cas de réimpression, il faudrait que l'arrêt de condamnation eût été inséré dans *le Moniteur*, avec les formalites exigées pour les arrêts de déclaration d'absence, c'est-à-dire dans la partie officielle. Or, l'arrêt n'a point été inséré ; il n'y a donc point récidive aux yeux de la loi.

« Monsieur l'avocat-général a dit que le législateur n'avait pas pensé à prévoir ce cas ; je m'empare de cet aveu, et je dis que, puisque le législateur n'y a pas pensé, le ministère public ne doit pas y penser non plus.

« On nous a reproché d'avoir confondu les époques ; non : j'ai cité des arrêts de toutes les époques pour montrer que jamais cette publicité n'avait été interdite. J'en ai cité de la Convention même, auxquels on avait accordé la plus grande publicité. La Convention voulait du sang, mais elle laissait du moins la publicité. Après avoir fait tomber les têtes, elle permettait aux écrivains et aux journalistes de faire reconnaître l'innocence de ceux qu'elle avait traînés à l'échafaud !

« Le ministère public a distingué la publicité de

l'audience et la publicité extérieure. Je n'admets pas cette interprétation, parce qu'elle est restrictive. Partout où je verrai une interprétation qui tendra à détruire nos droits, à restreindre nos libertés, j'opposerai une interprétation plus large; et mon amour pour la Charte, pour l'institution qu'elle consacre, me persuade que la liberté des débats doit être pleine et entière, telle que son auteur nous l'a promise, et non telle qu'on veut nous la faire.

« Quant aux inductions que j'ai tirées du discours de M. de Serres, entendons-nous : certes, je ne suis pas dans l'usage de faire trop de concessions aux ministres : je suis loin de regarder comme vraies, encore moins comme obligatoires, toutes les propositions qui sortent de leur bouche; ils sont les orateurs du pouvoir; ils cherchent naturellement à l'étendre; et c'est en pareil cas qu'il convient de les écouter avec défiance, et qu'on peut se trouver en opposition avec eux : mais, si par hasard il arrive à l'un d'eux de dire quelque chose de favorable à la liberté, alors je m'en empare, j'en prends acte comme d'un aveu sorti de la bouche de la partie adverse. »

Me Dupin soutient que la loi n'ayant pas établi de distinction pour les arrêts des cours et les jugements des tribunaux, selon les divers genres d'accusation, le droit de les publier existe en entier, quel que soit le sujet de l'accusation.

«Si je me suis plaint, continue-t-il, qu'on n'ait pas inséré mon plaidoyer dans les journaux, ce n'est pas par un motif d'amour-propre; j'en aurais mis beaucoup à sauver mon client, et non à faire paraître mon plaidoyer. Mais j'ai partagé son indignation contre l'iniquité de la censure; j'ai trouvé qu'une si étrange partialité passait toutes les bornes, et que tout citoyen avait le droit de se défendre devant l'opinion publique, quand il y était traduit par l'insertion dans les journaux d'un réquisitoire dans lequel il était accusé : j'ai pensé qu'il n'était pas indifférent pour un homme accusé sur quatre chefs de faire savoir qu'il avait été acquitté sur trois. Du reste, je n'ai pas voulu qu'on en usât pour la défense comme on en avait usé en faveur de l'accusation. On voulait n'imprimer que ma plaidoirie, j'ai demandé qu'on y ajoutât le réquisitoire pour que la balance fût égale.

« On a parlé de la clémence royale ! Personne ne s'en défie ; mais c'est une mauvaise manière d'obtenir des condamnations que de dire : On fera grâce !... On a recours à son souverain quand on est coupable ; de Béranger est innocent, il ne demande que justice. »

Ici Mᵉ Dupin se plaint du refus obstiné de la police, de saisir les nombreuses contrefaçons des chansons de de Béranger ; on n'a pas seulement voulu le poursuivre, on a voulu le ruiner. L'avocat parle aussi des vexations qu'on a fait éprouver à son client dans la prison : il a été soumis à des perquisitions pour un Supplément qu'il n'avait pas publié et qu'il a toujours dénié. On a été jusqu'à le fouiller comme un voleur ! « Il a eu tort de le souffrir, dit Mᵉ Dupin ; il devait se dépouiller de ses vêtements un à un, sur ordonnance du juge, plutôt que de laisser porter sur lui d'indignes mains. Quoi qu'il en soit, ces recherches n'ayant produit aucun résultat, on n'a rien imaginé de mieux que de lui faire un procès, pour avoir imprimé un arrêt ! Voilà, messieurs, l'étonnant sujet de ce nouveau procès, dont la conséquence serait d'un an d'emprisonnement ! Mais j'ai suffisamment démontré que la publicité des arrêts est de droit, et ne peut point, par conséquent, constituer un délit. »

M. le président demande aux prévenus s'ils ont quelque chose à ajouter à leur défense; ils répondent négativement.

M. le président fait son résumé, et pose aux jurés les questions suivantes :

1° Les chansons qui ont motivé la condamnation prononcée par arrêt du 8 décembre 1821, et dont la destruction et la suppression ont été ordonnées, ont-elles été imprimées dans l'écrit intitulé *Procès fait aux chansons de de Béranger?*

2° De Béranger est-il coupable d'avoir fait imprimer, vendre et distribuer, après sa condamnation, les chansons condamnées?

Me Dupin demande le changement de la position des questions, qui lui paraissent rédigées de manière à ne laisser aucune latitude aux jurés; c'est comme si, pour quelqu'un qui a commis un meurtre sans préméditation, on se contentait de demander si un homme a été tué. La cour entre dans la salle du conseil pour délibérer. M. le président fait appeler Me Dupin dans la salle des délibérations. Cet avocat rentre un instant après; la cour le suit immédiatement. Me Dupin annonce aux jurés que, d'après les explications qui viennent d'avoir lieu entre lui et la cour, elle n'entend pas exclure les considérations qui doivent influer sur l'appréciation de la culpabilité, ni réduire la décision des jurés à l'appréciation d'un simple fait matériel, mais au contraire lui laisser la solution de toutes les questions morales et intentionnelles; il croit dès lors inutile de persister dans la demande des rectifications qu'il avait présentées, et déclare qu'il s'en désiste.

M. le président confirme les explications données par Mᵉ Dupin. Il est trois heures et demie, les jurés entrent dans la salle des délibérations. Il est cinq heures quand ils reviennent. Les questions ont été résolues de la manière suivante :

Sur la première question : Oui. — Sur la seconde question : Non

M. le président prononce l'ordonnance d'acquittement; elle excite dans l'auditoire des marques d'approbation qu'on parvient avec peine à comprimer. MM. de Béranger et Baudouin sont aussitôt entourés par leurs amis, dont ils reçoivent les félicitations et les embrassements.

Un huissier appelle M. de Béranger pour le reconduire à Sainte-Pélagie; il sort, pressé par les bras des spectateurs.

TROISIÈME PROCÈS

FAIT A MESSIEURS

DE BÉRANGER ET BAUDOUIN.

Jamais peut-être l'enceinte étroite du tribunal de police correctionnelle n'avait été encombrée d'une foule aussi considérable de curieux. Dès huit heures du matin on s'écrasait aux portes de l'audience ; à neuf heures la salle était presque remplie par les personnes munies de billets d'entrée. On remarquait parmi elles des dames élégamment parées et des personnages de distinction.

A neuf heures et demie, M. de Béranger est arrivé dans l'audience, accompagné de Me Barthe, son avocat. MM. Laffitte, Sébastiani, Bérard, membres de la Chambre des députés, et M. Andrieux, professeur du Collége de France, sont entrés en même temps. M. le prince de la Moscowa était assis auprès de son beau-père. Telle était déjà l'affluence, que ces honorables citoyens se sont vus forcés de prendre place sur la banquette occupée ordinairement par les prévenus non détenus.

L'audience a été ouverte au public non muni de billets, dont l'impatience, pendant deux heures d'attente, se manifestait par des coups violents donnés sur les panneaux de la porte. L'irruption violente de la foule dans la partie de la salle restée libre, n'a pas été sans danger pour plusieurs des curieux. On a entendu avec effroi des crifs plaintifs et alarmants; une trentaine d'avocats ont reflué jusque dans l'intérieur du parquet; plusieurs dames se sont levées de leurs siéges avec épouvante. Bientôt, toutefois, ce sentiment s'est calmé et a fait place à celui de l'hilarité, en voyant que la plupart des personnes qui avaient poussé des cris en avaient été quittes pour la peur, pour quelques parties de leurs vêtements, de leurs robes ou de leurs rabats.

A onze heures moins un quart, le tribunal prend séance.

« Je rappelle au public, dit M. le président, que la loi défend tous signes d'approbation ou d'improbation. L'auditoire doit garder le plus profond silence. Les huissiers ont ordre de saisir à l'instant et de détenir dans la maison de justice pendant vingt-quatre heures toute personne qui se permettrait des rires, des murmures ou des applaudissements.= M. de Béranger, dites vos noms. — Pierre-Jean de Béranger.=Votre âge?—Quarante six ans.=Votre état?—Chansonnier. »

Les mêmes questions sont adressées à M. Alexandre Baudouin, libraire-éditeur des chansons de Béranger, etc.

Tous les prévenus sont assis sur des chaises placées en face du tribunal.

Le greffier donne lecture de l'arrêt de la cour royale qui a saisi le tribunal.

M. Champanhet, avocat du roi, prend ensuite la parole en ces termes :

« Il y a sept ans, lorsque, traduit devant les jurés et accusé par la bouche éloquente d'un magistrat enlevé trop tôt à la carrière du ministère public qu'il illustrait, le sieur de Béranger encourut une condamnation, juste mais modérée, pour des écarts d'une muse trop licencieuse, tous les bons esprits pensèrent que cet écrivain, corrigé par cette leçon, saurait désormais se prescrire la réserve que lui commandaient les lois, sa conscience et son propre intérêt; mais loin de là, méprisant ou mettant en oubli un avertissement qui eût dû être salutaire, il est retombé dans de nouveaux excès; des vers bien autrement répréhensibles que ceux qui furent frappés de la réprobation de la justice, le conduisent aujourd'hui devant vous comme il le fut devant la cour d'assises.

« Condamné alors pour avoir, dans ses rimes, outragé la morale publique et religieuse, il paraît devant vous sous cette même prévention, et de plus, il doit répondre d'autres vers outrageants pour la religion de l'état, offensants pour la personne du roi, sa dignité, son gouvernement. Ainsi le temps et l'exemple ont été perdus pour le sieur de Béranger, qui n'a pas craint d'aggraver de nouveaux torts par le souvenir des premiers

« Comment un homme qui à l'esprit unit la raison sans doute, a-t-il pu ainsi, deux fois en si peu de temps, enfreindre de propos délibéré les lois de son propre pays, en ce qu'elles ont de plus saint et de plus respectable dans leurs prohibitions? Est-ce un vain amour de cette célébrité décevante qui s'attache à tout ce qui a l'apparence d'un courage d'opposition? Est-ce un fâcheux travers d'esprit, une manie déplorable de voir toujours le mal dans le bien; ou le sieur de Béranger ne ferait-il qu'obéir aux inspirations d'un esprit de licence et de révolte dont il serait dominé?

« L'arrêt de la cour, dont lecture vient de vous être donnée, accuse les prévenus de plusieurs délits : 1° outrage à la morale publique et religieuse ; 2° outrage à la religion de l'état; 3° offenses envers la personne du roi; 4° attaque à sa dignité royale ; 5° excitation à la haine et au mépris de son gouvernement.

« Pour justifier ces différents chefs de prévention, nous pourrions nous borner à vous dire, en vous présentant les vers incriminés : Prenez et lisez, tant les délits nous paraissent manifestes et palpables, tant il est facile aux esprits les moins exercés d'apercevoir et de sentir tout l'odieux des allusions, toute la grossièreté des outrages.

«Mais, quelque dispensé que nous nous croyions de recourir à l'interprétation, qu'il nous soit permis toutefois d'essayer par quelques réflexions de faire ressortir l'évidence.

« Les huitième et neuvième couplets de la chanson intitulée *l'Ange gardien*[1], vous sont présentés comme renfermant deux délits : outrage à la religion de l'état, outrage à la morale publique et religieuse. En voici le texte :

> Vieillard affranchi de regrets,
> Au terme heureux enfin atteins-je ?
> Oui, dit l'ange, et je tiens tout prêts,
> De l'huile, un prêtre et du vieux linge

[1]. Tome II, page 322

Tout compte, je ne vous dois rien,
Bon ange, adieu ; portez-vous bien.

De l'enfer serai-je habitant,
Ou droit au ciel veut-on que j'aille ?
Oui, dit l'ange, ou bien non pourtant,
Crois-moi, tire à la courte-paille :
Tout compté, je ne vous dois rien,
Bon ange, adieu ; portez-vous bien.

« Qui de nous, et nous nous adressons à tous ceux qui nous entendent, qui de nous ne voit dans le colloque imaginé par l'auteur, dans cette chanson entre un mourant et son bon ange, une dérision jetée sur cette doctrine de l'église catholique qui admet auprès de chaque chrétien l'influence mystérieuse et salutaire d'un esprit céleste ? Mais, sans nous arrêter à l'ensemble des couplets empreints d'un esprit d'irréligion qui ne saurait échapper à personne, fixez votre pensée sur le huitième couplet, l'un des deux seuls incriminés, et dites si l'auteur n'y a pas eu pour but de verser le ridicule sur un des sacrements, sur celui-là même que la religion, celle de l'état, offre à l'homme mourant comme un gage de réconciliation entre lui et le ciel. C'est donc avec raison que l'organe du ministère public devant la cour a accusé le sieur de Béranger d'avoir, dans ce triste couplet, voué au mépris ce que nos dogmes religieux ont de plus respectable et de plus consolant.

« L'outrage à la morale publique est non moins évident dans le neuvième couplet.

« Qui ne voit, en effet, dans la réponse impie que l'auteur prête à son ange, un doute affreux jeté sur le dogme sacré et universel des peines et des récompenses futures ? disons mieux, sur le principe éternel de la vérité d'une vie à venir, car l'un de ces principes est la conséquence de l'autre.

« Ainsi dans des vers qui sont bien à la portée de

tous, quoi qu'on dise (et nous l'établirons bientôt), vous ne craignez pas de publier qu'après la mort il n'y a rien, que la vertu comme le crime, au=delà de la vie, trouvent un égal néant. Et n'a-t-on pas dit que si un Dieu vengeur et rémunérateur n'existait pas, il faudrait l'inventer ? Que si une incré= dulité funeste a germé dans votre cœur, gardez-y votre déplorable secret ; mais ne venez pas arracher à la vertu malheureuse la dernière espérance, son unique consolation dans les maux d'ici=bas ; ne venez pas ôter au crime heureux son unique frein, en éloignant de lui la crainte salutaire d'une autre vie !...

« Si de ces atteintes portées par les vers du sieur de Béranger aux dogmes, bases de la morale et de toute croyance religieuse, nous passons à l'examen de ceux incriminés pour des attaques non moins coupables contre les principes fondamentaux de notre ordre social, c'est avec un sentiment de douleur que nous signalons d'abord à votre animadversion l'offense faite à la personne du roi et à la dignité royale par la publication de la pièce de vers intitulée *le Sacre de Charles-le=Simple*[1].

« Ici le respect dû à la majesté royale interdit presque toute explication ; il suffit de lire et la prétendue chanson et son préambule pour apprécier l'outrage dans toute sa gravité ; l'allusion frappe et saisit au premier coup d'œil, et il n'est besoin d'aucune contention d'esprit, d'aucun effort d'imagina= tion, pour en comprendre le sens et la portée. Comme nous, messieurs, vous la reconnaîtrez à travers le voile transparent qui la couvre.

« Oui, c'est en recherchant dans nos annales le souvenir d'un roi faible et malheureux, que le sieur

---

[1] Tome II, page 266.

de Béranger, reportant, par une fiction coupable, du dix-neuvième siècle au neuvième, des choses qui n'existaient pas et ne pouvaient exister en ces temps reculés, a bien osé, méprisant toute vérité, violant toute convenance, mettre en scène son souverain sous les traits et le nom de l'infortuné Charles III. Oui, c'est bien la personne sacrée, ce sont bien les augustes cérémonies du sacre de notre roi qu'on a voulu tourner en dérision dans cette peinture fantastique d'un couronnement sur lequel l'histoire est muette.

« Quoi! ce prince qui vient de recueillir, en parcourant la France, les témoignages universels de l'amour et de la vénération de ses peuples; ce prince si religieux, si loyal observateur de sa parole, si constamment occupé du bien-être de ses sujets, est représenté par un Français à des Français comme se laissant conseiller le parjure au pied même des autels témoins de ses serments (quatrième couplet)! On ose bien l'y faire voir méditant la ruine de ces libertés qu'il vient d'affermir, en dévorant la substance de ce peuple qu'il aime comme l'aimait le plus grand et le plus chéri de ses aïeux. On ne craint pas enfin d'insinuer qu'il a des maîtres, et, outrageant à la fois la religion dans ses ministres, le souverain dans sa dignité, on prête aux uns le langage impérieux de la domination, et à son prince l'attitude et les sentiments d'une abjecte soumission (cinquième couplet). Non, le roi de France n'a point de maîtres sur la terre; sa couronne, il la tient de Dieu.

« Encore une fois, le respect nous défend de pousser plus loin l'analyse d'une pareille production, et nous en appelons à votre cœur, à celui de tous les gens de bien, pour comprendre, sans autre explication, que l'offense est non moins grande dans ce que nous laissons que dans ce que nous vous signalons.

« Mais, non content de diriger ses traits offensants sur la personne du roi et d'attaquer sa dignité inviolable, le sieur de Béranger s'applique à exciter la haine, à provoquer au mépris de son gouvernement. Voyez la chanson intitulée *les Infiniment petits*, ou *la Gérontocratie*[1] (le gouvernement des vieux); qui vous est déférée sous le cinquième chef de prévention. »

(En cet instant, un tumulte violent se manifeste à l'entrée de la salle d'audience ; M. le président ordonne aux huissiers de faire saisir les perturbateurs; mais, le tumulte continuant toujours, l'audience est suspendue pendant un quart d'heure.)

M. l'avocat du roi continue ensuite en ces termes :

« Chaque jour du règne de notre monarque est marqué par des bienfaits, témoignage immortel de son amour pour son peuple; la paix règne au dedans comme au dehors, les arts sont encouragés, l'industrie protégée, les libertés publiques, agrandies, florissent à l'abri du trône légitime dont elles émanent, se prêtant un mutuel appui; une solide gloire, une gloire sans tache est acquise à nos armes portées en de lointains climats pour un but aussi noble que désintéressé, et c'est quand il existe un si généreux accord entre le peuple et son roi, que vous vouez au mépris son gouvernement par une insultante assimilation avec cette nation imaginaire de

---

1. Tome II, page 273.

nains, dont un auteur anglais (Swift) nous trace la burlesque et satirique peinture.

« La France est heureuse, elle est grande, elle est forte, et vous lui prophétisez une dégénération rapide, suivie d'une ruine honteuse !

« Quel homme serait assez dénué de jugement pour ne pas comprendre tout d'abord quel est le sens de la chanson des *Infiniment Petits*, dont le refrain d'ailleurs tranche toute incertitude, malgré la misérable équivoque employée par l'auteur, qui semble en avoir fait choix pour qu'on ne pût se méprendre sur sa coupable pensée?

« Nous ne nous arrêterons pas à la figure, cependant assez significative aussi, qui orne en manière de fleuron le bas de la page où finit cette chanson : nous ne chercherons pas si ce n'est point là un emblème d'un ordre de choses qu'on voudrait voir renaître à la place de celui qu'on s'efforce d'avilir; il est dans ce recueil bien d'autres vers qui témoignent assez hautement des intentions et des vœux de l'auteur, pour que nos présomptions ne paraissent ni téméraires, ni hasardées.

« Que dans la génération à laquelle nous appartenons, la plupart aient pu, dupes des illusions de l'âge, se livrer aux séductions d'une grandeur peu solide et d'une gloire trop chèrement acquise, on le conçoit : mais l'expérience et la réflexion, fruits des années, n'ont-elles pas dessillé tous les yeux? Et qui d'entre nous peut aujourd'hui avec bonne foi regretter et souhaiter un temps aussi fécond en malheurs qu'il le fut en hauts faits? Comment surtout l'auteur du *Roi d'Yvetot*, de cette satire aimable et piquante de l'arbitraire et de l'esprit de guerre et de conquêtes, peut-il sans cesse rappeler et préconiser dans ses vers un régime que sa muse frondait, alors qu'il existait?

« Il est vrai qu'alors aussi ses allusions étaient fines et légères; elles étaient enveloppées d'un voile assez épais pour que l'œil du vulgaire ne pût le pénétrer, et ses traits à peine acérés effleuraient et ne déchiraient pas.

« Quelle différence aujourd'hui! Ah! si dans les temps que le sieur de Béranger présente sans cesse à notre admiration et à nos regrets (dans ce recueil comme dans les autres), sa plume audacieuse eût laissé échapper des vers pareils à ceux qui vous sont déférés; si les pompes d'un autre sacre, si celui qu'elles entouraient eussent été les sujets de ses mépris, les objets de sa dérision, est-ce la justice qui eût été appelée à apprécier et punir l'offense? Non, l'arbitraire eût ouvert les portes d'une prison d'état, et l'auteur, l'éditeur, l'imprimeur, les débitants du téméraire écrit eussent vu les portes se refermer sur eux, pour un temps assurément plus long que la détention légale qui peut leur être infligée aujourd'hui pour une telle faute.

« Mais, dira-t-on peut-être, en admettant dans les vers incriminés le sens qu'on leur attribue, ce sont des chansons, et au temps où nous vivons, dans le pays où nous sommes, peut-on donner tant d'importance à des chansons?

« La chanson, il est vrai, eut toujours privilége en France; mais convenons pourtant que son privilége n'a jamais été illimité, et il est des personnes et des choses qui sont toujours restées hors de son domaine.

« D'ailleurs il ne suffit pas de donner à des vers le titre de chansons pour les dépouiller du caractère de libelle, et leur attribuer celui propre à la chanson telle qu'on l'a toujours entendue en France. Nous ne la reconnaissons point dans ces vers, dont la politique fournit les sérieux sujets, où la malice est remplacée par la malveillance, et une critique badine par une hostilité agressive. Ce ne sont point là les gais et piquants refrains que faisaient et supportaient nos pères.

« Si, par les formes du style, les vers du sieur de Béranger tiennent de la simple chanson, par la grandeur des idées, la profondeur des pensées, et l'énergie de l'expression, il en est certains qui s'élèvent quelquefois jusqu'à l'ode. Appelez-les des chansons, soit; mais, bien que vous indiquiez un air, ainsi que le disait, dans le premier procès du sieur de Béranger, le magistrat dont le brillant plaidoyer est encore dans tous les souvenirs (M. de Marchangy), il ne s'ensuit pas qu'on soit tenu de les chanter; on peut tout aussi bien les lire.

« On a dit que le sieur de Béranger était un séditieux de salons, et qu'il n'écrivait point pour les guinguettes. Sans doute quelquefois dans ses vers l'allusion et le sens sont assez obscurs, ou, si l'on veut, assez profonds pour échapper à des intelligences vulgaires; mais son talent peu commun, son talent, dont nous déplorons l'abus et les écarts, sait prendre tous les tons; s'il s'adresse souvent aux salons, il s'adresse aussi aux chaumières, disons mieux, aux tavernes, où ses couplets ne sont pas inconnus. Voyez le recueil qui est sous vos yeux, voyez ceux qui l'ont précédé! ils sont reproduits dans tous les formats, mis à la portée de toutes les fortunes; et pourquoi? c'est qu'apparemment les vers qu'ils renferment n'ont pas tous été faits pour des esprits d'un ordre supérieur. Bien plus, le libertinage et l'esprit de sédition s'en emparent et y trouvent des tableaux propres à parler aux sens leur plus grossier langage; ainsi l'attestent les gravures obscènes et séditieuses destinées à accompagner ces réimpressions qui surgissent de toutes parts. Croyons que c'est contre le gré de l'auteur que ses œuvres sont souillées de pareilles turpitudes, mais il n'en est pas moins certain qu'elles en ont fourni les sujets.

« Celles des productions du sieur de Béranger, qui vous sont déférées, vous le reconnaîtrez, messieurs, ont bien tout ce qu'il faut pour être entendues de l'esprit de licence et de révolte du plus bas étage, et on ne peut se dissimuler que l'auteur les a conçues dans ce but, car il n'a pas cherché à s'y élever au-dessus des entendements vulgaires. Soit qu'il outrage la morale publique et qu'il se raille de la religion de l'état, soit qu'il insulte à la majesté royale et qu'il appelle le mépris sur le gouvernement légitime, ses pensées sont claires, ses expressions simples et positives; dépouillez ses vers de la rime, brisez la césure, enlevez tout le prestige de la poésie, et sa pensée paraîtra dans toute sa laideur, ses couplets ne seront plus qu'un libelle.

« Non, les vers dont se composent les prétendues chansons du *Sacre de Charles-le-Simple* et des *Infiniment Petits*, ne sont point les produits faciles d'une débauche d'esprit; ce ne sont point les gais enfants d'une ingénieuse et passagère malice, mais bien l'œuvre calculée d'une méchanceté froide et réfléchie.

« Et quel temps, disons-le donc, quel temps a-t-on choisi pour enfanter de pareils vers? Lorsqu'au sein d'une paix mêlée de gloire tout prospère dans notre belle France; quand les Français reconnaissants se pressent autour de leur roi dans un commun sentiment d'amour et de respect; quand, se ralliant à son auguste personne et à sa royale famille, ils voient en lui et les siens les pères et les conservateurs des libertés publiques; alors, enfin, que tout tend à l'ordre et au bonheur qui le suit, quel mauvais génie inspire le sieur de Béranger, quel délire coupable lui fait jeter encore au milieu de nous des paroles de licence et de sédition?...

« Oui, messieurs, vous réprimerez de tels excès, vous infligerez à leur auteur une punition que doit aggraver la leçon perdue d'un premier châtiment; votre justice n'épargnera pas ses complices, et vous considérerez que ceux-là surtout sont plus répréhensibles, qui ont donné l'un ses soins, l'autre ses presses, pour multiplier et répandre l'écrit dangereux dont nous venons de vous occuper. Avec la loi que vous êtes chargés d'appliquer, vous n'admettrez pas que celui qui a acheté cet écrit pour le publier et le vendre, que celui qui a veillé à son impression et en a reçu le prix, que ceux enfin qui l'ont publiquement vendu ou mis en vente, avertis d'ailleurs qu'ils étaient tous par la première condamnation des productions du sieur de Béranger, puissent se couvrir d'une prétendue ignorance que repoussent également la raison et la loi. »

M. l'avocat du roi conclut à l'application des peines portées aux art. 1, 8 et 9 de la loi du 17 mai 1819, et 1, 2 et 4 de la loi du 25 mars 1822.

Mᵉ Barthe prend la parole.

« Messieurs, dit l'avocat, nos lois ont pris en main la défense de la morale publique, et vos consciences sont le code le plus sûr que vous puissiez consulter pour en constater les principes et caractériser les outrages dont elle aurait été l'objet. Je croirais déshonorer mon ministère si je réclamais pour aucun genre de littérature le privilége de la méconnaître ou de l'insulter. Béranger le répudierait avec moi.

« La morale religieuse, que votre justice a aussi le mandat de protéger, manquerait-elle des éléments certains, nécessaires pour la signaler à votre raison? Messieurs, le respect des deux vérités essentielles, bases de toutes les religions, l'existence de Dieu et l'immortalité de l'âme, voilà ce qui la caractérise; mais, à côté de ces principes, placés en dehors de toute discussion, le monde entier est en possession de discuter librement les croyances moins essentielles qui environnent les bases sacrées que je viens de vous signaler. Vous me rendez assez de justice pour ne pas craindre que mes paroles puissent sur ce point blesser à cette audience ou votre conviction ou vos sentiments.

« Nos lois ont prononcé l'inviolabilité de la personne du prince; mais, si la personne est à l'abri d'odieux attentats, son honneur doit être protégé contre les outrages. C'est le droit de chaque citoyen, c'est le droit de celui que la Charte a proclamé le premier représentant de la force publique. Principe évident que je m'empresse de faire entendre librement, et sans autre désir que de prévenir vos esprits contre la confusion que de vaines clameurs auraient pu y faire pénétrer.

« Cependant Béranger, que je vais défendre, est accusé d'avoir foulé aux pieds ces principes et ces lois. L'accusation semble invoquer sa propre évidence, ou plutôt, pour échapper à d'invincibles difficultés, elle délaisse l'argumentation, et demande que la discussion soit transportée à huis clos dans la chambre du conseil. Ce n'est pas tout : traitant notre poëte comme un de ces hommes qu'un pouvoir inhumain interdisait, au nom du ciel, du commerce de leurs semblables, tout ce qui a consenti à avoir quelques rapports avec lui à l'occasion de son livre, libraires, imprimeurs, semblent avoir contracté une souillure. Ils sont prévenus avec lui.

« Étrange accusation, qui semble demander à un pays tout entier de se repentir des sentiments qu'un grand talent et qu'un noble caractère lui ont inspirés; étrange accusation, que la raison publique désavoue, qui produit l'effet d'un véritable anachronisme, et qui paraît subie tout aussi bien par le ministère que par le prévenu lui-même. Non, la cause de l'accusation n'est pas dans les chansons mêmes, elle est ailleurs.

« Vous le savez, messieurs, une administration, qui, dans son antipathie pour les intérêts et pour les sentiments nationaux, avait tout bravé, jusqu'au mépris, est tombée enfin à la voix du prince et de la patrie. Dans la violence de son dépit, le parti qu'elle représentait nous menace par ses clameurs, et nous attaque par ses intrigues. Ses débris tendent à se réunir; ils s'agitent autour du trône pour persuader que le sol est ébranlé; malheur à notre pays, si jamais les organes de cette faction vaincue surprenaient à ceux de qui dépendent nos destinées un autre sentiment que celui qu'elle inspire à la France!

« C'est cette faction qui, cherchant quelque consolation dans le mal qu'elle peut faire encore, a imposé par ses clameurs à un ministère dont la faiblesse trahit parfois les intentions, le devoir d'un procès contre un poëte qui a le plus contribué à lui arracher le masque dont elle se couvrait. Comme nous, messieurs, le ministère subit aujourd'hui ce procès,

« La religion est attaquée, s'est-on écrié, le roi est outragé, et vous le laissez sans défense. Sans croire peut-être à ces discours, il a fallu céder, et Béranger est traduit devant vous comme une preuve qu'il fallait donner de sentiments religieux et de dévouement à la personne du roi. Cette condescendance était d'ailleurs facilitée par l'espérance d'environner cette accusation d'une faveur toute particulière.

« Le prince qu'on dit outragé venait de parcourir avec bonheur cette belle province d'Alsace, si longtemps calomniée : la chute d'une administration flétrie, l'espérance d'un meilleur avenir, tout excite à la joie publique ; pourquoi ne pas garder au logis quelques couplets que d'odieuses interprétations peuvent corrompre? « Poëte à qui la Providence a « départi le génie, qui vous êtes indigné avec nous, « avec nous participez à ces fêtes, à ces banquets et « même à ces danses, et qu'une cantate pleine de « bonheur remplace désormais l'épigramme et la « satire. » Ainsi on reconnaîtra peut-être qu'il n'y a pas délit, on blâmera le moment de la publication, et cette tactique d'invention nouvelle, si facile, si indulgente parfois pour ses vices, si disposée à pardonner d'anciennes corruptions, qui juge tout d'après les lois de l'utile, qui s'indigne, se calme ou admire, selon le mot d'ordre donné par l'habileté et accepté par la confiance, gardera rancune au poete national pour avoir fourni un prétexte à de fausses et calomnieuses interprétations.

« Vaine espérance ! ce calcul sur lequel s'appuyait la pensée première de l'accusation, a été déjoué ; une nation généreuse et pleine de sens ne délaisse pas aussi facilement ses affections et sa reconnaissance. De toutes parts les marques d'intérêt sont venues environner le poëte ; j'en atteste cette affluence même de citoyens qui se pressent à votre audience. On se croit encore en présence de l'une de ces vieilles antipathies administratives contre l'indépendance et le talent. On ne conçoit pas que l'on vienne agiter judiciairement de misérables interprétations qui, pour atteindre un noble caractère, blessent la dignité royale au lieu de la défendre. Mais avant d'aborder ces interprétations pour en faire justice, je dirai deux mots sur quelques circonstances qui ne sont pas sans intérêt. »

Après cet exorde, le défenseur aborde le premier chef de prévention, puisé dans les couplets de *l'Ange Gardien*. « De tous les temps, dit-il, l'imagination des hommes s'est plu à créer des êtres surnaturels qui, sans être la Divinité, en étaient une émanation, qui s'attachaient à chaque existence en particulier pour en adoucir les amertumes et en augmenter les félicités. Dieu protége le monde par ses lois universelles, et chaque existence aura ainsi son ange tutélaire qui la suivra dans toutes les situations. Tous les écrits qui viennent de l'Orient attestent cette consolante rêverie.

« Cependant la destinée des hommes est bien diverse. Ici le luxe étale ses jouissances en présence de l'indigence privée du nécessaire. Ici la force et la santé, et à côté les infirmités les plus cruelles. Ces contrastes ont frappé mille fois l'imagination des poëtes et des philosophes, et notre littérature est pleine des mouvements d'humeur qu'ils ont pu inspirer. Voltaire lui-même, au milieu des ressources que sa fortune, son immense réputation et son esprit pouvaient lui donner, ne supportait pas volontiers les ennuis de la vieillesse. Après les avoir décrits, voici comment il s'exprime :

> Tous nos plaisirs n'ont qu'un moment,
> Hélas ! quel est le cours et le but de la vie ?
> Des fadaises et le néant.
> O Jupiter ! tu fis en nous créant
> Une froide plaisanterie.

« Et dans la pièce qui précède adressée, à une dame de Genève, il termine par ces mots :

> Chacun est parti du néant.
> Ou va-t-il ? Dieu le sait, ma chère.

« Et certes, messieurs, jamais il ne sera justement appelé athée ou matérialiste celui qui a fait les plus beaux vers sur l'existence de Dieu et l'immortalité de l'âme.

« Dans la chanson de *l'Ange Gardien*, le poéte a peint un pauvre perclus attendant son dernier moment dans un hospice. Là, il est visité par son ange gardien, et il lui demande des comptes sur la protection qu'il lui devait. Voilà la pensée de l'auteur.

« Le ministère public et la prévention, choisissant parmi tous les couplets qui composent ce poëme, ceux qui, détachés, se prêtaient plus facilement à l'accusation, n'ont pas parlé des autres. Permettez-moi, messieurs, de remettre sous vos yeux toute la pensée de l'auteur. Voici ce poëme en son entier. » (Me Barthe lit la chanson de *l'Ange Gardien*, à l'exception du dernier couplet.)

« Voilà donc cette irréligion, ces couplets si coupables, si odieux, qui avec les fatales ordonnances ont commencé la persécution de tant de gens, lesquels subissent le martyre avec l'humble privilége de résister aux lois du royaume, et de vivre au milieu du luxe sur les impôts payés par les persécuteurs.

« Ah! messieurs, s'il était vrai que la morale religieuse ou que la religion de l'état eussent reçu de véritables atteintes dans ces derniers temps, ce ne serait ni la saillie du poëte, ni la prétendue licence des écrivains qu'il faudrait accuser. Je demanderai à ceux qui se disent les seuls défenseurs de la religion, si plus d'une fois des actes patents n'ont pas démontré au pays que la religion était invoquée par eux pour couvrir des vues d'ambition et même des intérêts honteux.

« Vous dirai-je ce que j'ai vu moi-même, aux élections de 1827, dans Paris, dans la capitale du pays le plus civilisé de l'Europe? Quelques noms manuscrits furent ajoutés sur les listes. En vertu de cette inscription, sept individus, revêtus du costume ecclésiastique, se présentent pour voter. Le serment est prêté; le bulletin est déposé. Messieurs, il a été reconnu, avoué, jugé, qu'aucun de ces électeurs, pris dans les congrégations des Lazaristes et des Missions-Étrangères, ne payait un sou de contributions. (Mouvement.)

« Voilà de ces faits déplorables, dont les journaux ont retenti, et qui semblent dire à une population : « La religion n'est qu'un drapeau pour guider un parti; elle n'est plus la haute sanction de la morale. »

« Vous avez vu la moralité de tout le poëme, en voici le résumé :

>Ce pauvre diable ainsi parlant,
>Mettait en gaîté tout l'hospice;
>Il éternue, et, s'envolant,
>L'ange lui dit : Dieu te bénisse !

> Tout compté, je ne vous dois rien,
> Bon ange, adieu; portez-vous bien.

« Je vous le demande, messieurs, y a-t-il attentat contre la religion ? y a-t-il là attentat contre la morale publique ? L'avocat du roi n'est pas fixé lui-même sur la nature de la prévention. Il a semblé blessé de cette expression, *vieux linge*. C'est qu'il ne l'a pas comprise, car le vieux linge ne sert jamais dans l'extrême-onction ; c'est du drap mortuaire qu'a voulu parler l'auteur.

« J'ai du reste, messieurs, étudié mon catéchisme; j'ai voulu voir quelle était la définition de l'extrême-onction : j'ai vu que c'était un sacrement particulier et spécial à l'église catholique, à son culte ; j'ai vu que l'extrême-onction est un sacrement qui a pour objet de faire disparaître les plaies de l'ame et de rendre la santé au corps quand cela est expédient à Dieu.

« Y a-t-il rien dans le passage incriminé qui fasse allusion à ce sacrement ? Je le demande encore, de pareilles accusations sont-elles croyables dans un moment où nos institutions admettent la discussion libre de la question agitée dans l'ouvrage de M. Salvador, qui a trouvé du reste un fort et vigoureux réfutateur ?

« J'arrive maintenant au couplet où l'auteur parle de la courte-paille. Le ministère public a vu dans ces vers un doute élevé sur l'immortalité de l'âme. Quelle singulière erreur ! Celui-là a-t-il jamais douté d'une vie meilleure et de l'immortalité de l'âme qui a composé *le Dieu des bonnes gens*, *la Vieille* et *mon Ame* ? »

M. Barthe rappelle le passage suivant de Rousseau:

« Je voudrais savoir s'il passe quelquefois dans les
« cœurs des autres hommes des puérilités pareilles à
« celles qui passent quelquefois dans le mien. Au
« milieu de mes études et d'une vie innocente, au-
« tant qu'on la puisse mener, et malgré tout ce que
« l'on m'avait pu dire, la peur de l'enfer m'agitait
« encore souvent. Je me demandais : En quel état
« suis-je ? Si je mourais à l'instant même, serais-je
« damné ? Selon mes jansénistes, la chose était in-
« dubitable ; mais, selon ma conscience, il me pa-
« raissait que non. Toujours craintif et flottant dans
« cette cruelle incertitude, j'avais recours, pour en
« sortir, aux expédients les plus risibles et pour les-
« quels je ferais volontiers enfermer un homme si
« je lui en voyais faire autant. Un jour, rêvant à ce
« triste sujet, je m'exerçais machinalement à lancer
« des pierres contre les troncs des arbres, et cela
« avec mon adresse ordinaire, c'est-à-dire sans pres-
« que en toucher aucun. Tout au milieu de ce bel
« exercice, je m'avisai de m'en faire une espèce de
« pronostic pour calmer mon inquiétude. Je me
« dis : Je m'en vais jeter cette pierre contre l'arbre
« qui est vis-à-vis de moi. Si je touche, signe de
« salut ; si je le manque, signe de damnation. Tout
« en disant ainsi, je jette ma pierre d'une main
« tremblante, et avec un horrible battement de
« cœur, mais si heureusement qu'elle va frapper au
« beau milieu de l'arbre ; ce qui n'était pas difficile,
« car j'avais eu soin de le choisir fort gros et fort
« près. Depuis lors, je n'ai plus de doute de mon
« salut. » (On rit.)

« Voilà, messieurs, reprend M⁶ Barthe, voilà la
courte-paille de Béranger, voilà l'inquiétude du
pauvre perclus.

« Notre littérature est pleine de saillies de ce genre, et jamais on n'a eu la pensée de les attaquer. Parcourez La Fontaine, voyez cette fable du *Mort et le Curé* :

> Un mort s'en allait tristement
> S'emparer de son dernier gîte,
> Un curé s'en allait gaîment
> Enterrer ce mort au plus vite

« Voilà certainement des plaisanteries. Et plus bas

> Monsieur le mort, laissez-nous faire,
> On vous en donnera de toutes les façons,
> Il ne s'agit que du salaire.

« Certes, messieurs, cette licence est plus grande que celle que vous reprochez à de Béranger, et cependant il faut le dire, La Fontaine, que je citerai quelquefois, parce que je lui trouve plusieurs traits de famille avec le poëte que je défends, était pensionné du roi et membre de l'Académie. Il vivait au siècle des dragonnades. La Fontaine a été bien heureux de n'avoir pas été protégé par les libertés constitutionnelles, que le ministère public interprète, ce me semble, d'une manière bien étrange. Sur ce point de la prévention, le ministère public s'est exprimé avec une virulence dont les termes présentent de fâcheux rapprochements, je le dis à regret, avec un journal qui le premier a signalé Béranger à la vindicte publique. Cette *Gazette de France*, si dévouée à la charité chrétienne, cette *Gazette de France*, qui défend avec son patronage les intérêts de la religion et du trône, savez-vous comment elle s'exprimait à l'égard de Béranger ? C'est, dit-elle, un rimeur impie, un sale écrivain, digne de triompher à Bicêtre. Et dans quel article le traitait-elle ainsi ? Dans un article intitulé : *Bicêtre, la chaîne des forçats, Béranger*. Rapprochement infâme, par lequel on semblait exprimer l'horrible vœu de voir Béranger accouplé à des galériens! de le voir figurer à la chaîne des forçats, en remplacement sans doute de ce Contrafatto, dont les défenseurs exclusifs de la morale publique et religieuse ont si bien prouvé l'innocence et la candeur, en le défendant contre l'immoralité du siècle. (Mouvement dans l'auditoire.)

« C'est ainsi qu'on attaque un grand talent, un noble caractère. Non, la France ne peut prendre part à des accusations ainsi portées! elle environne Béranger de son affection et de son admiration, parce qu'au fond de toutes ses poésies se trouve une moralité profonde, que ses accusateurs ne peuvent atteindre qu'en ne les comprenant pas. »

Me Barthe arrive ici à la discussion de la prévention d'outrage à la personne du roi, résultant des deux chansons, *la Gérontocratie* et *le Sacre de Charles-le-Simple*.

« Dans la première de ces chansons, dit l'avocat, l'auteur a voulu faire entendre que si la France retombait sous la main des hommes qui veulent réédifier le présent avec les débris du passé, il en résulterait telles et telles conséquences. Il a voulu parler de ces hommes qu'un des écrivains les plus anciens de notre époque a peints d'un seul trait en les représentant :

« Au char de la Raison attelés par derrière. » (On rit.)

(Tous les regards se portent sur M. Andrieux, assis à côté de l'honorable M. Sébastiani.)

« Pour bien expliquer ma pensée sur la nature du délit que poursuit en ce moment le ministère public, qu'il me soit permis de rappeler une anecdote qui fut la dernière de la vie d'Ésope.

« Les Delphiens étaient furieux contre lui de ce qu'il n'avait pas assez sacrifié à leurs dieux. Pour le punir de cette résistance, ils placèrent clandestinement un vase sacré dans ses bagages. Ils l'accusèrent ensuite de l'avoir volé; et, comme les Delphiens avaient aussi leur loi de sacrilége, Ésope fut condamné à mort.

« Je dirai à l'accusation : Voilà ce que vous faites vous-même. Ce vase sacré, c'est vous qui le placez dans le bagage de la prévention. Sous le prétexte de défendre la dignité royale, c'est le ministère public qui l'attaque de la manière la plus violente. Non, messieurs, ce ne sera jamais en France que des juges consentiront à placer dans une phrase un mot pour se donner le plaisir de créer un délit et le plaisir de le punir ensuite.

« Au reste, messieurs, ces mêmes chansons circulent à l'étranger, en Belgique, où certes, l'on n'accusera pas le ministre de la justice d'une trop grande indulgence pour la presse : elles y sont distribuées librement : voudrez-vous que du Nord de l'Europe on montre du doigt la France à l'occasion de ce procès, comme la France se croit en droit de désigner l'Espagne et le Portugal ? »

Arrivant à la chanson du *Sacre de Charles-le-Simple*, Mᵉ Barthe s'exprime ainsi :

« Supposez qu'au moment où la cérémonie du sacre d'un roi de France va se consommer, un homme vénérable, un L'Hôpital, environné du respect public, s'adresse au prince et lui fasse entendre ces moralités que tous les princes ont entendues :

« Ne vous laissez pas enivrer par ces éloges fas-
« tueux des courtisans qui sont dans ce moment à
« vos pieds. Dans d'autres temps, à la même céré-
« monie, ils prodiguaient à un autre les mêmes hom-
« mages et les mêmes flatteries. Peu satisfaits des
« richesses qu'ils ont obtenues, ils en solliciteront
« encore. Rappelez-vous que c'est la substance des
« peuples qu'ils vous demandent. Un pouvoir ambi-
« tieux s'efforce de s'arroger la puissance civile. Sa-
« chez résister à ces tentatives. Le sacre ne fait pas les
« rois ; on n'est pas roi par le sacre. Louis XVIII ne
« fut pas sacré ; il n'y a que les ligueurs qui puissent
« dire : Point de roi sans onction, et point d'onction
« pour le prince hérétique ! Interrogez notre his-
« toire, et vous verrez que le sacre ne fut jamais la
« fête ni des rois ni des peuples : c'est la fête triom-
« phale du clergé. » (Mouvement.)

« Béranger, continue M° Barthe, n'est point un
grand personnage. Il prendra les formes de l'apologue pour revêtir cette moralité, pour faire mieux
sentir le néant des flatteries des courtisans. Il pré-
sentera comme en ayant été l'objet un prince connu
par sa faiblesse et son imbécillité ; il montrera des
courtisans avides empressés autour de lui ; il rappro-
chera la moralité des temps présents pour qu'elle
soit bien comprise. La forme qu'il a choisie appar-
tiendra au poëte. Il aurait pu l'emprunter tout entière à son imagination ; il a pu l'emprunter à l'histoire.

« C'est ainsi qu'il faut entendre les deuxième et
troisième couplets. Les autres indiquent encore plus
vivement la moralité profonde qui se trouve dans ce
morceau de poésie. Il craint de voir la puissance civile s'humilier devant le pouvoir religieux, et dans

son apologue de Charles III, il exprime son inquiétude :

« Soldats, votre maître a des maîtres »

« Ces inquiétudes sont-elle fondées ? Consultez notre histoire »

Ici, Mᵉ Barthe rappelle, avec tous les documents historiques, les efforts constants, et sans cesse renouvelés, des souverains pontifes et du clergé pour faire relever la couronne des rois de France de la tiare pontificale.

« Lorsque le sacre de Charles X est arrivé, continue Mᵉ Barthe, croyez-vous que ce pouvoir ait abjuré ses vieilles ambitions? Rappelez-vous les doctrines de M. de La Mennais, condamnées par votre tribunal. Vous les trouverez entièrement conformes, dans leur esprit, aux instructions de Grégoire VII.

« Je le demande, messieurs, le poëte, nourri par de profondes études, n'a-t-il pas pu manifester ses inquiétudes, au moment où le sacre de Charles X était peut-être présenté par le pouvoir religieux comme un hommage qui lui était rendu, comme un aveu de sa supériorité? Voilà la moralité de cette pièce.

« Messieurs, dit l'orateur en terminant, vous n'oublierez pas qu'en jugeant le poëme, vous jugez aussi l'homme; que vous jugez Béranger; et c'est surtout sous ce rapport que ma cause est belle. Je le demande, quel est le Français qui voudrait briser le moule de l'auteur du *Dieu des bonnes gens*, qui voudrait anéantir ses écrits ou les condamner à l'oubli? J'aurais tort, il est vrai, d'exprimer devant vous ce que j'éprouve moi-même d'estime et d'affection pour un caractère qui m'est si bien connu. Désintéressé, sans ambition, son génie n'a pas même rêvé l'Académie; il n'a jamais spéculé ni sur son talent, ni sur l'intérêt qu'il inspirait; et quoique son cœur ne craigne pas le fardeau de la reconnaissance, il a pu refuser les offres de l'opulence, alors même qu'elles étaient dictées par la plus tendre amitié. Sachant dérober aux Muses le temps que beaucoup d'infortunes ont réclamé, et qu'elles n'ont pas réclamé en vain, il a pu faire dire à son âme :

> Utile au pauvre, au riche sachant plaire,
> Pour nourrir l'un, chez l'autre je quêtais,
> J'ai fait du bien, puisque j'en ai fait faire
> Ah ! mon âme, je m'en doutais

« Il est vrai que sa muse, fière et indépendante dans ses inspirations patriotiques, a traité souvent le pouvoir sans indulgence. Messieurs, je ne pense pas que le génie ait été jeté au hasard sur la terre, et sans avoir une destination. Béranger a aussi la sienne; et il vous l'a dit : Je suis chansonnier. Fronder les abus, les vices, les ridicules; faire chérir la tolérance, la véritable charité, la liberté, la patrie; voilà sa mission. S'il a signalé ce qui lui a paru dangereux, toutes les infortunes l'ont trouvé fidèle : c'est pour lui surtout que le malheur a été sacré.

« On l'a accusé de bonapartisme. Messieurs, lorsque le colosse était encore debout, et, avant que le sénat eût parlé, Béranger avait dans son *Roi d'Yvetot*, critiqué cette terrible et longue guerre, qui aurait pu engloutir la France avec le chef de ses soldats. Béranger n'est certes pas un partisan des tyrannies de l'empire. Mais quand il a vu le lion renversé, insulté par ceux-là même qui rampaient à ses pieds, les vicissitudes de cette grande destinée ont ému son âme;

une sorte d'intérêt poétique s'est emparé de lui, et il a déposé une fleur sur la tombe de celui qui, pendant sa puissance, n'avait obtenu de lui qu'une critique.

« On a parlé, messieurs, de la grandeur actuelle de la France, de l'accroissement progressif de ses libertés ; on vous a parlé de nos armées s'illustrant en ce moment même sur le territoire de la Grèce pour une cause sacrée. Messieurs, j'ai cru, à chaque mot du ministère public, entendre l'éloge de Béranger. L'agrandissement progressif de nos libertés ! ah ! j'en appelle à toutes les consciences ! Est-il étranger à ces progrès de la civilisation, à ces agrandissements de nos libertés, le poëte qui a chanté *le Dieu des bonnes gens*, qui a flétri l'intolérance, et poursuivi de ses vers vengeurs tous les ennemis de ces libertés et de cette civilisation ?

« Vous avez parlé de la Grèce ! quels vers, plus que ceux de Béranger, ont rendu chère aux nations la cause de la Grèce moderne ; les massacres de Psara, la délivrance d'Athènes, l'ombre d'Anacréon évoquée et récitant une poésie digne d'Anacréon lui-même ? mais que dis-je ? au moment même où il comparaît ici en police correctionnelle, où sa liberté est menacée, une sentinelle, dans les forteresses de la Morée, répète peut-être et son nom et ses vers pour exciter ses compagnons d'armes à la défense d'une si belle cause. (Bravos dans l'auditoire.)

« Mais il est un autre titre qui le recommande à tous les hommes généreux. De tous les sentiments, celui qui honore le plus les nations à leurs propres yeux, aux yeux de l'étranger, c'est le patriotisme, c'est l'amour du pays, la haine de l'invasion étrangère, l'amour des gloires de la patrie. C'est à faire naître, à réchauffer ce noble sentiment que notre poëte excelle. Oui, l'amour de la patrie, l'amour de la France, voilà ce qui, dans ses vers, au milieu des banquets, ou des rêveries de la solitude, a fait battre le cœur de ses concitoyens, voilà ce qui a fait son immense popularité. En quelque lieu qu'il se présente, en France, à l'étranger, il est sûr de trouver des admirateurs, des amis. O vous, messieurs, qui devez représenter le pays, ne dites pas au roi qu'un tel homme n'a pour lui que des injures; ne dites pas au poëte que les autres nations nous envient, que la France n'a pour lui qu'une prison. Je compte sur son absolution. »

Mᵉ Barthe s'asseoit au milieu d'un murmure d'approbation universelle.

Mᵉ Berville, défenseur de M. Baudouin, se lève.
« Messieurs, dit-il, en défendant la cause d'un simple libraire, je n'ose espérer pour mes paroles ni le même intérêt ni la même faveur que pour celles que vous venez d'entendre. Le défenseur de M. de Béranger pouvait, avec autant de convenance que d'autorité, revendiquer, en faveur du premier poëte de notre époque, l'inviolabilité du talent. Il pouvait faire valoir, à l'appui de sa cause, des considérations qui ne sont pas seulement littéraires. L'orateur de Rome ne dédaigna pas de les invoquer en faveur du poëte Archias; elles déterminèrent le parlement de Toulouse à faire valoir le testament de Bayle, infirmé par les lois, validé par les travaux et la gloire de son auteur. Elles ont désarmé plus d'une fois jusqu'au terrible droit de la guerre, protégé la maison de Pindare contre la victoire d'Alexandre, et la tombe de J.=J. Rousseau contre les rigueurs de l'invasion étrangère.

« M. Baudouin n'a point de pareils titres à produire pour sa défense. Toutefois, peut-être ne la jugerez-vous pas indigne de fixer votre attention, si une conduite toujours honorable, si l'aménité du caractère, si de nombreux services rendus à l'industrie sont des titres à votre bienveillance ; si les intérêts de la liberté de la presse, dont le sort est lié à la décision que vous allez rendre, sont de quelque prix à vos yeux.

« Des préventions fâcheuses, et dont nous voulons ignorer la source, ont été répandues contre M. Baudouin à l'occasion de ce procès. On a voulu faire entendre que M. de Béranger était sa victime, qu'il se sacrifiait pour lui ; que Baudouin seul était le promoteur d'une publication qui a soulevé tant de susceptibilités. Ces préventions ont trouvé des échos dans plus d'un salon ; elles percent dans l'instruction du procès ; elles vous suivraient peut-être dans la chambre de vos délibérations, si nous ne nous empressions de les dissiper. Et peut-être aussi le pouvoir, qui poursuit à regret cette affaire, ne serait-il pas fâché de saisir un moyen de satisfaire, en sacrifiant un pauvre libraire, aux opinions opposées qu'il croit devoir également ménager. La loyauté de M. de Béranger a déjà déjoué ce calcul ; notre tâche est de compléter une justification que lui-même a commencée.

« Par son traité, M. de Béranger accordait à M. Baudouin le droit de réimprimer ses anciennes chansons ; il y joignait la concession d'un certain nombre de chansons à choisir, bien entendu, par l'auteur ; car un écrivain tel que M. de Béranger ne se serait pas mis, pour la publication de ses ouvrages, à la discrétion de son libraire. En effet, M. de Béranger a déclaré lui-même que seul il avait présidé au choix des morceaux publiés, et sa déclaration n'est point une déclaration de complaisance, car les épreuves, et la note de classification écrite de sa main, viennent la confirmer.

« M. Baudouin (et c'est de cette clause qu'on a voulu abuser contre lui) prenait à ses risques la publication, mais seulement celle des anciennes chansons; à cet égard, il ne risquait rien, puisqu'elles avaient subi l'épreuve d'un jugement, et qu'elles étaient à couvert par l'autorité de la chose jugée. Quant aux chansons nouvelles, le traité les exceptait formellement de la garantie : la raison en est simple : Baudouin ne les connaissait pas encore.

« Le manuscrit remis, Baudouin ne s'en est point constitué le censeur : ce n'était pas là son affaire; mais il n'a pas négligé les précautions que pouvait lui conseiller la prudence, il a réclamé un examen; ce qui s'est passé, il l'ignore; mais il a cru, il a dû croire que toutes les précautions convenables avaient été prises.

« La publication, après avoir traîné en longueur par diverses causes, a lieu enfin dans les derniers jours d'octobre. Dix jours s'écoulent avant qu'aucune poursuite soit intentée, tant le délit était évident! Mais voilà que la *Gazette de France* se met à crier contre nous; pour moi, je l'avoue, je l'aurais laissée crier :

> Je ne l'eusse pas ramassée,
> Mais un bramin le fit, chacun a sa pensée.

« Que faisait cependant Baudouin? Avant même que la poursuite prît naissance, il faisait saisir une contrefaçon qui circulait avec des gravures obscènes et des chansons répréhensibles, faussement attribuées à M. de Béranger. Il stimulait l'indolence du ministère public, qui ne se décida qu'avec peine à opérer la saisie. On lui doit d'avoir arrêté la circulation de cette édition coupable. Voilà le service : vous en voyez la récompense.

« Maintenant on lui fait un reproche d'avoir publié son édition, quand le pouvoir laissait paisiblement circuler une contrefaçon accompagnée d'accessoires si criminels. N'est-ce pas ici le cas de répondre avec le fabuliste :

> Si vous, maître et fermier, à qui touche le fait,
> Dormez sans avoir soin que la porte soit close,
> Voulez-vous que moi, chien, qui n'ai rien à la chose,
> Sans aucun intérêt, je perde le repos ? »

Le défenseur annonce qu'il va examiner deux questions : la responsabilité du libraire, en thèse générale; cette même responsabilité, considérée dans ses rapports avec la nature de la cause et le caractère de l'accusation.

« Je n'ai jamais trop bien compris, dit-il, même à l'égard des auteurs, le système des interprétations; ce système qui tend à faire prononcer une condamnation certaine pour un délit présumé, qui tend à faire condamner de simples intentions sans corps de délit constant. Mais à l'égard des libraires, condamner un accusé pour n'avoir pas eu d'esprit ! Ah ! messieurs, que de coupables dans le monde !...

« Il nous fallait donc deviner, nous, simple commerçant, non juge ni procureur du roi, que Charles-le-Simple voulait dire Charles X, que les barbons voulaient dire les Bourbons ! Il fallait deviner cela ou aller en prison ! Ainsi le Sphinx proposait des énigmes, et dévorait les malheureux qui n'avaient pu les deviner. (Mouvement.)

« Et voyez, je vous prie, comme ces énigmes étaient claires. Je prends mes exemples dans la cause. Le ministère public incrimine *les Bohémiens*[1], *le Pèlerinage de Lisette*[2], *les Souvenirs du Peuple*[3] ; la chambre d'instruction et la chambre d'accusation jugent ces pièces innocentes ; le ministère public incrimine *l'Ange Gardien*, la chambre d'instruction absout ; la chambre d'accusation réforme sa décision ; même divergence quant à la qualification des délits. Ainsi le ministère public voit dans le livre six textes coupables et cinq délits qualifiés ; les premiers juges, deux textes et trois délits seulement ; les juges d'appel, trois textes et cinq délits ; ainsi voilà un texte que le premier tribunal avait trouvé innocent, et que les seconds ont jugé coupable ; voilà trois textes que le ministère public avait trouvés coupables, et que les juges ont déclarés innocents ; et moi, pauvre libraire, il fallait que je devinasse tout cela ! Je devais être plus éclairé que le ministère public qui s'est trompé, que les magistrats qui ne sont point d'accord entre eux ! Non, non, par cela seul que l'accusation ne nous attaque qu'avec des interprétations, des sens détournés, l'absolution du libraire est infaillible, à moins qu'on ne prétende le réduire à la condition du lièvre de la fable.

> Un lièvre apercevant l'ombre de ses oreilles,
> Craignit que quelque inquisiteur
> N'allât interpréter a cornes leur longueur,
> Ne les soutînt en tout à des cornes pareilles

Et lorsqu'on lui représente que ses oreilles sont des oreilles, non des cornes :

---

1. Tome II, page 363. — 2 *Ibid.* page 358. — 3. *Ibid.* page 367

On les fera passer pour cornes,
Dit l'animal craintif, et cornes de licornes

(Rire général.)

« Ce lièvre était de bon sens, s'écrie l'avocat, notre procès le prouve; mais, en vérité, nous n'avions pas cru qu'il fût nécessaire de le prendre pour modèle.

« Considérez, messieurs, quel est le jugement qu'on vous sollicite à prononcer. Attendu, direz-vous, que Béranger a peint un prince faible ou peu estimable, et que cette peinture désigne à ne point s'y méprendre... Je n'ose achever. C'est un outrage à la majesté royale qu'on réclame de vous, c'est un sacrilége qu'on vous demande.

« Messieurs, a dit Me Berville en terminant, nous regardons souvent d'un œil de dédain les temps qui nous ont précédés. Mais si la postérité apprend quelque jour que deux ou trois couplets de chanson ont soulevé la sévérité du ministère public, suscité un grave procès politique, fait une affaire d'état, que dira-t-elle de nous? quelle risée!

« Et si elle vient à apprendre que ces graves sujets ont privé de leur liberté, atteint dans leur fortune et dans leur existence sociale d'honnêtes négociants, un homme de lettres aussi distingué par ses talents que par son caractère, se contentera-t-elle de rire à nos dépens, et la raillerie ne fera-t-elle point place à un sentiment plus amer? »

L'éloquent défenseur a constamment été écouté avec le plus vif intérêt, et a fréquemment produit une sensation profonde.

M. Champanhet, avocat du roi, se lève aussitôt pour répliquer. Le ministère public termine ainsi :

« Oui, messieurs, si nous ne nous abusons, les

débats n'ont détruit, n'ont atténué en rien la prévention qui pèse sur le sieur de Béranger et sur ses complices, et nous ne craignons pas de leur répéter :

« Oui, vous avez attaqué dans vos rimes audacieuses ce qu'il y a de plus sacré et de plus inviolable parmi les hommes; vous avez voulu ébranler d'un doute impie le principe divin et consolateur d'une vie à venir écrit dans le cœur de tous; vous avez cherché à couvrir de ridicule cette intervention salutaire que la religion offre à l'humanité souffrante, au dernier terme de la vie ; vous avez outragé par une allusion grossièrement insultante votre souverain, le père de la patrie, votre père; sans respect pour son rang auguste, pour ses vertus, pour son âge, vous avez appelé sur lui la dérision et le mépris; vous l'avez offensé dans sa personne, dans son caractère sacré. Vous êtes bien coupable assurément; et si l'on pouvait supposer, ce qui n'est pas, que vos vers dussent l'existence à l'erreur d'un moment, et que rendu à vous-même vous devinssiez votre propre juge, oui, n'en doutons pas, descendant dans votre conscience, vous désavoueriez un si détestable égarement, et votre cœur, croyons-le, condamnerait l'œuvre de votre esprit et reconnaîtrait la justice de la peine qui vous sera inévitablement infligée. »

Me Barthe prend de nouveau la parole, et commence son entraînante réplique par ces mots prononcés avec l'énergique accent de la conviction.

« Les rois ont dû avoir des serviteurs zélés et ardents ; mais il n'en faut pas conclure qu'ils soient bien servis : l'insistance du ministère public, cette interprétation forcée pour défendre la dignité royale, tout ici me paraît inconciliable avec l'intérêt du prince, et ce zèle mal entendu ne saurait lui être utile. C'est, je l'avoue, une bien singulière et bien nouvelle méthode de discuter, que de se croire dispensé de répondre aux arguments, sous le prétexte du respect que l'on doit à celui que l'on croit outragé; quand on accuse, il faut tout dire; car se taire, ce n'est pas prouver. On n'établit pas une prévention avec des réticences. »

A cinq heures un quart le tribunal se retire dans la chambre des délibérations. Trois quarts d'heure après il rentre en séance. Le silence le plus profond règne dans l'auditoire. M. le président prononce le jugement dont voici le texte :

« Attendu que dans la chanson intitulée *l'Ange Gardien*, l'auteur, tournant en dérision, dans le huitième couplet, l'un des sacrements de la religion de l'état, a tourné en dérision cette religion elle-même, et s'est ainsi rendu coupable du délit prévu par l'art. 1er de la loi du 25 mars 1822 ;

« Que, dans le neuvième couplet de la même chanson, en mettant en doute le dogme des récompenses dans une autre vie, il a commis le délit d'outrage à la morale publique et religieuse prévu par l'art. 8 de la loi du 17 mai 1819 ;

« Attendu que, dans la chanson ayant pour titre *la Gérontocratie*, l'auteur, en représentant, dans un avenir peu éloigné, la ruine totale de la France comme étant le résultat inévitable du gouvernement qui nous régit, a excité à la haine et au mépris du gouvernement du roi, délit prévu par l'art. 4 de la loi du 25 mars 1822 ;

« Attendu que la chanson du *Sacre de Charles-le-Simple* n'est susceptible d'aucune double interprétation; qu'elle présente évidemment le délit d'offense envers la personne du roi, prévu par l'art. 9 de la loi du 17 mai 1819 ;

« Attendu que de Béranger reconnaît être l'auteur desdites chansons et les avoir vendues à Baudouin pour les publier ;

« Que Baudouin reconnaît les avoir fait imprimer, et avoir vendu la presque totalité des exemplaires tirés ; qu'il ne peut exciper de sa bonne foi et de son ignorance, parce qu'il achetait des chansons à choisir dans celles que lui présentait de Béranger ;.....

« Le tribunal condamne de Béranger à neuf mois d'emprisonnement et dix mille francs d'amende....»

Nombre de voix dans l'auditoire : Oh! oh!

M. le président : « Huissiers, faites faire silence.» (Le silence se rétablit aussitôt.)

M. le président continuant : « Baudouin à six mois d'emprisonnement et cinq cents francs d'amende ;.......

« Déclare bonnes et valables les saisies du 15 octobre dernier ; ordonne la destruction des exemplaires saisis et de ceux qui pourraient l'être :

« Condamne de Béranger et Baudouin solidairement aux dépens. »

FIN DES PROCÈS.

TABLE

DU TOME TROISIÈME.

A M. Lucien Bonaparte, prince de Canino.	3
Le Feu du Prisonnier.	7
Mes Jours Gras de 1829.	9
Le Quatorze Juillet.	11
Passez, Jeunes Filles.	14
Le Cardinal et le Chansonnier.	16
Couplet	18
Mon Tombeau.	19
Les Dix Mille francs	21
Le Juif errant.	23
Couplet.	26
La Fille du Peuple.	27
Le Cordon, s'il vous plaît. Chanson faite a la Force pour la fête de Marie.	29
Denys, maître d'ecole.	31
Laideur et Beaute.	33
Le vieux Caporal.	35
Couplet aux jeunes gens.	38
Le Bonheur.	39
Couplet.	42
Les Cinq Étages.	43
L'Alchimiste.	45

Chant funéraire sur la mort de mon ami Quenescourt.	47
Jeanne-la-Rousse, ou la Femme du Braconnier.	50
Les Reliques.	52
La Nostalgie, ou la Maladie du pays.	55
Ma Nourrice, chanson historique.	57
Les Contrebandiers. Chanson adressée a M. Joseph Bernard, député du Var, auteur du *Bon sens d'un homme de rien*.	60
A mes amis devenus ministres.	65
Gotton.	67
Colibri.	71
Émile Debraux. Chanson prospectus pour les OEuvres de ce chansonnier.	74
Le Proverbe.	76
Les Feux follets	77
Hâtons-nous.	80
Poniatowski.	83
L'Ecrivain public. Couplets de fête adressés a M. J. Laffitte, par des enfants qui imploraient sa bienfaisance.	85
A M. de Châteaubriand	88
Conseil aux Belges.	91
Le Refus. Chanson adressée au général Sebastiani.	93
La Restauration de la Chanson.	95
Souvenirs d'Enfance. A mes parents et amis de Péronne, ville ou j'ai passé une partie de ma jeunesse, 1790-1796.	99
Le Vieux Vagabond.	102
Couplets adressés a des habitants de l'île de France (île Maurice), qui, lors de l'envoi qu'ils firent pour la souscription des blessés de juillet, m'adressèrent une chanson et une balle de café.	104
Cinquante ans	106
Jacques.	108
Les Orangs-Outangs.	111
Les Fous.	113
Le Suicide, sur la mort des jeunes Victor Escousse et Auguste Lebras.	115
Le Ménétrier de Meudon.	118
Jean de Paris.	122
Prédiction de Nostradamus pour l'an deux-mil.	126

Passy.	128
Le Vin de Chypre.	129
Les Quatre Ages historiques.	131
La Pauvre Femme.	134
Les Tombeaux de Juillet.	136
Adieu, chansons.	140
Notes.	143
Procès faits aux chansons de P.-J. de Beranger.	161
Notes sur les Procès faits aux chansons de M. de Beranger.	163
Au lecteur impartial.	169
Procès faits a M. de Beranger.	173
Pièces justificatives.	265
Arrêt de renvoi.	273
Deuxieme Procès fait a MM. de Beranger et Baudouin.	279
Troisième Procès fait à MM. de Beranger et Baudoin.	313

FIN DE LA TABLE.

TABLE

GÉNÉRALE ET ALPHABÉTIQUE

DES CHANSONS.

	Tom.	Pag.
A Antoine Arnault.	I	178
Académie (l') et le Caveau	I	9
Adieu, chansons	III	140
Adieux à mes Amis	I	292
Adieux à la Campagne	II	127
Adieux (les) a la Gloire	II	85
Adieux de Marie Stuart	I	137
Age (l') futur, ou Ce que seront nos enfants	I	60
Agent (l') provocateur	II	137
Ainsi soit-il	I	54
Alchimiste (l')	III	45
A Mademoiselle ***.	II	289
A M. de Châteaubriand	III	88
Ame (mon)	I	258
A mes Amis devenus ministres	III	66
A M. Gohier	II	264
Ami (l') Robin	I	65
Amitié (l')	II	156
A mon ami Desaugiers	I	204
Ange (l') exilé	II	215
Ange (l') gardien	II	322
Anniversaire (l')	II	206
Aveugle (l') de Bagnolet	I	315
Bacchante (la)	I	4
Beaucoup d'amour	I	111
Bedeau (le)	I	181
Billets (les) d'enterrement	I	161
Bohémiens (les)	II	315
Bon (le) Dieu	II	63
Bon (le) Français	I	95
Bonheur (le)	III	59

	Tom	Pag
Bon (le) Ménage	II	10
Bonne (la) Fille, ou les Mœurs du temps	I	31
Bonne (la) Maman	II	184
Bonne (la) Vieille	I	270
Bon (le) Pape	II	193
Bonsoir	II	277
Bon (le) Vieillard	I	303
Bon Vin et Fillette	I	151
Bouquet à une dame âgée de 70 ans	I	147
Bouquetière (la) ou le Croque-Mort	I	280
Bouteille (la) volée	I	145
Boxeurs (les) ou l'Anglomane	I	113
Brennus	I	296
Cachet (le), ou lettre à Sophie	II	200
Cantharide (la)	II	164
Capucins (les)	I	267
Cardinal (le) et le chansonnier	III	16
Carillonneur (le)	I	156
Carnaval (mon)	II	159
Carnaval (le) de 1818	I	326
Cartes (les), ou l'Horoscope	II	24
Célibataire (le)	I	127
Ce n'est plus Lisette	I	221
Censeur (le)	II	159
Censure (la)	I	108
Champ (le) d'Asile	II	41
Champs (les)	I	244
Chant (le) du Cosaque	II	191
Chant funéraire sur la mort de mon ami Quénescourt	III	47
Chantres (les) de paroisse	I	309
Chapeau (le) de la Mariée	II	258
Charles VII	I	44
Chasse (la)	II	132
Chasseur (le) et la Laitière	II	275
Chatte (la)	I	155
Cheveux (mes)	I	46
Cinq (les) Etages	II	44
Cinq (le) Mai	II	98
Cinquante ans	III	106
Cinquante (les) écus	I	325
Clés (les) du Paradis	I	299
Cocarde (la) blanche	I	247
Coin (le) de l'Amitié	I	58
Colibri	III	71
Comète (la) de 1832	II	329
Commencement (le) du Voyage	I	82
Complainte d'une de ces Demoiselles	I	219
Complainte sur la Mort de Trestaillon	II	101
Conseil aux Belges	III	91
Conseils (les) de Lise	II	148
Contemporaine (ma)	II	74
Contrat de Mariage	II	189
Contrebandiers (les), Chanson adressée à M. Joseph Ber-		

	Tom	Pag
nard, député du Var, auteur du *Bon sens d'un homme de rien*............	III	60
Convoi (le) de David..................	II	269
Cordon (le) s'il vous plaît. Chanson faite à la Force pour la Fête de Marie............	III	29
Couplet............	III	18
Couplet............	III	26
Couplet............	III	28
Couplet aux jeunes gens............	III	42
Couplet écrit sur l'album de Mme Amédée de V***....	II	284
Couplet écrit sur un Recueil de Chansons manuscrites de M***............	II	231
Couplets adressés à des habitants de l'île de France (île Maurice), qui, lors de l'envoi qu'ils firent pour la souscription des blessés de juillet, m'adressèrent une chanson et une balle de café............	III	104
Couplets à ma filleule............	I	275
Couplets sur la Journée de Waterloo............	II	282
Couplets sur un prétendu portrait de moi............	II	251
Couronne (la)............	II	5
Couronne (la) de Bluets............	II	178
Cure (mon)............	I	142
Dauphin (le)............	II	304
Déesse (la)............	II	174
Dénonciation en forme d'Impromptu............	II	125
Denys, maître d'école............	III	51
Deo Gratias d'un Épicurien............	I	38
De Profundis à l'usage de deux ou trois maris............	II	117
Dernière (ma) Chanson peut-être............	I	89
Descente (la) aux Enfers............	I	51
Deux (les) Cousins............	II	88
Deux (les) Grenadiers............	II	290
Deux (les) Sœurs de Charité............	I	216
Dieu (le) des Bonnes Gens............	I	289
Dix (les) Mille francs............	III	21
Docteur (le) et ses Malades............	I	176
Double (la) Chasse............	I	165
Double (la) Ivresse............	I	76
Eau (l') Bénite............	II	154
Échelle (l') de Jacob............	II	255
Écrivain (l') public. Couplets de fête adressés à M. J. Laffitte, par des enfants qui imploraient sa bienfaisance...	III	85
Éducation (l') des Demoiselles............	I	36
Éloge des Chapons............	I	91
Éloge de la Richesse............	I	167
Émile Debraux. Chanson prospectus pour les OEuvres de ce chansonnier............	III	74
Encore des Amours............	II	296
Enfant (l') de Bonne Maison............	II	46
Enfants (les) de la France............	II	34
Enrhumé (l')............	II	55
Enterrement (mon)............	II	226

	Tom	Pag
Épée (l') de Damoclès...	II	180
Épitaphe (l') de ma Muse...	II	144
Ermite (l') et ses Saints...	I	257
Esclaves (les) gaulois...	II	235
Etoiles (les) qui filent...	II	50
Exilé (l')...	I	277
Faridondaine (la), ou la Conspiration des Chansons...	II	58
Feu (le) du Prisonnier...	III	7
Feux (les) follets...	III	77
Fille (la) du peuple...	III	27
Filles (les)...	II	198
Fils (le) du Pape...	II	223
Fortune (la)...	II	78
Fous (les)...	III	115
Frétillon...	I	71
Fuite (la) de l'Amour...	II	204
Garde (la) Nationale...	II	110
Gaudriole (la)...	I	12
Gaulois (les) et les Francs...	I	68
Gotton...	III	67
Gourmands (les)...	I	87
Grand'Mère (ma)...	I	20
Grande (la) Orgie...	I	98
Grenier (le)...	II	253
Guérison (ma)...	II	134
Gueux (les)...	I	48
Habit (mon)...	I	250
Habit (l') de Cour...	I	196
Halte-là, ou le Système des Interprétations...	II	43
Hâtons-nous...	III	80
Hirondelles (les)...	II	196
Hiver (l')...	I	224
Homme (l') rangé...	I	149
Indépendant (l')...	I	264
Infidélités (les) de Lisette...	I	152
Infiniment (les) Petits...	II	273
In-octavo (l') et l'In-trente-deux...	II	249
Ivrogne (l') et sa Femme...	I	232
Jacques...	III	108
Jean de Paris...	III	122
Jeanne-la-Rousse, ou la Femme du Braconnier...	III	50
Jeannette...	I	186
Jeune (la) Muse...	II	202
Jour des morts...	I	105
Jours (mes) Gras de 1829...	III	9
Juge (le) de Charenton...	I	241
Juif (le) errant...	III	23
Lafayette en Amérique...	II	240

	Tom.	Pag.
Laideur et Beauté	III	33
Lampe (ma)	II	64
Liberté (la). Première chanson faite a Sainte-Pélagie	II	150
Louis XI	II	81
Lutins (les) de Montlhéri	II	327
Madame Gregoire	I	41
Maison (la) de Santé	II	182
Maître (le) d'école	I	125
Malade (le)	II	176
Margot	I	201
Mariage (le) du Pape	II	309
Marionnettes (les)	I	172
Marquis (le) de Carabas	I	227
Marquise (la) de Pretintaille	II	68
Maudit Printemps	II	242
Mauvais (le) Vin	II	162
Ménétrier (le) de Meudon	III	118
Mère (la) aveugle	I	27
Messe (la) du Saint-Esprit	II	107
Métempsycose (la)	II	260
Mirmidons (les), ou les Funérailles d'Achille	II	37
Missionnaire (le) de Mont-Rouge	II	279
Missionnaires (les)	II	7
Monsieur Judas	I	287
Mort (la) de Charlemagne	II	17
Mort (la) du Diable	II	297
Mort (la) du roi Christophe	II	75
Mort (la) subite	I	321
Mort (le) vivant	I	23
Mouche (la)	II	325
Muse (la) en fuite	II	122
Musique (la)	I	84
Nabuchodonosor	II	104
Nacelle (ma)	I	284
Nature (la)	II	22
Nègres (les) et les Marionnettes	II	320
Nostalgie (la), ou la maladie du pays	III	55
Nourrice (ma), chanson	III	57
Nouveau (le) Diogène	I	121
Nouvel Ordre du Jour	II	113
Octavie	II	220
Oiseaux (les)	I	214
Ombre (l') d'Anacréon	II	141
On s'en fiche	I	183
Opinion (l') de ces Demoiselles	I	195
Orage (l')	II	94
Oraison funèbre de Turlupin	II	285
Orangs-Outangs (les)	III	111
Paillasse	I	235
Pape (le) musulman	II	302

	Tom	Pag
Parny	I	18
Parques (les)	I	140
Passez, Jeunes Filles	III	14
Passy	III	128
Pauvre (la) Femme	III	154
Pauvres (les) Amours	II	262
Pèlerinage (le) de Lisette	II	293
Petit Coin (mon)	I	259
Petite (la) Fée	I	282
Petit (le) Homme gris	I	29
Petit (le) Homme Rouge	II	306
Petits (les) Coups	I	165
Pigeon (le) messager	II	151
Plus de politique	I	199
Poete (le) de Cour	II	228
Poniatowski	III	83
Prediction de Nostradamus pour l'an deux-mil	III	126
Préface	II	120
Prière d'un Epicurien	I	131
Prince (le) de Navarre	I	318
Printemps (le) et l'Automne	I	25
Prisonnier (le)	II	210
Prisonnier (le) de Guerre	II	299
Prisonnière (la) et le Chevalier	I	170
Proverbe (le)	III	76
Psara, Chant de victoire des Ottomans	II	244
Quatorze (le) Juillet	III	11
Quatre (les) Ages historiques	III	151
Qu'elle est jolie	I	307
Refus (le). Chanson adressée au général Sébastiani	III	93
Reliques (les)	III	52
République (ma)	I	230
Requête présentée par les chiens de qualité	I	105
Restauration (la) de la Chanson	III	95
Retour (le) dans la patrie	I	329
Révérends (les) Pères	II	31
Rêverie (la)	I	294
Roger Bontemps	I	15
Roi (le) d'Yvetot	I	1
Romans (les)	I	189
Rosette	II	29
Rossignols (les)	II	41
Sainte (la) Alliance barbaresque	I	254
Sainte-Alliance (la) des Peuples	II	26
Sacre (le) de Charles-le-Simple	II	266
Scandale (le)	I	174
Sciences (les)	II	169
Sénateur (le)	I	6
Si j'étais petit oiseau	I	302
Soir (le) des noces	I	261
Souvenirs d'Enfance	III	99

	Tom.	Pag
Souvenirs (les) du Peuple........................	II	317
Suicide (le)..	III	113
Sylphide (la)...	II	14
Tailleur (le) et la Fée.............................	II	171
Temps (le)..	II	56
Tombeau (mon)..	III	19
Tombeau (le) de Manuel.........................	II	331
Tombeaux (les) de Juillet.......................	III	136
Tour (un) de marotte...............................	I	73
Tournebroche (le)...................................	II	167
Traité de politique à l'usage de Lise.....	I	191
Treize à Table...	II	238
Trembleur (le), ou mes Adieux à M. A. M. Dupont (de l'Eure).....	II	71
Trinquons...	I	129
Troisième (le) Mari................................	I	115
Troubadours (les)...................................	II	252
Vendanges (les)......................................	II	91
Ventru (le), ou Compte rendu de la session de 1818......	II	1
Ventru (le) aux Élections de 1819........	II	19
Vertu (la) de Lisette...............................	II	215
Vieillesse (la)...	I	159
Vieux (le) Caporal..................................	III	35
Vieux (le) Célibataire.............................	I	63
Vieux (le) Drapeau.................................	II	66
Vieux Habit! Vieux Galons!..................	I	118
Vieux (le) Ménétrier..............................	I	211
Vieux (le) Sergent..................................	II	208
Vieux (le) Vagabond..............................	III	102
Vilain (le)..	I	209
Vin (le) de Chypre..................................	III	129
Vin (le) et la Coquette...........................	I	252
Violon (le) brisé.....................................	II	186
Vivandière (la).......................................	I	272
Vocation (ma)...	I	207
Voisin (le)...	I	155
Voyage (le) Imaginaire..........................	II	247
Voyageur (le)..	II	217
Voyage au Pays de Cocagne.................	I	78

FIN DE LA TABLE GÉNÉRALE DES CHANSONS.

LISTE ET PLACEMENT DES VIGNETTES.

VIGNETTES SUR BOIS.

TOME I.

Le Roi d'Yvetot. .	1
Le Sénateur.	6
Roger Bontemps. .	15
Ma Grand' Mère. .	20
La Mère Aveugle. . .	27
Le Petit Homme Gris. . .	29
La Bonne Fille.	31
L'Éducation des Demoiselles	36
Madame Gregoire . . .	41
Les Gueux.	48
Le vieux Célibataire . .	61
Les Gaulois et les Francs. .	68
Fretillon.	71
L'Ami Robin. .	85
Eloge des Chapons. . .	91
La Grande Orgie. .	98
Requête presentée par les chiens de qualité. . .	105
Les Boxeurs. . . .	113
Le troisième Mari . . .	115
Vieux habits! Vieux galons!	118
La Chatte. . . .	135
Mon Curé . . .	142
Le Voisin. . . .	153
Le Carillonneur. .	156
La Double Chasse .	163
Les Marionnettes .	172
Le Bedeau . .	181
Jeannette. . .	186
L'Opinion de ces Demoiselles . . .	193
Le Vieux Ménétrier. . .	211
Les Deux Sœurs de Charité. .	216
Le Marquis de Carabas	227
Paillasse	235
Mon Habit . . .	250
La Sainte-Alliance barbaresque. . . .	254
Le Soir des Noces. . .	261
Les Capucins.	267
La Bonne Vieille. . .	270
La Vivandière. . . :	272
L'Exilé.	277
La Bouquetière et le Croque-Mort.	280
Monsieur Judas. . . .	287
Le Dieu des Bonnes Gens.	289
Brennus.	296
Les Clés du Paradis . .	299
Les Chantres de Paroisse.	309
L'Aveugle de Bagnolet. .	315

TOME II.

Le Ventru. .	1
Les Missionnaires. . .	7
La Mort de Charlemagne.	17
Les Cartes. . . .	24
Les Reverends Pères. .	31
Les Mirmidons. . .	37
L'Enfant de bonne maison.	46
Les Etoiles qui filent. .	54
Le Temps. . . .	56
Le Bon Dieu . .	61
Le Vieux Drapeau. . .	66
La Marquise de Pretintaille.	68
La Fortune. . .	78
Louis XI. . . .	81
L'Orage. . .	94
Le Cinq Mai. . .	98
Nabuchodonosor	104
De Profundis. .	117
La Muse en fuite. . .	122
La Chasse. . .	132
La Sylphide . .	146
Le Censeur. . .	159
La Cantharide. . .	164
Le Tailleur et la Fée. . .	171
La Couronne de Bluets .	178
Le Violon brisé. . .	185
Le Chant du Cosaque. .	191
Le Bon Pape. . .	195
Les Hirondelles. . .	196
Le Vieux Sergent. . .	208
L'Ange exilé. . . .	213
Le Voyageur. . . .	217

Le Fils du Pape	223	Le 14 Juillet.	11
Mon Enterrement	226	Passez, Jeunes Filles	14
Treize à Table.	238	Le Juif errant.	25
Maudit Printemps	242	La Fille du Peuple.	29
Psara.	244	Denys, maître d'École	31
Le Grenier.	253	Laideur et Beauté.	33
L'Échelle de Jacob	255	Le Vieux Caporal.	35
Les Pauvres Amours.	262	Les Cinq Étages	43
Les Infiniment Petits.	275	Jeanne-la-Rousse	50
Le Chasseur et la Laitière.	275	Les Reliques	52
La Mort du Diable	297	Les Contrebandiers.	60
Le Prisonnier de Guerre.	299	Gotton.	67
Le Petit Homme Rouge	306	Les Feux follets.	77
Les Bohémiens	313	Poniatowski	84
Les Souvenirs du Peuple	317	Le Vieux Vagabond	102
Les Nègres et les Marionnettes	320	Jacques	108
		Les Orangs-Outangs.	111
L'Ange Gardien	322	Le Ménétrier de Meudon	118
		Jean de Paris.	122
		Prédiction de Nostradamus	126
TOME III		La Pauvre Femme.	134
		Les Tombeaux de Juillet	136
Le Feu du Prisonnier	7	Adieu, Chansons !	140

VIGNETTES SUR ACIER.

TOME I			
		Le Malade.	176
		L'Épée de Damoclès	180
La Bacchante	4	Octavie	220
La Gaudriole.	12	Le Chapeau de la Mariée	258
Gaulois et Francs	68	Le Tombeau de Manuel	331
Le Maître d'école	125		
Les Parques.	140		
La Prisonnière et le Chev	170	TOME III	
L'Habit de Cour	196		
Ce n'est plus Lisette	221	Le 14 Juillet	11
Mon Âme	258	Passez, Jeunes Filles	14
Le Bon Vieillard	305	Le Juif errant.	25
Qu'elle est jolie	307	La Fille du Peuple	29
		Laideur et Beauté	33
		L'Alchimiste	45
TOME II		Jeanne-la-Rousse.	50
		Les Reliques.	52
Les Enfants de la France	34	Les Contrebandiers.	60
Le Champ d'asile.	41	Le Vieux Vagabond.	102
La Déesse de la Liberté.	174	Prédiction de Nostradamus	126

www.ingramcontent.com/pod-product-compliance
Lightning Source LLC
Chambersburg PA
CBHW070453170426
43201CB00010B/1328